A Casa da Sabedoria

Jonathan Lyons

A Casa da Sabedoria

Como a valorização do conhecimento pelos árabes transformou a civilização ocidental

Tradução:
Pedro Maia Soares

ZAHAR

À memória de meu pai, Will Lyons,
que me apresentou ao poder das ideias.

Título original:
The House of Wisdom
(How the Arabs transformed Western civilization)

Tradução autorizada da primeira edição inglesa,
publicada em 2009 por Bloomsbury,
de Londres, Inglaterra

Jorge Zahar Editor Ltda.
rua Marquês de S. Vicente 99 – 1º | 22451-041 Rio de Janeiro, RJ
tel (21) 2529-4750 | fax (21) 2529-4787
editora@zahar.com.br | www.zahar.com.br

Grafia atualizada respeitando o novo Acordo Ortográfico da Língua Portuguesa

Preparação: Larissa Helena | Revisão: Eduardo Monteiro, Sandra Mager
Indexação: Nelly Praça | Capa: Mariana Newlands | Composição: Letra e Imagem

CIP-Brasil. Catalogação na fonte
Sindicato Nacional dos Editores de Livros, RJ

L997c Lyons, Jonathan
A Casa da Sabedoria: como a valorização do conhecimento pelos árabes transformou a civilização ocidental / Jonathan Lyons; tradução Pedro Maia Soares. – Rio de Janeiro: Zahar, 2011.

Tradução de: The house of wisdom: (how the Arabs transformed Western civilization)
Inclui bibliografia e índice
ISBN 978-85-378-0525-1

1. Civilização Ocidental – Influências árabes. 2. Erudição – Países Árabes – História – Idade Média, 500-1500. 3. Oriente e Ocidente. I. Título.

11-1112 CDD: 909.0982
CDU: 94(4+7)

Sumário

Nota aos leitores

As definições de termos e conceitos raramente estão associadas a obras para o público geral, por mais sério ou pesado que seja o tema, e eu deliberadamente mantive o mínimo delas. Não obstante, convém, de início, algumas palavras sobre minha escolha de "ciência árabe" – ou expressões nesse sentido – para transmitir o complexo ambiente cultural do mundo medieval islâmico, em vez de "ciência islâmica". Como muitos leitores já devem saber, grande parte do florescimento cultural dessa época e lugar não foi obra exclusiva de árabes étnicos. Tampouco foi obra estritamente de muçulmanos. Persas – tanto zoroastristas como cristãos –, judeus, gregos, cristãos siríacos, turcos, curdos e outros desempenharam papéis cruciais em todos os aspectos da ciência, teologia e filosofia.

Porém, tal obra foi quase sempre realizada em língua árabe e, com frequência, sob a égide de governantes árabes, com destaque para os califas omíadas e abássidas, primeiro em Damasco, depois em Bagdá. Em um caso notável, como veremos, um erudito persa produziu uma obra importante em sua língua nativa, mas depois a reescreveu em árabe, que ele achava mais preciso e mais efetivo para seus propósitos. Durante grande parte do período em questão, o árabe serviu de língua mundial da erudição, e homens cultos de todas as estirpes podiam viajar amplamente e manter discussões sérias e nuançadas nessa língua franca. Os eruditos ocidentais da Idade Média que queriam ter acesso às últimas descobertas também precisavam dominar a língua árabe, ou trabalhar a partir de traduções feitas pelos versados nesse idioma. Vale a pena notar também que esses rótulos, hoje grandemente associados a Estados-nações e às exigências para uma identidade cultural distinta, eram muito mais fluidos na época em discussão.

Isso não quer dizer que o islamismo e a peculiar cultura muçulmana não sejam elementos importantes de nossa história. Em todo o livro refiro-me à grande importância do islã para o desenvolvimento da ciência árabe, e dediquei um capítulo inteiro a essa relação vital entre fé e razão. No entanto, grande parte da pesquisa durante esse período foi muito além de questões específicas relacionadas com a fé islâmica, e nem sempre era realizada com a intenção de estabelecer verdades teológicas ou doutrinárias. Ao mesmo tempo, é preciso evitar qualquer confusão com a noção consagrada de "ciências islâmicas", que em geral se refere a disciplinas estritamente religiosas: jurisprudência, exegeses alcorânicas, o estudo do hadith, ou seja, da coletânea de palavras do profeta Maomé que complementa o Alcorão, e assim por diante.

Algumas palavras sobre o uso de nomes e datas e meu sistema de transliteração também serão úteis. Esta obra apresenta o enorme impacto do saber árabe sobre o Ocidente – isto é, sobre as terras da cristandade medieval e os Estados e sociedades que elas produziram depois. Pareceu-me sensato utilizar as formas latinizadas, em vez dos nomes árabes, no caso de figuras amplamente conhecidas do mundo ocidental. Assim, usei o latino Averróis, não o arábico Ibn Rushd, e Avicena, em vez de Ibn Sina. Para figuras menos familiares, mantive seus nomes arábicos. Por razões semelhantes, as datas são apresentadas na maneira "ocidental" tradicional, ou seja, antes de Cristo (a.C.) e depois de Cristo (d.C.). Na transliteração, preferi a facilidade de leitura, a familiaridade e a convenção à pureza linguística ou à coerência.

Por fim, uma referência à estrutura do livro, que homenageia o sucesso dos eruditos árabes em mensurar o padrão sempre cambiante da noite e do dia que determina a hora das cinco orações diárias muçulmanas. O livro começa no entardecer (prece *al-maghrib*), o início do dia tradicional no Oriente Médio; depois avança pelo anoitecer (*al-isha*) da Idade Média cristã, narra o amanhecer (*al-fajr*) da grande era do saber árabe, eleva-se à glória do meio-dia (*al-zuhr*) com nosso herói principal, Adelardo de Bath, no Oriente Próximo, e conclui com as ricas cores da tarde (*al-asr*) que marcam o fim da Idade da Fé no Ocidente e o triunfo aparentemente irreversível da Razão.

Acontecimentos significativos

Eis alguns dos acontecimentos mais importantes em torno da história deste livro. Por necessidade, várias das datas são apenas aproximadas. Mais detalhes podem ser encontrados na narrativa que se segue a eles.

622 O profeta Maomé lidera uma migração de seus adeptos de Meca para Medina, a hégira, que marca o início da época muçulmana.

632 Morte de Maomé.

732 Uma incursão árabe é derrotada perto de Tours, no sul da França, pondo fim efetivamente à penetração muçulmana na Europa ocidental a partir da Espanha.

750 Vitória da revolução abássida contra os califas omíadas.

756 Abd al-Rahman proclama-se senhor da Espanha muçulmana, conhecida como al-Andalus.

762 O califa al-Mansur funda Bagdá, para ser a nova capital abássida.

771 Sábios hindus levam textos científicos sânscritos para Bagdá.

813-833 Reinado do califa al-Mamun, patrocinador entusiástico da ciência e da filosofia.

825 Muhammad ibn Musa al-Khwarizmi produz suas famosas tabelas das estrelas, *zij al-Sindhind*.

848 Albumazar (Abu Mashar) termina *A introdução à astrologia*, em Bagdá.

948 Bizantinos enviam a enciclopédia médica de Dioscórides à corte árabe de Córdoba.

967 Gerberto de Aurillac, futuro papa Silvestre II, é mandado à Catalunha para estudar os conhecimentos básicos compilados dos vizinhos árabes.

1009 Muçulmanos destroem o Santo Sepulcro, agravando as tensões com o mundo cristão.

1066 Os normandos conquistam a Inglaterra.

c.1080 Nasce Adelardo de Bath.

1088 João de Villula, futuro protetor de Adelardo, é nomeado bispo de Wells. Ele transfere sua sé para Bath.

1091 Os normandos completam a conquista da Sicília muçulmana.

1092 O clérigo inglês Walcher de Malvern realiza o primeiro experimento ocidental de que se tem conhecimento para aprimorar as previsões astronômicas.

1095 O papa Urbano II conclama para a cruzada em Clermont, França.

1096 Tropas turcas esmagam a Cruzada Popular em Civetot, perto de Constantinopla, antes da chegada da principal hoste de cruzados da Europa.

1099 Forças da Primeira Cruzada conquistam Jerusalém aos muçulmanos.

c.1100 Adelardo deixa Bath para frequentar a escola catedrática de Tours, na França.

1109 Adelardo parte para o Oriente em busca do saber árabe.

1114 Adelardo testemunha um terremoto perto de Antioquia, no local onde atualmente fica a Turquia.

1126 Primeira introdução latina aos *Elementos* de Euclides, atribuída a Adelardo de Bath.

1138 O rei Rogério II da Sicília convida al-Idrisi a criar um novo mapa do mundo. Também manda cunhar as primeiras moedas europeias a usar o sistema numeral indo-arábico.

1142 Pedro o Venerável encomenda a primeira tradução latina do Alcorão.

1146 A dinastia berbere dos almôades assume o controle de al-Andalus.

1149 Adelardo termina *Sobre o uso do astrolábio.* Alguns especialistas datam ou 1150 a obra de 1142.

c.1152 Morte de Adelardo.

1175 Gerardo de Cremona termina uma tradução a partir do árabe do *Almagesto.*

1187 Saladino retoma Jerusalém aos cruzados.

1210 A filosofia natural de Aristóteles é oficialmente proibida na Universidade de Paris.

1229 Frederico II assume o controle de Jerusalém após meses de negociações com os árabes.

c.1230 As traduções de Averróis feitas por Miguel Escoto chegam a Paris.

1236 Forças cristãs tomam Córdoba, outrora capital imperial de al-Andalus.

1258 Os mongóis, sob o comando de Hulegu, neto de Genghis Khan, conquistam e saqueiam Bagdá.

1259 Hulegu manda construir um observatório em Maragha, no atual noroeste do Irã, e traz um grupo de astrônomos proeminentes para trabalhar nele.

1260 Nasiral-Din Tusi, diretor do observatório de Maragha, publica uma importante revisão da astronomia ptolemaica, que aparecerá na obra de Copérnico três séculos depois.

1270 Tomás de Aquino escreve *Sobre a eternidade do mundo*, onde afirma que a defesa da eternidade feita pelos árabes não pode ser contestada mas deve ser rejeitada com base na fé religiosa.

1270 A Igreja emite treze "condenações" na Universidade de Paris que proíbem o ensino da Eternidade do Mundo e da indiferença de Deus aos particulares. A maioria é ignorada.

1277 O bispo de Paris emite 219 condenações, inclusive algumas ligadas aos ensinamentos de Tomás de Aquino.

1323 Tomás de Aquino é canonizado.

1453 Queda de Constantinopla para os turcos otomanos.

1492 Os cristãos conquistam o reino de Granada, último bastião dos muçulmanos na Espanha.

1497 O explorador português Vasco da Gama completa uma viagem ao redor da África e chega depois à Índia, aparentemente com a ajuda de um navegador muçulmano.

1543 Publicação de *Das revoluções dos orbes celestes*, de Copérnico, que propõe um universo heliocêntrico. A obra inclui duas contribuições fundamentais dos árabes.

1592 Uma versão árabe resumida do Mapa do Mundo de al-Idrisi é impressa no Ocidente.

1633 Galileu é condenado por heresia por defender as ideias de Copérnico.

1687 A teoria da gravitação de Isaac Newton "completa" a revolução copernicana, estabelecendo a preeminência da ciência no mundo ocidental.

Figuras importantes

As figuras a seguir foram fundamentais para a ascensão da ciência árabe e sua recepção no Ocidente. Poucos são nomes conhecidos, e estão incluídos como referências úteis para o leitor.

Adelardo de Bath. Pioneiro do ensino do árabe que levou as maravilhas da geometria, astronomia, astrologia e de outros campos do conhecimento para o Ocidente medieval.

Albumazar. Principal autoridade árabe em astrologia, baseava sua arte na filosofia natural de Aristóteles. Em árabe, era conhecido como Ja'far ibn Muhammad Abu Mashar al-Balkhi.

Agostinho de Hipona. Incorporou a filosofia grega aos ensinamentos da Igreja, mas "desenfatizou" as preocupações da disciplina com a ciência natural. Morreu em 430 e, mais tarde, foi santificado.

Averróis. Filósofo muçulmano que exerceu enorme influência sobre o pensamento ocidental, principalmente como comentador de Aristóteles. Seu nome em árabe era Abu al-Walid ibn Rushd.

Avicena. Filósofo e médico persa. Sua influência sobre o Ocidente superou a de Averróis até meados do século XIII, seu reconhecimento como autoridade na medicina perdurou por vários séculos adiante. Em árabe, Ibn Sina.

Bede. Monge e intelectual do século VIII no norte da Inglaterra. Sua obra era avançada para a época e o lugar.

Boécio. Patrício romano do século VI cujas traduções para o latim de obras de Aristóteles sobre lógica, música e elementos básicos de geometria estavam na base de grande parte do ensino europeu antes da chegada da ciência e da filosofia árabes.

Copérnico, Nicolau. Astrônomo polonês cuja proposição de um universo heliocêntrico acabou por substituir a noção de que a Terra estava no centro de todos os movimentos celestes.

Frederico II. Sacro imperador romano e defensor do saber árabe. Foi o protetor de Miguel Escoto e assinou traduções de Averróis, Avicena e Maimônides.

Gerardo de Cremona. O mais prolífico dos tradutores para o latim estabelecidos na Espanha. Atribuem-se a ele mais de setenta traduções do árabe.

Gerberto de Aurillac. Mais tarde papa Silvestre II, conheceu o básico da ciência e da tecnologia árabes quando estudou na Espanha. Difundiu seus conhecimentos para o resto da Europa.

Al-Ghazali. Teólogo muçulmano cuja obra magistral *A incoerência dos filósofos* representou um desafio importante aos filósofos. Também conhecido no Ocidente por Algazel.

Hermano de Caríntia. Importante tradutor da ciência árabe. Contribuiu para a primeira tradução do Alcorão para o latim.

Al-Idrisi. Geógrafo árabe e diretor do projeto Mapa do Mundo do rei Rogério II da Sicília.

Isidoro de Sevilha. Bispo medieval e "enciclopedista" que ensinava que o mundo era chato, como "uma roda".

João de Villula. Nomeado bispo de Wells em 1088, mudou sua sé para a vizinha Bath. Foi o protetor de Adelardo.

Al-Khwarizmi. Matemático e astrônomo, nascido onde hoje é o Uzbequistão. Afiliado à Casa da Sabedoria, suas tabelas estelares e obras sobre aritmética, álgebra, o astrolábio e numerais arábicos influenciaram enormemente o Ocidente.

Al-Kindi. Considerado o primeiro filósofo árabe, tentou harmonizar Platão e Aristóteles.

Leonardo de Pisa. Aprendeu matemática com os árabes da África setentrional e tornou-se um dos maiores matemáticos do Ocidente. Também conhecido como Fibonacci.

Maimônides, Moisés. Erudito judeu de al-Andalus. Contemporâneo de Averróis, ajudou a apresentar os pensadores cristãos à tradição da filosofia árabe. Suas obras filosóficas foram escritas em árabe e amplamente traduzidas para o latim.

Al-Mamun, Abdallah. Sétimo califa abássida. Interessava-se por ciência e filosofia e incentivou ativamente tanto os eruditos da Casa da Sabedoria quanto os de outros lugares.

Maslama al-Majriti. Matemático e astrônomo espanhol do século XI cuja edição local das tabelas estelares árabes foram mais tarde traduzidas por Adelardo para o latim.

Miguel Escoto. Tradutor de Averróis e maior intelectual público de sua época. Foi conselheiro científico e astrólogo da corte de Frederico II.

Pedro o Eremita. Líder carismático da desastrosa Cruzada Popular, sobreviveu para ver Jerusalém sob controle cristão.

Ptolomeu. Preeminente astrônomo dos tempos clássicos. Seu *Almagesto* foi o principal compêndio sobre os céus do século II d.C. até sua derrubada final pela revolução copernicana, quatrocentos anos depois.

Roberto de Ketton. Tradutor da ciência árabe para o latim. Trabalhou na primeira tradução ocidental do Alcorão, junto com Hermano de Caríntia.

Rogério II. Rei normando da Sicília, conhecido como "sultão batizado" devido à adoção da alta cultura árabe em sua corte. Encomendou o Mapa do Mundo a al-Idrisi.

Roger Bacon. Filósofo, cientista e professor do século XIII. Um dos primeiros proponentes da filosofia árabe, disse certa vez: "A filosofia vem dos muçulmanos."

Sigério de Brabante. Líder dos filósofos seculares em Paris. Foi perseguido pela Inquisição e assassinado na corte papal.

Tomás de Aquino. Teólogo e filósofo católico que propôs uma "trégua" entre fé e razão. Foi canonizado em 1323.

Urbano II. Papa que convocou a Primeira Cruzada, em 1095.

Prólogo

Al-maghrib/Entardecer

POUCOS TINHAM ALGUMA DÚVIDA de que Deus enviara o terremoto para punir os hábitos libertinos e extravagantes de Antioquia. Os habitantes desse posto avançado do cristianismo, não distante das praias orientais do Mediterrâneo, eram notoriamente corruptos e desprezavam suas obrigações solenes para com Deus. "Certos homens que odiavam jejuar e adoravam banquetes, escravos do apetite por comidas sedutoras, eram ávidos por copiar a vida e o estilo de vida não daqueles que viviam bem, mas dos que comiam bem", zomba Gualter o Chanceler, um clérigo e antigo funcionário de Antioquia cujo testemunho da vida nessa cidade é pontuado por referências às escrituras cristãs e citações batidas de Ovídio e Virgílio.[1] As mulheres deleitavam-se em túnicas curtas escandalosas e enfeitavam-se com adornos indecorosos. Algumas – "ao menos é o que dizem os rumores", comenta Gualter com malícia – chegavam a encomendar aos artesãos locais "coberturas cuidadosamente confeccionadas em ouro árabe e um punhado de pedras preciosas para suas partes vergonhosas, não para vestir a aparência de suas vergonhas ou para refrear a chama da luxúria, mas para que aquilo que é proibido pudesse inflamar ainda mais as pessoas que não desejam prazeres legítimos".[2] Outras se prostituíam por esporte, aliciando amigos e vizinhos nas ruas da cidade.

Se a praga de gafanhotos de dois anos antes não conseguira deter a onda de dissolução entre esses ocidentais recém-chegados ao Oriente Próximo, então talvez um terremoto chamasse a atenção da população teimosa. Em 13 de novembro de 1114, um tremor de terra atingiu a remota cidade de Mamistra, causando grandes danos e prenunciando a destruição que estava por vir. Dezesseis dias depois, "no silêncio da noite fechada, quando a fragilidade humana estava mais adequada e docemente acostumada ao sono", Antioquia sentiu a ira do Senhor. "A cidade era um cenário de destruição", conta-nos Gualter, "muitos morreram nas próprias casas. Outros estavam realmente aterrorizados: abandonaram seus lares, desprezaram suas riquezas, deixaram tudo e passaram a se comportar como loucos nas ruas e praças da cidade. Estendiam as mãos aos céus com seus muitos medos e impotência, e gritavam em lágrimas sem cessar, em diferentes línguas: 'Poupa-nos, Senhor, poupa o teu povo.'"[3] Na manhã seguinte, sobreviventes remidos reuniram-se na igreja central de São Pedro, milagrosamente intocada pelo violento tremor do solo, e abjuraram a busca pelo prazer mundano.

Os antioquenses não foram os únicos a ter seu mundo virado de cabeça para baixo. Desorientado, um jovem fidalgo do interior, que estava muito longe de casa, correu em busca de abrigo numa ponte de pedra de Mamistra. Adelardo de Bath não fizera a árdua jornada desde o sudoeste da Inglaterra para comparecer ao célebre casamento do rei Balduíno de Jerusalém com Adelaide da Sicília. Ele não estava interessado na devassidão de seus colegas europeus. Tampouco havia seguido as pegadas dos cruzados conquistadores de dezesseis anos antes a caminho de *Outremer*, das terras de ultramar. Ao contrário daqueles temíveis guerreiros sagrados – aquela "raça de francos" instigada pelo papa Urbano II – que haviam estuprado e saqueado pela Europa central, antes mesmo de chegar à Terra Santa, Adelardo estava decidido a aprender com os muçulmanos, em vez de matá-los sob o signo da cruz. Enquanto os cruzados haviam visto apenas maldade no infiel muçulmano, Adelardo buscava a luz da sabedoria árabe.

Antioquia – hoje a cidade provincial turca de Antakya – deve ter sido irresistível para o inquieto Adelardo, que ainda jovem estudioso já havia louvado o valor das viagens amplas para a busca do conhecimento: "Valerá a pena aproximar-te de professores de diferentes povos, guardar na memória o que possas encontrar de mais primorosamente expresso em cada um deles. Pois o que os estudos franceses ignoram, aqueles do outro lado dos Alpes revelarão; o que não aprenderás com os latinos, a eloquente Grécia te ensinará."[4] A cidade, fundada no século IV a.C., fora outrora a principal metrópole da Ásia. Sua memória era particularmente querida ao mundo cristão: ali a palavra "cristão" fora usada pela primeira vez, e são Pedro havia sido o primeiro bispo da cidade – um detalhe que os papas de Roma, sempre melindrosos e conscientes de sua posição, preferiam esquecer.[5] Ela florescera sob o domínio muçulmano, mas era agora controlada por cruzados normandos. Esse novo principado de Antioquia compreendia o centro fortificado da cidade, a planície ao redor e os portos marítimos de Alexandreta e São Simão. Graças à manufatura de sedas finas, tapetes, cerâmica e vidro, o lugar era muito rico.

Tal como o próprio Adelardo, a cidade que o aguardava ficava no limiar entre o Oriente e o Ocidente. Fazia muito tempo que Antioquia era uma escala importante da lucrativa rota comercial de caravanas da Mesopotâmia, comércio tradicional que continuava como dantes, ignorando escrupulosamente a inconveniente guerra religiosa das Cruzadas. A maioria dos habitantes da cidade era cristã – ortodoxos orientais, jacobitas, nestorianos e armênios. A língua predominante era o árabe, mas afinidades religiosas e culturais garantiam também um lugar para o grego e o latim, criando uma pedra de Roseta viva que facilitava o intercâmbio de livros e ideias através de fronteiras étnicas, culturais e religiosas. Agora, o principado descobria-se um elo vital entre mundos opostos, compelidos para o mesmo lugar devido à luta religiosa e política pelo controle da cidade sagrada de Jerusalém, quase quinhentos quilômetros ao sul.

Alguns anos antes da chegada de Adelardo, forças combinadas normandas e genovesas haviam capturado a cidade próxima de Trípoli aos Banu Ammar, seus refinados príncipes muçulmanos. *A crônica de Damasco das Cruzadas*, um relato árabe da época, registrou que no butim levado de Trípoli pelos cristãos vitoriosos estavam "os livros de sua academia e bibliotecas de colecionadores particulares".[6] Milhares dessas obras acabaram nas mãos dos mercadores de Antioquia, agora ao alcance fácil do homem de Bath.

Ainda assim, nada preparara Adelardo para o que ele encontrou em sua obstinada busca pelo que chamava de *studia Arabum*, os estudos dos árabes. Ali estavam finalmente os segredos das eras, enterrado por seis séculos sob o caos da cristandade ocidental. Esse inglês peripatético captou imediatamente o poder do conhecimento árabe para refazer o mundo tal como ele o conhecia. Adelardo deixou sua Inglaterra natal como um jovem estudioso sedento pela sabedoria que somente os árabes poderiam fornecer. Ele retornaria como o primeiro homem de ciência do Ocidente e ajudaria a mudar seu mundo para sempre.

Se, como Adelardo então aprendeu com seus mestres árabes, os corpos celestes moviam-se em ritmos periódicos e imutáveis, então que papel sobrava para o Deus Todo-Poderoso? Seria ele capaz de suspender as leis da natureza? O universo tinha um começo e um fim, como estava escrito na Bíblia e no Alcorão? Ou era eterno, nem criado no tempo nem sujeito a mudanças, como afirmavam os filósofos muçulmanos? Se essa "nova lógica" estava correta, então o que fazer do sagrado ensinamento da Criação? Para Adelardo, o mundo subitamente parecia um lugar novo e desconhecido. Essas questões haviam ocupado os pensadores árabes durante séculos, enquanto lutavam para encaixar sua fé monoteísta na compreensão crescente do universo ao seu redor. Essa grande luta entre fé e razão estava prestes a abalar as estruturas de uma desprevenida Europa.

A CHEGADA DA CIÊNCIA E DA FILOSOFIA ÁRABES, o legado do pioneiro Adelardo e daqueles que se apressaram em seguir seu exemplo transmutaram o atrasado Ocidente numa superpotência científica e tecnológica. Tal como o vago "elixir" – o *al-iksir* dos alquimistas – para transformar metal vil em ouro, a ciência árabe alterou radicalmente a cristandade medieval. Pela primeira vez em séculos, os olhos da Europa se abriram para o mundo ao redor. O encontro com a ciência árabe restaurou até mesmo a arte de contar o tempo, esquecida pelos cristãos ocidentais do início da Idade Média. Sem um controle preciso do relógio e do calendário, a organização racional da sociedade era impensável. O mesmo ocorria com o desenvolvimento da ciência, da tecnologia e da indústria, e também com a libertação do homem do jugo da natureza. A ciência e a filosofia árabes ajudaram a resgatar da ignorância o mundo cristão e possibilitaram a própria ideia de Ocidente.

No entanto, quantos de nós reconhecem hoje essa dívida enorme para com os árabes, para não falar em tentar pagá-la? Quantos reconhecem o legado valioso de boa parte de nosso moderno léxico técnico: de "azimute" a "zênite", de "álgebra" a "zero"? Ou a influência mais mundana em tudo, dos alimentos que comemos – damascos, laranjas e alcachofras, para mencionar apenas alguns – a termos náuticos comuns como "almirante", "chalupa" e "monção"? Até a dança morris, típica tradição inglesa, é uma corruptela de dança *moura*, que remonta ao tempo em que menestréis árabes divertiam a nobreza da Espanha muçulmana.

Os nomes de al-Khwarizmi, Avicena, al-Idrisi e Averróis – gigantes da cultura árabe e figuras dominantes na Europa medieval durante séculos – provocam hoje pouca ou nenhuma reação do leitor leigo instruído. A maioria está esquecida, não passa de lembrança distante de uma era passada. Contudo, eles foram apenas alguns dos protagonistas de uma extraordinária tradição científica e filosófica árabe que jaz escondida sob séculos de ignorância e franco preconceito antimuçulmano do Ocidente. Uma recente pesquisa de opinião pública mostrou que a maioria dos americanos vê "pouco" ou "nada" para admirar no islã ou no mundo muçulmano.[7] Mas, se voltarmos nas páginas do tempo, veremos que é impossível imaginar a civilização ocidental sem os frutos da ciência árabe: a arte da álgebra de al-Khwarizmi, os abrangentes ensinamentos médicos e a filosofia de Avicena, as duradouras geografia e cartografia de al-Idrisi, o rigoroso racionalismo de Averróis. Mais importante ainda do que qualquer obra individual foi a contribuição geral dos árabes que constitui o próprio cerne do Ocidente contemporâneo: a percepção de que a ciência pode conceder ao homem poder sobre a natureza.

O poder do conhecimento árabe, defendido por Adelardo de Bath, deu novo aspecto ao cenário intelectual europeu. Seu alcance estendeu-se até depois do século XVI, e moldando a obra inovadora de Copérnico e de Galileu. Isso colocou a Europa cristã face a face com o fato de que o Sol – e não o lar terreno da criatura de Deus, o homem – estava no centro do universo. Averróis, filósofo-juiz da Espanha muçulmana, explicou a filosofia clássica ao Ocidente e apresentou-o ao pensamento racionalista.

O *Cânone da medicina* de Avicena continuava a ser uma baliza na Europa no século XVII. Livros árabes sobre óptica, química e geografia também tiveram uma vida longa.

O esquecimento intencional do legado árabe pelo Ocidente teve início há séculos, quando a propaganda antimuçulmana criada à sombra das Cruzadas começou a obscurecer qualquer reconhecimento do profundo papel da cultura árabe no desenvolvimento da ciência moderna. Essa mensagem compreendia quatro temas centrais, vários dos quais ressoam até hoje: o islã distorce a palavra de Deus; ele se dissemina somente pela violência; ele perverte a sexualidade humana, seja encorajando a prática da poligamia, como nos famosos haréns dos sultões, ou mediante atitudes repressivas ou excessivamente pudicas; e seu profeta Maomé foi um charlatão, um instrumento do diabo, ou até o Anticristo.

Roger Bacon, filósofo do século XIII, um dos primeiros a propor o método científico no Ocidente, elogiava os muçulmanos por suas inovações intelectuais, tema que conhecia bem: "A filosofia vem dos muçulmanos."[8] Contudo, o mesmo Roger Bacon denunciava com igual entusiasmo aspectos da vida muçulmana sobre os quais não tinha nenhum conhecimento ou experiência: os árabes, asseverava, "estão absortos em prazeres sensuais em virtude de sua poligamia".[9] Sem demora, ideias fantasiosas como essa substituíram todas as outras na imaginação popular.

Essas opiniões ganharam mais aceitação durante o Renascimento, quando o Ocidente passou a buscar cada vez mais inspiração numa noção idealizada da Grécia clássica.[10] Ávidos por reivindicar uma descendência direta de pessoas como Aristóteles, Pitágoras e Arquimedes, os pensadores ocidentais deliberadamente marginalizaram o papel do conhecimento árabe. "Dificilmente serei persuadido de que alguma coisa boa possa vir da Arábia", escreveu Petrarca, o mais proeminente dos primeiros humanistas, no século XIV.[11] Os historiadores da ciência ocidentais continuaram, em grande medida, nessa linha; muitos situam os árabes como zeladores benignos, mas efetivamente neutros, do conhecimento grego, que pouco ou nada fizeram avançar o trabalho dos antigos.

Esses relatos estão baseados na noção persistente da "recuperação" pelo Ocidente do conhecimento clássico, com a clara implicação de que tal conhecimento era, de algum modo, um direito inato da Europa cristã que apenas estivera extraviado durante a Idade Média. Eles são também profundamente matizados por um consenso ocidental, invocado com frequência para explicar o atual estado do mundo muçulmano, de que o islã é inerentemente hostil à inovação e de que isso só se aprofundou a partir do início do século XII.[12]

PARTE I

Al-isha/Anoitecer

1. Os guerreiros de Deus

ELES NÃO CONSEGUIAM nem mesmo dizer as horas, aquele exército incontável de fiéis.

Os guerreiros de Deus avançaram até os portões da cidade imperial de Constantinopla, e sua chegada foi anunciada por uma praga de gafanhotos que destruiu as videiras, mas deixou o trigo intocado. Seu líder, um clérigo implacável que surgira do nada e recebera grande aclamação popular, exortava seu rebanho a travar uma guerra santa contra o infiel com promessas de um lar no paraíso. As doenças e a desnutrição grassavam. Os cuidados médicos com frequência envolviam um exorcismo ou a amputação de membros feridos. A tortura e outros suplícios resolviam os casos criminais.

Poucos tinham alguma instrução. A educação que existia em seus lugares de origem consistia em memorizar textos ultrapassados sob o olhar vigilante de tacanhos doutores de religião. Não tinham qualquer conhecimento de tecnologia básica, ciência ou matemática. Eram incapazes de datar seus dias santos mais importantes, ou de mapear os movimentos regulares do Sol, da Lua e dos planetas. Não sabiam nada sobre fabricação de papel ou o uso de lentes e espelhos e não faziam ideia da existência do príncipe dos instrumentos científicos da época: o astrolábio. Os fenômenos naturais, como um eclipse da Lua ou uma súbita mudança de condições atmosféricas, os aterrorizavam. Achavam que era magia negra.

A chegada daquele exército de fanáticos horrorizou a população local. Quem eram aqueles bárbaros de pele clara e olhos azuis que marchavam sob o signo da cruz, e o que queriam nas terras árabes no crepúsculo do século XII da era cristã?

"O Ocidente inteiro, e grande parte da terra dos povos bárbaros que fica além do mar Adriático até as Colunas de Hércules – tudo isso ... estava irrompendo contra a Ásia como uma massa sólida, com todos os seus pertences, levando sua marcha através da porção interposta da Europa", registra a princesa Ana Comnena, filha do imperador bizantino, em Constantinopla, capital do império.[1] Nas fileiras estavam crentes verdadeiros e gente honrada, observa o cronista Alberto de Aix, mas também "adúlteros, homicidas, ladrões, perjuros e assaltantes".[2] Seu líder, Pedro o Eremita, cavalgava uma mula branca e prometia a remissão dos pecados para todos os que se unissem à causa.

Homem baixo e feio, Pedro tocava facilmente o coração das pessoas comuns, que arrancavam pelos de sua modesta montaria para guardar como relíquias sagradas, enquanto ele pregava a Cruzada no norte da França. Muitos vendiam as poucas posses que tinham e partiam com ele para os confins da terra. Alguns levavam a família inteira; outros simplesmente abandonavam mulher, filhos e pais idosos. Deixavam suas plantações de lado e as tarefas pela metade na pressa de atender ao chamado de Pedro. O eremita andava de braços e pés nus e usava uma camisa de lã grosseira, coberta por um manto que chegava aos tornozelos. "Ele vivia de vinho e peixe, e jamais comia pão", registra Guiberto de Nogent, em um dos primeiros relatos das Cruzadas.[3]

O monge baixinho apareceu de repente, expressando um eco popular ao grande chamado às armas do papa Urbano II, que instou aos príncipes da cristandade em 27 de novembro de 1095, na cidade francesa de Clermont, que cessassem suas constantes guerras e voltassem suas energias mortíferas contra os infiéis do Oriente. "Aqueles que se acostumaram injustificadamente a promover a guerra entre fiéis, que marchem agora para combater os infiéis e obtenham a vitória. Aqueles que estão pelejando com seus irmãos e parentes lutem agora contra os bárbaros", disse o papa a uma multidão reunida para ouvir seu sermão. "Aqueles que estão servindo de mercenários por pequena quantia, que ganhem agora a recompensa eterna."[4] Poucos meses depois do sermão de Urbano, oitenta mil pessoas, gente das cidades e dos campos, partiram para o Oriente.[5]

Uma mistura explosiva de política eclesiástica, disputa teológica, preocupações internas e questões internacionais alimentou o chamado de Urbano à Cruzada. Em décadas recentes, a Igreja havia lutado contra governantes seculares da Europa por direitos e privilégios, em especial pelo direito de investir novos bispos e equipá-los com os símbolos do ofício: o anel e o báculo. Urbano e seus partidários dentro da Igreja viam a Cruzada como um meio de restaurar a autoridade de Roma à frente do mundo cristão, sem que fosse preciso confiar em monarcas incontroláveis.

Já fazia algum tempo que vários pensadores da Igreja sustentavam que a violência religiosa era permissível e justificável. O papa Gregório VII – mentor de Urbano o Cruzado – manifestara muito interesse na guerra em nome da Igreja e inclusive propusera a criação de uma Milícia de São Pedro, composta por cavaleiros europeus, cuja necessidade se mostrou ainda mais premente com o início das lutas entre reis seculares e o papado. O bispo Anselmo II, de Lucca, um defensor leal do papa, reunira os escritos de santo Agostinho sobre teoria da guerra justa para apoiar os esforços de Gregório.[6] Esses reformadores também eram influenciados pela noção de que a Igreja tinha de se aproximar do povo; isso, por sua vez, fundamentava o fenômeno dos exércitos papais, que ofereciam aos crentes a chance de defender a fé em troca do perdão de seus pecados.[7]

Os eventos mundiais também desempenhavam seu papel nisso. Em 1074, Gregório escreveu uma série de cartas pedindo a libertação dos cristãos ortodoxos orientais que haviam sofrido uma grande derrota militar três anos antes nas mãos dos turcos muçulmanos em Manzikert, na Ásia Menor oriental. Estabelecendo um vínculo claro entre lutar pela Igreja e a prática da indulgência, Gregório prometia "recompensa eterna" para aqueles que participassem.[8] As ansiedades do Ocidente aumentaram ainda mais em virtude de notícias – em grande medida falsas, mas amplamente aceitas como fato – de que o modesto mas constante fluxo de peregrinos cristãos a Jerusalém estava sendo sistematicamente barrado, ou pior do que isso, pelos rigorosos turcos seljúcidas, que haviam tomado o lugar dos fatímidas mais brandos do Egito no controle da cidade santa em 1070.

O próprio Pedro o Eremita talvez tenha sido maltratado pelos muçulmanos quando tentou sem sucesso chegar a Jerusalém numa peregrinação pessoal alguns anos antes das Cruzadas. A princesa bizantina Ana Comnena diz que Pedro "sofreu muito nas mãos dos turcos e sarracenos" antes de conseguir "com dificuldade" voltar para a Europa.[9] Em algumas versões da história, Jesus aparece em sonho a Pedro e ordena que ele volte para casa, reúna um exército de crentes e liberte a igreja do Santo Sepulcro do controle muçulmano; em outras, o patriarca de Jerusalém incumbe Pedro de voltar à Europa e convocar ajuda para os cristãos orientais sitiados. A *Canção de Antioquia*, do final do século XII, representa Pedro, "a quem Deus fez mensageiro", como o único sobrevivente de uma campanha anterior que retorna então à Europa para levantar um exército maior e liderar a Cruzada.[10]

O papel exato de Pedro no acionamento da Cruzada permanece incerto, embora em crônicas medievais posteriores seja notável a crescente proeminência dada ao eremita como inspiração e até principal motor de toda a empreitada. Relatos populares celebram Pedro por ajudar os pobres e oferecer dotes a prostitutas para que pudessem casar. Um texto do século XII, os *Annales Rosenvaldenses*, diz que a chegada do eremita era prenunciada por uma impressionante exibição celestial: "Uma noite … sem que houvesse uma nuvem no ar, bolas de fogo, ao que parece, brilharam em diferentes lugares e se reconstituíram em outro ponto do céu. Observou-se que não se tratava de fogo, mas de poderes angelicais que, com sua migração, significavam o movimento e previam a partida de gente de seus lugares, o que depois acometeu quase todo o mundo ocidental."[11]

Com Urbano II, protegido do belicoso Gregório VII, no trono de são Pedro, as forças díspares que empurravam a Igreja para a guerra tiveram rédea solta. Os reformadores agrupados em torno do papa travavam uma batalha por influência e poder com rivais tanto internos como seculares. Uma longa e inconstante história de ensinamentos cristãos sobre a permissão para a guerra em defesa da fé e a crescente popularidade de metáforas marciais em escritos religiosos facilitaram o caminho. Como reconhecia o círculo em torno do pontífice, o chamamento às armas permitiria que o papa exercesse uma enorme autoridade pessoal e ajudaria a unir seu fracionado rebanho numa missão sagrada; parecia uma resposta às suas preces. O resultado foi uma guerra santa cristã em escala maciça, tentativa de um Ocidente atávico de refazer o mundo em mutação à sua própria imagem. Embora viessem a fracassar no final, as Cruzadas pagaram dividendos significativos ao colocar o mundo latino face a face com as proezas científicas e tecnológicas do Oriente árabe. Elas também provocaram a imaginação dos europeus a respeito de coisas orientais, inclusive de Adelardo, um adolescente na época do memorável apelo de Urbano.

O papa imaginara uma longa e cuidadosa preparação da campanha militar sob o comando de seu representante designado, o núncio papal, e apoiada pelas famílias governantes do Ocidente. Mas a onda de homens que rapidamente se formou atrás de Pedro o Eremita e de um punhado de outros líderes populistas não estava interessada no cronograma cauteloso do prelado ou nos objetivos políticos, sociais e teológicos mais amplos da Igreja. Essa Cruzada Popular, um prelúdio ao esforço militar principal, não esperaria por ninguém. "*Deus vult!*", gritara a multidão reunida em Clermont em resposta às palavras de luta do papa. "É a vontade de Deus!" Os fiéis, ávidos por escapar de vidas de degradação, violência e doença, logo partiram às dezenas de milhares, sem esperar por seus senhores. "Desse modo, enquanto os príncipes, que tinham necessidade de muitas despesas e grandes serviços de seus criados, faziam seus preparativos lenta e cuidadosamente, a gente comum, de poucas posses mas muito numerosa, juntou-se a ... Pedro o Eremita e obedeceu-lhe como a um senhor", diz o relato de Guiberto de Nogent.[12]

A maioria eram simples camponeses, mas havia gente das cidades também, e até alguns renegados, devedores, criminosos e cavaleiros empobrecidos. Para muitos, a busca pela Terra Santa era guiada mais por superstição e exaltação popular do que por uma verdadeira compreensão da fé ou dos objetivos dos líderes eclesiásticos. "Eles afirmavam que um ganso qualquer era inspirado pelo Espírito Santo e que uma cabra não estava menos cheia do mesmo Espírito", registra Alberto de Aix, claramente mortificado pelas próprias palavras. "Desses eles fizeram seus guias nessa jornada sagrada a Jerusalém; a esses eles adoraram excessivamente; e a maioria das pessoas que os seguia, como animais, acreditava completamente que aquele era o verdadeiro caminho."[13] A licenciosidade sexual também grassava entre os cruzados. "Essa gente ... uniu-se numa força única, mas não se absteve de forma alguma de uniões ilícitas e dos prazeres da carne; entregaram-se a excessos glutões sem interrupção e se divertiam sem interrupção com mulheres e moças que também haviam deixado suas casas para se entregar às mesmas loucuras."[14]

Na primavera de 1096, a turba indisciplinada que constituía essa Cruzada Popular já atravessava as terras desconhecidas da Europa central e oriental, com resultados previsivelmente desastrosos. Os judeus da Renânia, advertidos por seus irmãos da França que haviam conseguido subornar Pedro e outros líderes para que os deixassem em paz, prepararam-se para o pior. "Nessa época, uma gente arrogante, um povo de fala estranha, uma nação cruel e impetuosa, de franceses e germânicos, partiu para a cidade santa, que havia sido profanada por nações bárbaras, a fim de buscar sua casa de idolatria e banir os ismaelistas [os muçulmanos] e outros habitantes da terra e conquistá-la para eles mesmos", narra *A crônica de Solomon bar Simson*, deixada por um escritor judeu pouco conhecido. "Suas fileiras incharam até que o número de homens, mulheres e crianças superou o de um enxame de gafanhotos cobrindo a terra."[15] Outro relato foi escrito por um judeu anônimo de Mainz, então um centro de ensino, pouco depois dos eventos. Ele nos conta que os judeus ao longo de todo o Reno começaram a jejuar, arrepender-se de seus pecados e implorar ajuda a Deus. Alguns buscaram a proteção dos bispos católicos locais, enquanto outros tentaram imitar seus irmãos franceses e pagar aos cruzados para que fossem embora. Seus apelos, sagrados ou profanos, foram ignorados.

As piores depredações vieram das forças sob o comando do conde germânico Emicho, enquanto marchavam para o leste, Reno acima. Em Worms, em maio de 1096, mataram quinhentos judeus que haviam procurado a proteção dos líderes católicos locais. Outros mil foram mortos em Mainz, em meio a tumultos contra judeus na cidade. Também ali a liderança católica local não conteve seu rebanho nem honrou suas promessas anteriores de abrigar os judeus.[16] Líderes judeus organizaram suicídios em massa, ao invés de se deixarem cair nas mãos dos cruzados e encarar a perspectiva de uma conversão forçada. "Eles gritaram todos em voz alta, … 'Quem tiver uma faca, venha nos matar pela honra do único Deus eterno, e depois se perfure com a própria espada no pescoço ou na barriga, mate-se'," relata o cronista anônimo. "E as mulheres puras jogavam dinheiro [pelas janelas] para retardar um pouco os inimigos, até que pudessem matar os próprios filhos; as mãos misericordiosas das mulheres estrangulavam os próprios filhos, para fazer a vontade do Criador, e viravam as delicadas faces de seus filhos para os gentios."[17]

A convocação da Cruzada pelo papa Urbano havia inflamado o fervor religioso dos cristãos em toda a Europa com seu apelo para combater os "inimigos" de Cristo. Tratava-se de um desdobramento perigoso num momento de tensões crescentes na Renânia entre judeus – há muito, na imaginação europeia, os torturadores de Cristo – e os não judeus no que dizia respeito ao acesso ao comércio em expansão.[18] Panfletos cristãos populares que acusavam os judeus de conspirar com os distantes muçulmanos, muitas vezes de modo fantástico, só agravavam ainda mais as coisas. "Emicho, o malvado, inimigo dos judeus, veio com todo o seu exército contra o portão da cidade, e os cidadãos o abriram para ele. Emicho, um nobre germânico, liderava um bando de cruzados germânicos e franceses saqueadores. Os inimigos do Senhor disseram uns para os outros: 'Vejam, eles abriram o portão para nós; agora vamos vingar o sangue do crucificado'", escreve Solomon bar Simson.[19] Volkmar, outro líder populista, atacou os judeus de Praga no final de junho, e houve massacres também perto da fronteira húngara. No verão, os cruzados já haviam deixado a Renânia e seguiam para Constantinopla, para alívio dos governantes cristãos do lugar, que os queriam fora de suas terras o mais rápido possível.[20]

Não surpreende que Ana Comnena relate com assombro a onda fanática de homens – sujos, malnutridos, doentes e exaustos – que invadiu o reino no verão de 1096, a caminho de combater os infiéis muçulmanos mais ao sul. Ela observa em tom grave que se tratava de "uma questão maior e mais terrível que a fome".[21] A maioria dos leais seguidores de Pedro foi trucidada pelos otomanos em 21 de outubro, em Civetot, não longe de Constantinopla. Eles haviam partido contra o conselho do imperador Aleixo – o pai de Ana – e sem a proteção dos exércitos organizados da cristandade que ainda estavam em trânsito, vindo da Europa. O eremita, no entanto, não estava presente no desastroso fim dessa Cruzada Popular. Os relatos europeus da época são contraditórios: ou ele desaprovou sem sucesso o ataque de seus seguidores às bem treinadas forças turcas, ou escapou para a segurança de Constantinopla a fim de evitar o massacre que sabia ser inevitável. Na versão de Ana, ele foi levado para lugar seguro pelas forças bizantinas. De qualquer modo, Pedro por fim chegou à sua adorada Jerusalém três anos depois, com o contingente principal de cavaleiros. Um de seus mais importantes lugares-tenentes foi menos afortunado: sua cota de malha foi perfurada por sete flechas e ele morreu em Civetot à frente de seu exército de fanáticos.

Ao longo do Mediterrâneo oriental e no território sírio, a chegada dos cruzados pareceu confirmar os piores temores dos árabes locais e de seus súditos judeus e cristãos. A geografia árabe medieval costumava dividir o mundo em sete zonas, ou climas. As terceira e quarta zonas, centrais – o mundo árabe, o norte da África, o Irã e partes da China –, gozavam de maior equilíbrio e harmonia. A sexta zona, mais ao norte, era a terra dos eslavos, dos turcos e dos cristãos europeus, sendo que estes últimos eram conhecidos entre os árabes simplesmente como al-Ifranj, os francos. Todos três eram belicosos, sujos e inclinados à traição.[22] No caso dos francos, sua proveniência do norte também os tornava instáveis. Outras de suas características eram sexualidade devassa, ausência de ciúme e uma propensão geral à violência.[23]

O geógrafo árabe al-Masudi culpava a ausência da luz do sol por esses defeitos pessoais. Ao mesmo tempo, sua avaliação traía um entendimento de astronomia – talvez até de meteorologia – que superava em muito o dos cruzados francos, objetos de sua reflexão.

> No que diz respeito ao povo do quadrante norte, eles são aqueles para quem o Sol está distante do zênite. ... O poder do Sol é fraco entre eles por sua

> distância; o frio e a umidade prevalecem em suas regiões e neve e gelo seguem-se numa sucessão infindável. Eles carecem do humor quente; seus corpos são grandes; suas naturezas, rudes, seus modos, grosseiros, seu entendimento, fraco e suas línguas, pesadas ... Suas crenças religiosas carecem de solidez, e isso se deve à natureza do frio e à falta de calor.[24]

O desastre de Pedro e sua campanha populista logo foi eclipsado pela chegada, às portas de Constantinopla, da principal força de combate cristã. Ali estavam militares treinados, liderados por membros das casas reais da Europa e súditos tanto do novo fervor religioso como de seus interesses políticos e econômicos mais tradicionais. Essa miscelânea de reis, príncipes e outros nobres de toda a Europa frequentemente tornava a Primeira Cruzada refém de rivalidades internas, ambições pessoais e da falta de uma única autoridade ou comandante reconhecido. De início, o imperador Aleixo teve êxito em explorar essas diferenças e usou a força militar e o entusiasmo dos cruzados para restabelecer seu controle da Ásia Menor ocidental, perdido anteriormente para os muçulmanos. Em uma dessas campanhas, Raimundo de Saint-Gilles, conde de Toulouse, capturou o porto sírio de Lataquia aos árabes e o entregou ao governante bizantino, conforme o juramento que ele e outros senhores cruzados haviam feito, por insistência de Aleixo.

Entretanto, nem todos os príncipes da cristandade eram tão dóceis. Muitos estavam decididos a cumprir seu dever religioso e militar o mais rápido possível e voltar logo para seus domínios europeus. Mas um punhado seleto, entre eles alguns dos principais líderes da Primeira Cruzada, como Godofredo de Bouillon e o astuto comandante normando Boemundo de Taranto, tinham maldisfarçadas intenções territoriais próprias. O papa Urbano usara a Primeira Cruzada, ao menos em parte, para exportar as infindáveis disputas e guerras desses príncipes menores de uma Europa exausta e atormentada pela violência. Ele mesmo o dissera em Clermont. As ambições mais altas da Igreja para as Cruzadas e o sonho de Aleixo de restaurar o domínio de Constantinopla sobre a Ásia Menor e o Mediterrâneo oriental com a ajuda dos fervorosos cruzados tinham de competir com as preocupações mais mundanas e seculares de alguns dos participantes.

Quase de imediato, abriram-se fissuras nas fileiras latinas. O avanço de Constantinopla para o sul, na direção da Terra Santa – que afinal era o objetivo declarado de toda a aventura – foi ameaçado pela decisão de Balduíno de Boulogne, um proeminente nobre francês, corroborada por alguns outros, de se separar temporariamente do corpo principal da expedição e partir em busca de territórios que pudessem tomar para si. Balduíno havia estudado cuidadosamente as complexidades sociais e políticas das terras armênias ao longo do rio Eufrates. Ele e seus homens, acompanhados por conselheiros políticos armênios, partiram para o leste em busca da fortuna. Talvez obtivessem algum conforto na ideia de que essa campanha aprofundaria a missão dos cruzados ao proteger o flanco oriental do ataque a Jerusalém. Mas estava claro que Balduíno, um diplomata e militar tão astuto quanto qualquer dos comandantes da Cruzada, havia pressentido uma chance em meio às tradicionais intrigas políticas e religiosas da região, em particular em Edessa, então uma cidade predominantemente armênia no que é hoje o sul da Turquia. Ele não estava disposto a deixar que as exigências da guerra santa cristã interferissem em seu caminho.

Como Balduíno e seus auxiliares imaginavam, a população cristã armênia do lugar recebeu os francos de braços abertos. Já estava cansada das constantes investidas militares dos turcos e impaciente com o mando do ex-funcionário bizantino Thoros, um armênio que seguia a Igreja Ortodoxa do Leste da odiada Bizâncio, em vez do rito nacional. Impopular em casa, cada vez mais malsucedido na guerra e sem filhos no casamento, o idoso Thoros se ofereceu para adotar o popular Balduíno como seu herdeiro e imediatamente fez dele seu cogovernante. Os dois chegaram a passar por um ritual de adoção, designado para crianças, no qual ambos se enfiaram numa única camisa ou túnica de tamanho grande e esfregaram o peito um contra o outro. Balduíno repetiu então o processo com a esposa de Thoros, agora sua "mãe" adotiva. A *Crônica de Mateus da Armênia* informa que logo se formou uma conspiração para remover

Thoros do poder e que Balduíno foi informado disso, embora seu papel de instigador, se houve, permaneça obscuro. Em 7 de março de 1098, os conspiradores instigaram a revolta da população e derrubaram o infeliz governante. Três dias depois, os notáveis da cidade convidaram Balduíno a assumir seu lugar. Thoros, diz a crônica, foi capturado quando tentava fugir e despedaçado pela turba.[25]

Edessa, o primeiro território a sucumbir aos cruzados e também o primeiro a escapar do controle deles, foi pouco mais do que um show de abertura na campanha do Ocidente pelo controle da Terra Santa. No entanto, teve um papel extraordinário no início da história do assim chamado Oriente Latino. Primeiro, mostrou como a diplomacia habilidosa e uma saudável dose de intriga poderiam facilmente inclinar o frágil equilíbrio da região entre facções, grupos e nações concorrentes de diferentes etnias, línguas e seitas. Em segundo lugar, criou um exemplo poderoso, ainda que passageiro, do que um príncipe ambicioso e alguns cavaleiros – consta que a força inicial de Balduíno tinha apenas sessenta homens – poderia realizar, inspirando rivais gananciosos a atacarem por conta própria, em vez de batalharem para chegar à cidade santa.

Porém o mais importante é que Edessa viu surgir, sob a liderança de Balduíno, que se proclamou conde de Edessa, um modelo de Estado e sociedade para o resto do Oriente Latino, que o incontrolável normando implementaria mais tarde de forma mais ampla como rei de Jerusalém. Os príncipes francos e seus vassalos ganharam os postos mais altos do governo, mas restou muito espaço para o talento e as ambições dos habitantes do lugar, fossem cristãos ou muçulmanos. Seria um sistema bem-sucedido, bem-adaptado ao mosaico étnico e sectário do Oriente Médio, mas que entrou em conflito com as noções militantes da Cruzada pregadas pelo papa Urbano dois anos e meio antes.

Tal como o futuro conde de Edessa, Boemundo de Taranto parecia mais interessado na busca mundana imediata do que na futura recompensa celestial. Esse aventureiro normando do sul da Itália, um dos mais capazes comandantes da Primeira Cruzada, não teve um papel direto na marcha para Jerusalém de 1099. Preferiu desprezar as objeções de seus colegas e ignorar o juramento que fizera ao imperador Aleixo, partindo para tomar Antioquia, porta para a Terra Santa, dos muçulmanos e ficar com ela para si e seus herdeiros. Uma vez diante de seus muros, ele impediu repetidamente os esforços conjuntos dos cruzados de tomar a cidade, cujos defensores logo se recuperaram do susto inicial causado pela chegada do grande exército cristão. A tática de Boemundo custou aos cruzados a chance de conquistar a cidade imediatamente e causou muitos meses de protelação da investida principal contra Jerusalém, mas garantiu-lhe a posse dos despojos da vitória.

A cidade e seus arredores eram um rico prêmio. Ela ficava na interseção de um lucrativo comércio entre Ocidente e Oriente e havia periodicamente mudado de mãos entre árabes, bizantinos e turcos seljúcidas. O médico árabe Ibn Butlan, longe de sua Bagdá natal, encontrou os bazares de Antioquia abarrotados de mercadorias, os habitantes desfrutando o fornecimento urbano de água e outras conveniências, inclusive uma clepsidra, ou relógio de água, perto de um dos portões da cidade.[26] Ora, com o imperador bizantino impotente em Constantinopla e os muçulmanos locais profundamente divididos, as imponentes defesas de Antioquia eram tudo o que separava o ambicioso Boemundo de seu sonho de estabelecer uma linhagem real. "Tão fortificada era a cidade, com seus muros, torres e barbacãs, que não havia necessidade de temer assalto de qualquer máquina ou ataque de qualquer homem, nem mesmo se toda a humanidade se unisse contra ela", diz o francês Raimundo de Aguilers em testemunho da Primeira Cruzada.[27]

Após um cerco longo e ineficaz, agentes de Boemundo conseguiram subornar um guarda de torre insatisfeito para que olhasse para o outro lado enquanto uma pequena força de cruzados escalava um dos muros e depois abria o enorme portão de Antioquia. A guarnição local fugiu para a imponente cidadela, enquanto uma considerável força muçulmana de auxílio, sob o comando do general turco Kerbogha, se aproximava ameaçadoramente do leste. Os cruzados, cansados e sofrendo com a falta de mantimentos, as crescentes deserções e o moral baixo em geral, viram-se entre a cidadela, que não conseguiam tomar, e a ameaça mortal do contra-ataque de Kerbogha. Os suprimentos de comida esgotavam-se e o campo exaurido tinha pouco a oferecer às hordas de cruzados que o reviravam. Foucher de Chartres, fiel capelão de Balduíno de Edessa, descreve como muitos tiveram de comer cardos malcozidos, brotos de feijão e carne de cavalos, burros, cães e ratos para subsistir. "Acreditamos que esses infortúnios caíram sobre os francos e que eles por tanto tempo não conseguiram tomar a cidade em virtude de seus pecados. Não somente dissipação, mas também avareza, ou orgulho, ou rapacidade os corromperam." Um conselho de exército resolveu mandar as mulheres embora "para que elas, manchadas pela poluição da devassidão, não desagradem o Senhor".[28]

É emblemático das Cruzadas que uma visão religiosa, mesmo que posta em dúvida por quase todas as figuras proeminentes presentes, tenha mudado a sorte dos cristãos. Pedro Bartolomeu, um peregrino humilde, alegou que a inspiração divina lhe revelara a localização, na cidade, da Lança Santa que, segundo a tradição, havia furado o flanco de Cristo quando ele pendia da cruz. O peregrino levou os cruzados cada vez mais desesperados até a catedral de São Pedro, santo padroeiro de Antioquia e seu primeiro bispo. Como era de esperar, uma pequena escavação no chão da catedral revelou algo que consideraram ser a ponta dessa valiosa relíquia. A descoberta transformou o moral no campo dos cruzados e inspirou uma notável vitória em 28 de junho de 1098 contra a força de Kerbogha, muito maior, que já fora enfraquecida antes por uma tentativa fracassada de retomar Edessa de Balduíno. Os exércitos muçulmanos fugiram em desgraça.

Boemundo, que havia driblado habilidosamente todos os seus rivais europeus e bizantinos, inclusive o imperador Aleixo e seus altos generais, agora controlava Antioquia. Os príncipes árabes da região, principalmente os governantes das cidades próximas de Alepo e Shaizar, não estavam preparados para deixar de lado suas antigas rixas e desafiar o estabelecimento desse pequeno Estado cruzado. Em vez disso, viram a Antioquia cristã apenas como mais um ator num campo geopolítico lotado que incluía também facções muçulmanas sunitas e xiitas, bem como seus velhos rivais, os bizantinos.[29]

Na distante capital muçulmana de Bagdá – uma viagem de três semanas de camelo sob o sol do deserto –, o califa não ficou impressionado com os relatos de assassinatos e mutilações nas mãos daqueles cruzados de sangue frio. Nem mesmo a queda de Jerusalém em 15 de julho de 1099 e o consequente massacre de muçulmanos, judeus e cristãos orientais foram capazes de abalar a corte. "Como ousais dormir à sombra da segurança complacente, levar vidas tão frívolas quanto jardins de flores, enquanto vossos irmãos na Síria não têm lugar para morar, exceto as selas dos camelos e as barrigas dos abutres?", cobrava Abu Saad al-Harawi, que havia feito a longa jornada desde Damasco para advertir o califa do perigo representado pelos Ifranj.[30] Al-Harawi, que havia tirado seu tradicional turbante de juiz e rapado a cabeça em sinal de luto, não chegou a lugar nenhum.

A corte do califa concluiu que havia pouco motivo para alarme, mas aqueles que estavam no caminho direto dos saqueadores Ifranj ficaram estarrecidos com o que viram e ouviram dos bárbaros sobre o Ocidente. Um cavaleiro árabe culto, Usama ibn Munqidh, resumiu a reação local a esses intrusos cristãos, estabelecendo o tom que ainda ressoa no mundo muçulmano: "Glória ao Criador, ao Fazedor! Com efeito, quando uma pessoa relata assuntos concernentes aos francos, ela *deveria* dar glória a Deus e santificá-Lo! Pois ela verá que são meras bestas sem nenhuma outra virtude que a coragem e a luta, assim como as bestas só possuem as virtudes da força e da capacidade de carregar cargas."[31]

O uso que os cristãos faziam do ordálio ofendia a sensibilidade dos muçulmanos, com seu sistema altamente desenvolvido de disputa legal e escolas formais de direito religioso. As noções ocidentais de medicina baseavam-se amplamente na superstição e no exorcismo, em agudo contraste com a instrução clínica avançada dos árabes e seus conhecimentos de cirurgia, farmacologia e epidemiologia. Os recém-chegados não tinham nenhum conhecimento de higiene e saneamento, uma profunda afronta aos muçulmanos, que realizavam abluções rituais antes de cada uma das cinco orações diárias. Os observadores muçulmanos levaram em pouca conta o que viram da cultura franca. Do ponto de vista deles, os Ifranj não entendiam nem mesmo a tecnologia básica, exceto talvez a das máquinas de guerra, não possuíam ciência, medicina ou matemática propriamente ditas, e nenhuma investigação filosófica. Além disso, a reputação de crueldade dos cruzados foi selada por uma irrupção de canibalismo após o saque à cidade síria de Mara, no inverno de 1098. "Nossas tropas ferveram pagãos adultos inteiros em caldeirões; elas empalaram crianças em espetos e as devoraram grelhadas", escreve Rudolfo de Caen, uma testemunha das atrocidades cometidas em Mara.[32] Seu colega cronista Alberto de Aix capta todo o horror do incidente num único comentário à parte: "Nossas tropas não só não hesitaram em comer turcos e sarracenos mortos, como também comeram cães."[33]

Usama, herdeiro da dinastia muçulmana local de Banu Munqidh, chegou a conhecer os cruzados intimamente, lutando com alguns e fazendo amizade com outros. Suas memórias, muito elegantes, *O livro da contemplação*, condenam os cristãos pela barbaridade do ordálio e critica-os pela moral frouxa, dieta ruim e maus hábitos em geral. Como o título sugere, o livro faz parte do gênero clássico árabe da *adab*, obras mais destinadas a instruir o leitor do que a transmitir verdades literais.[34] Ainda assim, *O livro da contemplação* oferece uma fascinante janela para o mundo dos cruzados tal como visto pelos árabes. Em um trecho, Usama cita o relato de um médico árabe sobre dois pacientes cristãos que morreram desnecessariamente depois que seu conselho foi desprezado e técnicas ocidentais mais primitivas foram aplicadas. Ignorando os apelos do árabe, os francos amputaram com um machado a perna levemente infeccionada de um cavaleiro e fizeram uma incisão com o formato de uma cruz na cabeça de uma mulher doente, antes de esfregar sal em seu crânio; ambos morreram no ato. Nessa altura, o médico comenta, secamente: "Então perguntei a eles: 'Vocês precisam de algo mais de mim?'. 'Não', disseram. Então fui embora, tendo aprendido sobre sua medicina coisas que jamais havia conhecido antes."[35]

Usama admite com relutância uma certa habilidade dos cristãos com plantas medicinais e se familiariza com eles o suficiente para estudar seus modos e hábitos em primeira mão. Um cruzado que conheceu no caminho de volta da peregrinação à Terra Santa chega a oferecer ao filho de catorze anos de Usama escolta até a Europa para que ele possa aprender "razão e cavalheirismo" adequados entre os cavaleiros da cristandade e depois retornar "como um verdadeiro homem racional". Sempre gentil, Usama rapidamente oferece uma desculpa polida e recusa com habilidade a oferta, mas revela aos seus leitores muçulmanos seus verdadeiros pensamentos diante daquela ideia: "E assim caíram em meus ouvidos palavras que jamais viriam de uma cabeça realmente racional! Pois mesmo que meu filho fosse feito cativo, seu cativeiro não seria tão longo como qualquer viagem que pudesse fazer à terra dos francos."[36]

Ele observa também, com óbvia satisfação, que os Ifranj que conviveram mais com os muçulmanos locais são de algum modo menos repreensíveis que os grosseiros recém-chegados. "Entre os francos, há alguns que se aclimataram e frequentam a companhia de muçulmanos. Eles são muito melhores do que aqueles que chegaram recentemente de suas terras, mas são uma exceção e não devem ser considerados representativos."[37] Para reforçar seu argumento, Usama conta então várias histórias divertidas sobre esses recém-chegados arrogantes, inclusive a de um cavaleiro que tenta "corrigir" à força a direção para a qual os muçulmanos do lugar rezam, virando-os para leste, no sentido oposto ao de Meca.

Essa fácil interação entre supostos inimigos reflete uma realidade fundamental da vida do século XII no Levante, marcada por períodos de acomodação e cooperação, tanto pessoal como política, entremeados por acessos de inimizade e conflito aberto. O médico árabe Hamdan bin Abd al-Rahman atendeu alguns dos primeiros cruzados. Ele foi recompensado com uma aldeia no principado de Antioquia depois de tratar com êxito um dos senhores cristãos. Mais tarde, foi designado administrador de um distrito local em nome dos cruzados, antes de entrar para o serviço de Imad al-Din Zengi, o governante muçulmano de Alepo. Hamdan, que morreu em 1159, registrou suas observações e explorações em *O caminho dos francos que saíram para a Síria naqueles anos*, mas nenhum exemplar desse texto foi encontrado até hoje.[38]

Usama ibn Munqidh tinha bons motivos para olhar com desprezo para o Exército da Cruz e recuar diante da ideia de ver seu filho aprender "razão e cavalheirismo" com os francos, afinal ele e seus colegas árabes eram os beneficiários de uma gloriosa civilização muçulmana criada ao longo de centenas de anos. Em meados do século VIII, os califas abássidas já haviam se estabelecido à frente de um enorme império que, em seu auge, estendeu-se do Atlântico ao Afeganistão e criou um gigantesco território de valores, perspectivas e oportunidades compartilhadas. Os abássidas queriam legitimar seu domínio como herdeiros merecidos e dignos das tradições clássicas de Grécia, Pérsia, Índia e Mesopotâmia, talvez no esforço mais ambicioso da história para reunir e assimilar o conhecimento do mundo. No sul da Espanha, seus rivais árabes, os omíadas e seus sucessores produziram alguns dos maiores filósofos e cientistas árabes, pensadores cujas obras um dia abalariam os alicerces da Europa cristã. Conhecida pelos árabes pelo nome de al-Andalus, essa região serviu de importante ponto de escala para ideias e tecnologias que começaram a entrar na Europa ocidental já no século X.

Nada disso, é óbvio, apresentava qualquer interesse para Pedro o Eremita, para sua legião de seguidores ou para os reis e cavaleiros cristãos que logo estabeleceram seus principados no Oriente Latino, na Terra Santa e arredores. Os cruzados, abandonando a teologia do amor de Cristo pela teologia da guerra do papa, massacraram as populações urbanas locais, compostas principalmente por muçulmanos e judeus, em seu fervor por "reclamar" Jerusalém para a única fé verdadeira. Os cristãos orientais, com suas roupas, língua e costumes pouco conhecidos, com frequência tiveram sorte não muito melhor.

Um viajante muçulmano que se aventurou para longe de sua Espanha natal viu na cidade de Jerusalém, nos anos logo anteriores à Primeira Cruzada, um caldeirão intelectual "fervilhante de eruditos". Seu relato fala das escolas concorrentes de direito islâmico e dos famosos intelectuais que se reuniam em torno da mesquita central para debater: "Entramos na Terra Santa e chegamos à mesquita de Aqsa. A lua cheia do conhecimento brilhou para mim e fui iluminado por ela por mais de três anos."[39] A cidade, acrescenta ele, era o lugar de encontro ideal para especialistas de todas as três grandes religiões monoteístas.

Tudo isso desapareceu num golpe de espada. A classe intelectual da cidade foi morta por atacado, junto com grande parte do resto da população. Raimundo de Aguilers, capelão de Raimundo de Saint-Gilles, que liderou os cruzados do sul da França, registra a carnificina: "Viam-se nas ruas da cidade pilhas de cabeças, mãos e pés. Era preciso abrir caminho por entre os corpos de homens e cavalos. Mas isso não era nada em comparação com o que aconteceu no Templo de Salomão. O que aconteceu lá? Se eu contasse a verdade, vós não acreditaríeis. Basta dizer que no Templo e Pórtico de Salomão homens cavalgavam com sangue até os joelhos e o freio de suas rédeas."[40]

Os extremos de violência que caracterizaram a Primeira Cruzada – como o canibalismo em Mara ou o massacre no Templo de Salomão – refletiam a potente máquina de propaganda cristã por trás da campanha. Na época, o Ocidente conhecia muito pouco do islamismo e seus ensinamentos, mas os ideólogos da Igreja semearam a guerra santa, pintando um quadro extremamente danoso dos muçulmanos. Aos povos do Oriente Próximo – muçulmanos, judeus ou cristãos "cismáticos" – coube colher as tempestades. A antipatia pelos seguidores do islamismo foi particularmente forte nas partes da Europa ocidental mais distantes da vida muçulmana. As atitudes no sul da Itália, na Espanha e na Sicília – áreas que faziam fronteira com o mundo islâmico – eram bem mais descontraídas.[41] Quanto menos os cristãos sabiam sobre o infiel, mais o odiavam.

As acusações contra os muçulmanos de idolatria, uso da violência e coerção eram fundamentais para a narrativa dos cruzados. Outro elemento essencial era a alegação generalizada de que Jerusalém e a Terra Santa eram cristãs, ou mais precisamente cristãs latinas por direito desde sempre. Elas haviam sido tomadas pelos muçulmanos – "seduzidas", na linguagem de alguns propagandistas – e a violência era necessária e até justificada para corrigir esse grande erro histórico. Aplicava-se linguagem semelhante aos muçulmanos do sul da Espanha. Ali, os historiadores da Igreja e outros autores ligavam os reis cristãos contemporâneos ao antigo reino dos visigodos, antes da chegada do islã. Somente a força armada poderia restaurar o domínio deles; desse modo, nasceu a noção sagrada de Reconquista, semelhante à das Cruzadas do Oriente. Aos reis que não lutavam pela fé reservava-se o desprezo. A *Crônica de Alfonso III* do século IX, por exemplo, denuncia acremente o governante cristão Silo de Astúrias, que "mantinha paz com os ismaelitas".[42]

Olhando para o leste, o sempre entusiástico teólogo dominicano Humberto de Romanos sustentava que, numa Cruzada correta, não poderia haver vítimas inocentes: todos os muçulmanos eram culpados, pois destruíam o corpo e o espírito de cristãos devotos. Para ele, a Cruzada representava uma guerra justa, fundada no direito divino de lutar pela fé, não por despojos. Ele também descartava os argumentos de alguns tradicionalistas de que o cristianismo sempre se opusera a violências de qualquer tipo. Em seus primeiros dias, a Igreja fora fraca e assim tivera de confiar em milagres e na humildade. Agora, o poderio militar do Ocidente cristão possibilitava uma resposta armada aos seus inimigos.[43] Aparentemente, para Humberto os ensinamentos de Cristo eram apenas um exercício de *Realpolitik*.

O ressentimento clerical pelo uso real ou imaginado dos lugares santos cristãos para o culto islâmico também era profundo.[44] A carnificina no Templo de Salomão, que continuou apesar das tentativas de um cruzado mais velho para proteger os indefesos muçulmanos abrigados em seu telhado, não deveria ser surpresa. Testemunho disso são os relatos francos feitos por cronistas cristãos da época que não mostram nenhum desconforto diante do banho de sangue, e às vezes até expressam sua satisfação com o fato de a matança brutal, como a do inimigo vencido no Templo de Salomão, ser legítima. "Com efeito, foi uma justa e esplêndida sentença de Deus que esse lugar ficasse cheio do sangue dos incréus, uma vez que o local havia sofrido por tanto tempo com suas blasfêmias. A cidade estava cheia de cadáveres e sangue", concluía Raimundo de Aguilers.[45]

A épica *Canção de Antioquia* capta muitos dos temas predominantes da propaganda dos cruzados: a recuperação justa da Terra Santa, a impiedade dos muçulmanos, o lugar no céu para os mártires e a perfídia dos judeus. Em um trecho, Cristo fala da cruz aos seus colegas prisioneiros sobre a vinda futura dos cruzados: "'Meus amigos', disse ele, 'ainda não nasceu o povo que vingará minha morte com suas lanças de aço... Eles recuperarão minha terra e libertarão meu país.'" Um dos prisioneiros, um ladrão crucificado à direita de Jesus, diz simplesmente: "Seria bom ver-se vingado desses traiçoeiros judeus que o atormentam."[46]

NEM TODOS OS MUÇULMANOS foram tão indiferentes à chegada dos cruzados como o califa e sua corte na distante Bagdá. Muitos árabes não tinham dúvidas de que a captura de Jerusalém e a criação dos Estados cruzados ao longo da costa síria faziam parte de um padrão sinistro de expansionismo cristão ao qual era preciso resistir. Da mesquita omíada de Damasco, o estudioso das leis e pregador Ali ibn al-Sulami soou o alarme. Em *Kitab al-Jihad*, ou *O livro da guerra santa*, publicado seis anos depois da primeira expulsão dos muçulmanos de Jerusalém, al-Sulami relacionou a chegada dos cruzados ao sucesso anterior deles contra o domínio muçulmano na Sicília. Ele considerava a campanha cristã uma guerra religiosa contra o islã.[47] E atribuía a culpa pelo sucesso dos cruzados às lutas internas entre muçulmanos e sua incapacidade de aderir à própria fé, em particular ao fracasso abjeto em se unir para defender as terras do islã dos infiéis. "Essa delonga [em travar um jihad defensivo], combinada com a negligência dos muçulmanos em relação às regras prescritas [do islã], ... significou inevitavelmente que Deus fez os muçulmanos se levantarem uns contra os outros, colocou uma violenta hostilidade e ódio entre eles e incitou seus inimigos a tomar seus territórios."[48]

Al-Sulami compreendeu que os cruzados pretendiam ficar com Jerusalém e buscariam expandir seu controle da região para garantir a segurança da cidade e de sua valorizada igreja do Santo Sepulcro. Mas o *Livro da guerra santa* também identificava corretamente as vulnerabilidades do inimigo, em particular a longa rota de provisões dos cruzados que ia até a Europa ocidental. E predizia que uma *ummah* – ou comunidade de crentes muçulmanos – poderia empurrar os invasores para o mar. "Sabe-se com certeza sua fraqueza: a pequena quantidade de cavalaria e equipamentos que têm à disposição e a distância de onde vêm seus reforços... É uma oportunidade que precisa ser aproveitada rapidamente."[49]

Os Ifranj logo descobririam como al-Sulami havia sido presciente. O Exército de Deus não compreendera que seus notáveis sucessos militares, por mais honestas que tenham sido suas vitórias no campo de batalha, eram, em grande medida, um reflexo do estado de coisas dividido, quase anárquico, da Síria e da Ásia Menor. Em 45 anos, os muçulmanos começaram a reverter os avanços cristãos, uma virada coroada em 1187 com a entrada triunfal em Jerusalém do líder político e militar Saladino à frente de uma força unificada do Egito e de toda a Síria.

Longas rotas de provisão e um islã unificado não foram os únicos problemas enfrentados pelas forças cristãs. Nascido no Ocidente de ferro e sangue do final do século XI, o movimento das Cruzadas de imediato viu-se profundamente enredado na vida do Oriente muçulmano, de um modo que teria horrorizado homens como Pedro o Eremita e o papa Urbano II, que morreu poucos dias antes de a notícia da captura de Jerusalém poder chegar ao seu leito de enfermo em Roma. Como incontáveis incursores haviam percebido antes, o Exército da Cruz descobriu que o próprio ato de invasão e conquista deixava sua marca tanto nos assediados como nos assediadores. Haveria numerosas campanhas no futuro – até mesmo o mistério duradouro da assim chamada Cruzada das Crianças, de 1212, que, diz a lenda, acabou em morte por naufrágio ou escravização em mãos muçulmanas –, mas a ideia de cruzada jamais voltaria a ser a mesma.

De início, essas mudanças pareceram relativamente insignificantes: os relatos perplexos de Usama ibn Munqidh sobre como os muçulmanos começaram rapidamente a civilizar os europeus; ou o modo como os cristãos entraram facilmente nas disputas entre facções locais, chegando mesmo a tomar partido de senhores de guerra muçulmanos contra seus correligionários. Outros fatores mais poderosos logo vieram para o primeiro plano, inclusive o espetacular crescimento do comércio entre Oriente e Ocidente. A Igreja reconheceu claramente o perigo que esse comércio representava para sua agenda antimuçulmana: ordens papais e conselhos eclesiásticos indignados buscavam periodicamente combater o comércio com os infiéis, em particular o de bens estratégicos, como madeira para a construção naval, ferro, armas e até alimentos.[50]

Mesmo assim, o dinheiro desse novo comércio com o Oriente começou a chover nas ligas mercantis da Europa meridional. Gênova passou a dominar o comércio com o norte da África e com a região do mar Negro, enquanto Veneza mantinha o lucrativo controle do intercâmbio com o Egito e a Síria.[51] Junto com os carregamentos de óleo, perfumes, tecidos e metais preciosos, vinham novas ideias, tecnologias e sistemas de pensamento. Nossos modernos numerais arábicos se popularizaram no Ocidente graças, em larga medida, aos documentos e contratos de negócios assinados entre mercadores muçulmanos e seus colegas italianos. Os termos comerciais de numerosos idiomas europeus ainda trazem a marca dos hábitos mercantis árabes ou persas: tarifa, arsenal, aduana, alfândega...[52] O comércio marítimo de longa distância exigia elementos auxiliares de navegação como mapas, cartas e instrumentos sofisticados, áreas em que os muçulmanos medievais sobressaíam. Uma medida dos crescentes laços econômicos entre Oriente e Ocidente foi o aparecimento nos Tesouros reais da Europa, até mesmo da distante Inglaterra, de consideráveis quantidades de ouro muçulmano. A cunhagem de moedas de ouro, suspensa na Europa do século IX por falta do precioso metal, foi retomada nas cidades-Estado italianas quatro séculos mais tarde, depois que os suprimentos do Oriente foram garantidos.[53]

Os novos senhores do Oriente Latino logo começaram a perceber que seus destinos estavam amarrados aos dos muçulmanos, árabes cristãos, judeus e outros que povoavam a região; não haveria uma nova infusão de cristãos europeus para ajudar a colonizar os Estados cruzados. Depois de expulsar os governantes muçulmanos do Mediterrâneo oriental, os sempre adaptáveis normandos adotavam os melhores aspectos da vida árabe, criando cortes suntuosas cujos conhecimento e cultura passaram a rivalizar com os dos grandes califas. Ao mesmo tempo, o valor simbólico de Jerusalém como lugar pelo qual valia a pena lutar, massacrar e morrer começou a se desvanecer – ainda que gradualmente – diante dessas novas realidades econômicas, políticas e culturais.

As mudanças no comportamento e na tática dos cruzados também foram notáveis. As campanhas posteriores, que continuaram intermitentemente séculos afora, eram em larga medida defensivas, destinadas a reivindicar territórios já retomados pelos muçulmanos, ou pervertidas por ambição política crua e cobiça descarada, como o saque da Constantinopla cristã em 1204 por instigação dos poderosos mercadores de Veneza. Houve uma "Cruzada" que consistiu na transferência negociada e temporária da autoridade sobre Jerusalém, favor de um sultão muçulmano para um rei cristão – um episódio que poucos poderiam prever na época de Clermont. Em outras ocasiões, ofereceram a exércitos cruzados o controle de Jerusalém, outrora objeto de seus mais fervorosos desejos, em troca de território muçulmano tomado por eles alhures; os cruzados recusaram a oferta e deixaram o Oriente Próximo de mãos abanando.

O sucesso constante das forças cristãs na Espanha e o ressurgimento do poder militar cristão no Mediterrâneo, em especial a captura pelos normandos da Sicília, já haviam posto os mundos do islã e da cristandade em contato próximo e competição direta. Mas a Primeira Cruzada abriu um terceiro caminho entre Oriente e Ocidente, no qual a força militar bruta daria lentamente lugar a uma rede de laços comerciais, culturais e intelectuais entre dois mundos rivais, mas em última análise inseparáveis. Quando Adelardo de Bath chegou a Antioquia, por volta de 1114, a cultura árabe – se não o poderio militar muçulmano – dominava grande parte da vida do assim chamado Oriente Latino.

2. A Terra é como uma roda

Sete anos antes do terremoto que sacudiu os alicerces morais da Antioquia dos cruzados, Adelardo examinou o mundo à sua volta e declarou-o podre. Seus estudos recentes na famosa escola catedrática de Tours haviam-lhe propiciado a melhor educação de seu tempo. Ele gozava do apoio e da proteção do poderoso bispo de Bath, do médico da corte francesa e do erudito João de Villula. Praticava a arte da caça com falcão, sinal de sua extração nobre e da vida de lazer que ela geralmente permitia. E era um músico realizado, que anos mais tarde ainda se recordaria de quando convidado a tocar cítara para a rainha.

Em suma, Adelardo de Bath era um modelo de fidalgo do campo. Seu pai, Fastrad, era um dos mais ricos inquilinos do bispo João e um de seus auxiliares mais antigos, o que assegurava uma vida de privilégios para o filho. A família aparece esporadicamente em documentos oficiais da Igreja e do Estado. Os *Pipe Rolls*, registros anuais do Tesouro britânico, mais tarde listam Adelardo como beneficiário de uma pensão das receitas de Wiltshire, no sudoeste da Inglaterra. Ainda assim, o jovem Adelardo via pouco valor no mundo contemporâneo e se desesperava com o estado do saber ocidental em particular. "Quando examino os escritos famosos dos antigos – nem todos, mas a maioria – e comparo seus talentos com o conhecimento dos modernos, julgo os antigos eloquentes e chamo aos modernos estúpidos", proclamou na primeira linha de seu ensaio de entrada na maturidade e também sua primeira obra conhecida, *Sobre o mesmo e o diferente*.[1]

O desprezo de Adelardo pelos "modernos" era compreensível, pois o Ocidente no final do século XI era uma bagunça. A vida cotidiana cambaleava sob o fardo da violência desenfreada e da instabilidade social. Bandos de mercenários, que não obedeciam nem ao rei nem a Deus, rondavam o campo, e a palavra de seus líderes era a única lei da terra. Em toda a Europa, as técnicas agrícolas primitivas já não conseguiam acompanhar o crescimento da população, enquanto leis de herança antiquadas deixavam muitos empobrecidos e desesperados.[2] A violência – inflamada pela debilidade das autoridades políticas centrais e incontida pelo tênue controle moral da Igreja católica – era moeda comum. Como o papa Urbano II havia reconhecido em Clermont ao convocar a Primeira Cruzada, os líderes religiosos eram impotentes para deter o caos no continente. O melhor que a Igreja podia fazer era redirecionar a baixeza de seu rebanho contra os infiéis do Oriente.

Nem mesmo o canto remoto da Inglaterra em que Adelardo vivia estava imune às confusões. Não decorrera muito tempo desde a conquista normanda de 1066 e as contendas políticas e sociais ainda infestavam a região. A relação difícil – durante séculos pontuada por crises de conflito armado – entre o que são hoje as nações distintas de Inglaterra e França era um traço habitual da vida durante a Baixa Idade Média. Ao mesmo tempo, havia laços políticos, culturais e pessoais profundos, e portanto não surpreende que Adelardo tenha feito seus estudos superiores em Tours e que muitos funcionários e cortesãos, como o bispo João, viessem da Europa continental. Em 1086, ainda criança, Adelardo vira sua cidade natal no West Country, inclusive sua outrora orgulhosa abadia, com monges de batina preta, quase totalmente incendiada durante uma revolta contra o herdeiro do trono, Guilherme o Vermelho. Os rebeldes esperavam garantir o domínio do irmão de Guilherme, Roberto da Normandia, mas a tentativa acabara num fracasso sangrento e em considerável destruição. Roberto, filho mais velho de Guilherme o Conquistador, morreu como prisioneiro do rei.

As coisas estavam um pouco melhores nas escolas de elite das catedrais. O caos e a desordem que se espalharam com as invasões germânicas do Império romano do Ocidente, iniciadas no século IV, haviam praticamente destruído a educação formal e a perpetuação do conhecimento clássico. As conquistas muçulmanas em torno do Mediterrâneo oriental trezentos anos depois selaram o isolamento do Ocidente ao cortar o acesso fácil aos cristãos bizantinos de Constantinopla, onde ainda era possível encontrar alguns traços da tradição intelectual grega.[3] As maravilhas da cultura clássica estavam quase esquecidas ou, na melhor das hipóteses, haviam sido empurradas para os confins da consciência europeia. Textos valiosos se perderam por desatenção, foram destruídos nas guerras ou se tornaram ininteligíveis pela ignorância generalizada de candidatos a eruditos ou simplesmente pela perda da capacidade de ler grego. A aristocracia do Império romano lia os mestres gregos no original e naquela época não havia necessidade de traduções latinas da filosofia de Platão e Aristóteles, das maravilhas da engenharia de Arquimedes ou da geometria de Euclides. O desaparecimento completo do grego como língua do estudo significou séculos de conhecimento virtualmente apagado da mente coletiva da Europa de língua latina.

Havia uns poucos postos avançados – mosteiros dispersos na Irlanda, norte da Inglaterra, Catalunha e sul da Itália – onde os monges trabalhavam para manter viva a tradição clássica. Contudo, os resultados eram magros em comparação com as alturas outrora alcançadas pelos gregos, ou com a nova e excitante obra que era produzida no mundo árabe. No principal centro de estudos matemáticos do Ocidente, a escola da catedral de Laon, as melhores cabeças da época de Adelardo não ignoravam o uso do zero. Os mestres de Laon ensinavam as últimas técnicas empregadas na administração de seu tesouro pelo rei Henrique I, que governou ao mesmo tempo a Inglaterra e a Normandia no início do século XII. Elas incluíam a utilização de uma toalha de mesa especial, marcada em fileiras e colunas como um tabuleiro de xadrez e baseada nos princípios do ábaco, que chegara à França, vinda da Espanha árabe, alguns anos antes. A toalha era conhecida como *scaccarium*, a palavra latina para "tabuleiro de xadrez" (e foi a origem do termo inglês para Tesouro nacional, *exchequer*). Apesar da importância dessa missão real, o padrão de ensino em Laon continuava muito baixo: um compêndio contemporâneo revela erros consistentes até nos cálculos mais básicos.[4]

Mais exasperante que a contabilidade real desleixada era a incapacidade de medir as horas do dia ou seguir um calendário. Até mesmo pelos sonolentos padrões da cristandade medieval, o tempo era uma coisa séria, pois estava vinculado à busca da salvação eterna. A regra de são Bento, que governou milhares de mosteiros a partir do século VI, exigia oito conjuntos de orações em momentos específicos a cada 24 horas. A prática baseava-se numa leitura de dois versos do Salmo 119: "Sete vezes ao dia canto vossos louvores" e "À meia-noite levanto-me para vos louvar".[5] Isso era relativamente simples durante o dia, quando a mudança da posição do Sol podia fornecer um guia tosco para as horas, mas à noite os monges do Ocidente latino ficavam literalmente na escuridão de sua ignorância.

Desenvolveram-se métodos grosseiros de contagem do tempo para cumprir as exigências da regra. Descobriu-se, por exemplo, que uma vela de cera de trinta centímetros de altura e determinado diâmetro duraria cerca de quatro horas.[6] Alguns mosteiros mais prósperos empregavam relógios d'água elementares, nos quais o fluxo regulado da água para dentro de um recipiente media a passagem de uma certa unidade de tempo. Num exemplo precoce de astronomia prática, o prelado do século VI Gregório de Tours ofereceu uma regra empírica, possivelmente de origem babilônia, que dava conta da mudança de duração dos dias começando às nove horas da manhã em dezembro e acrescentando uma hora por mês de dezembro a junho, para totalizar quinze horas. O processo era então invertido de junho até dezembro. Popular em sua época por sua simplicidade e facilidade de uso, o sistema, não obstante, sofria da falta de compreensão científica: a proporção de quinze para nove é mais adequada às latitudes do Mediterrâneo e do Oriente Próximo do que ao clima setentrional de Tours.[7] Gregório apresentou um método similar para manter um registro das mudanças de fase da Lua no decorrer do mês, mas não quanto às mudanças sazonais. E identificou algumas constelações no céu setentrional – esforçando-se para não usar seus nomes pagãos – que em noites claras poderiam ajudar a organizar as orações.[8]

Outras tentativas de atacar o problema durante a Idade Média tinham falhas semelhantes às que prejudicavam os primeiros esforços de Gregório. Um relógio de sol saxão numa igreja de Yorkshire, que datando de 1064, por exemplo, divide o dia em oito unidades iguais, ou "marés", mas não leva em conta o fato de que a latitude de Yorkshire requer que essas marés variem em comprimento.[9] Sem qualquer compreensão verdadeira da teoria que estava por trás das técnicas emprestadas do Mediterrâneo meridional do Oriente Médio, os latinos não percebiam que tinham de ajustar o método para dar conta de sua localização mais ao norte, caso da própria Bath, cidade de Adelardo.

Ainda no século XIII, monges da França confiavam em sistemas informais, como marcadores de observação locais que podiam ser alinhados com as constelações para corresponder a certos momentos de oração. Um texto escrito sobre um pedaço de ardósia encontrado na abadia cisterciense de Villers, perto de Namur, na Bélgica, explica como estimar o tempo acompanhando o Sol e as estrelas à medida que aparecem em várias janelas.[10] O mais comum talvez fosse a nomeação de um monge mais velho e respeitado como *significator horarum*, o qual cantaria um determinado número de salmos para anotar o progresso das horas e depois despertar seus irmãos para suas vigílias, a serem realizadas na "oitava hora da escuridão".[11] Isso tinha a óbvia vantagem de funcionar mesmo quando as estrelas ficavam escondidas pelas nuvens. Mas o método era tão impreciso que os teólogos foram forçados a admitir que os monges comuns não deveriam ser responsabilizados por qualquer falha causada pelo fato de o *significator* não ter começado a oração exigida na hora certa.

A contagem do tempo monástica, no entanto, não se constituía apenas num problema para a alma. Sem uma maneira confiável de medir a passagem das horas, a imaginação do homem ocidental – assim como sua própria existência – permanecia refém das mudanças dos ciclos da noite e do dia e das fases orgânicas de plantio e colheita. A contagem exata do tempo um dia libertaria a sociedade dos ditames da alvorada e do pôr do sol e faria do dia ou da hora uma noção abstrata, distinta da existência diária. Isso acabaria por promover uma nova maneira de ver o universo como algo que podia ser medido, calculado e controlado, descortinando os reinos da ciência e da tecnologia. O badalar periódico dos sinos dos mosteiros, governado pelos ritmos dos deveres práticos e devotos dos monges, proporcionava uma das poucas certezas da vida cotidiana medieval e marcava os tateantes inícios de uma ordem social organizada.[12]

Assim como a contagem das horas, o estabelecimento com precisão da data da festa móvel da Páscoa – o dia mais sagrado do calendário cristão e ponto de referência para todo o ano eclesiástico – estava além da capacidade do mais culto dos monges. Embora a política, as tradições e as rivalidades regionais e sectárias se intrometessem invariavelmente ao longo dos séculos, o problema essencial de fixar a data da Páscoa era seu vínculo com o ciclo astronômico do ano solar, que estava em desacordo com o calendário da vida diária. A maioria da opinião cristã põe a Páscoa no primeiro domingo após a primeira lua cheia depois do equinócio da primavera. Isso só poderia ser determinado por observação e cálculo avançados. Para um mundo alienado da própria ideia de ciência por causa de seu foco na vida eterna, e separado por escolha e circunstância das grandes tradições intelectuais do mundo clássico, cálculos exatos e observações meticulosas estavam em falta. O resultado era uma discussão interminável sobre a própria ideia de tempo e data. As estimativas do equinócio de primavera, por exemplo, com frequência diferiam até duas semanas.

Naturalmente, os primeiros pais da Igreja adotaram o sistema romano de datas que prevalecia em sua época. O assim chamado calendário juliano foi criado pelo astrônomo grego Sosígenes de Alexandria e imposto com algumas pequenas mudanças por ordem de Júlio César 46 anos antes do nascimento de Cristo. Mas havia um empecilho: o calendário se baseia num ano que é mais ou menos onze minutos e catorze segundos longo demais, um defeito bem conhecido que não teria escapado a Sosígenes e seus colegas astrônomos. O equinócio de primavera caía em 25 de março quando o calendário juliano foi introduzido, mas estava "escorregando para trás" ao ritmo considerável de cerca de um dia a cada 130 anos, ameaçando levar a Páscoa e o resto do calendário religioso consigo.

À medida que a comunidade cristã crescia e expandia seu alcance, ela procurou, evidentemente, uniformidade na celebração de seu dia mais santo. "O que poderia ser mais lindo ... do que este dia de festa, do qual recebemos esperança de imortalidade, ser observado por todos segundo uma única e mesma ordem e incontestável regra?", perguntou em 325 o imperador Constantino de seu lugar de honra no Concílio de Niceia, o qual, apesar disso, não conseguiu resolver a controvérsia da Páscoa.[13] Ainda assim, os líderes eclesiásticos estavam ansiosos por evitar disputas como a que irrompeu mais tarde na Inglaterra entre os cristãos da assim chamada conversão romana e os seguidores da tradição celta mais antiga da Irlanda.[14] Isso exigia o comando de uma autoridade política ou religiosa central reconhecida, ou de um conjunto de princípios acordados – religiosos ou astronômicos – que definissem claramente o dia apropriado para celebrar a Ressurreição. Sem ter nada disso, a cristandade passou a confiar no *computus*, um sistema de astronomia prática que evoluiu lentamente ao longo dos séculos para fornecer aproximações toscas de data e hora. Os cálculos eram aritméticos e, portanto, não havia necessidade de dominar os conceitos geométricos, como o círculo e a esfera, tão fundamentais para o estudo adequado da astronomia.

Até mesmo onde a orientação explícita dos antigos estava à mão o Ocidente se mostrou incompetente. Uma tradução latina de um guia simplificado, passo a passo, do grande astrônomo grego clássico Ptolomeu para determinar as posições do Sol e da Lua sobrevive na forma de um manuscrito medieval datando aproximadamente do ano 1000. Isso teria melhorado muito o trabalho dos "computistas" na fixação da Páscoa e em outros cálculos relacionados. Mas aparentemente até o entendimento rudimentar de termos astronômicos – necessário para usar as *Tabelas úteis* de Ptolomeu, para não falar da compreensão plena de seu texto – estava fora do alcance dos eruditos da época.[15] Foi somente no final do século XVI que o Ocidente cristão pôde mobilizar suficiente "poder de fogo" científico para começar a ganhar controle do tempo e enfrentar com sucesso o problema da reforma do calendário. Àquela altura, o equinócio havia recuado cerca de duas semanas, para meados de março.

TENDO EM VISTA a magnitude dos infortúnios políticos, sociais e espirituais da Europa, talvez fosse notável que restasse alguma coisa das artes e das ciências na época em que Adelardo deixou Bath para buscar sua educação avançada na França, por volta de 1100. No entanto, por essa época, um punhado de escolas catedráticas havia conseguido montar um curso de estudos baseado nas assim chamadas sete artes liberais. Tomadas emprestadas de uma convenção romana tardia, as sete disciplinas costumavam ser descritas como donzelas sedutoras. O curso básico de gramática, retórica e lógica formava o *trivium*; seu caráter elementar reflete-se hoje na palavra "trivial". O programa mais avançado era o *quadrivium* de aritmética, geometria, música e – a preferida de Adelardo – astronomia. Todo o edifício repousava sobre um alicerce precário e incerto, fornecido pelos enciclopedistas latinos que séculos antes haviam comparado, sintetizado e simplificado obras clássicas de ciência e filosofia e depois as apresentado para uma plateia relativamente ampla.

Uma coleção inacabada feita pelo patrício romano Boécio, cuja execução em torno do ano 524, baseada em acusações falsas de traição, interrompeu a obra de sua vida, preservava algumas migalhas do sistema lógico de Aristóteles, vários tratados sobre música e uns poucos elementos básicos de geometria prática. Boécio planejara traduzir para o latim todos os escritos de Platão e Aristóteles, mas sua morte prematura condenou esse grande legado de ciência natural, metafísica e cosmologia ao limbo por mais de seiscentos anos. Os ensinamentos de Platão disponíveis estavam reduzidos a uma tradução latina parcial e uma exposição crítica que o acompanhava. Isso deu à Europa medieval seu único olhar de relance para a filosofia natural até o século XII.[16] Não se conhecia virtualmente nada sobre metafísica e cosmologia. Manuscritos subsistentes da *História natural* de Plínio captavam outros pedaços de obras clássicas, assim como outros livros semelhantes que circulavam ao acaso.

O compêndio ocidental mais popular era, de longe, uma enciclopédia de conhecimentos lembrados pela metade e com muitas explicações improváveis de fenômenos naturais, compilada no século VII por Isidoro, bispo de Sevilha. Em suas *Etimologias*, Isidoro reuniu em vinte volumes cada pedaço de conhecimento que julgou que valia a pena preservar em face do que temia ser uma maré crescente de barbárie que ameaçava sua Espanha natal. Entre outras coisas, a coleção incluía discussões de gramática e retórica, aritmética e astronomia, zoologia, agricultura, teologia e ciência militar. O bispo era muito instruído e industrioso, mas sua real compreensão era um pouco suspeita. Ele obviamente não era um pensador crítico, pois aceita os materiais de suas variadas fontes sem questionar e – conforme o espírito de seu tempo – está mais interessado no significado alegórico do que em qualquer verdade subjacente.

Etimologias foi um sucesso disparado e obra básica das bibliotecas cristãs medievais durante séculos. Os leitores geralmente preferiam a obra do bispo às fontes originais, que ela logo consignou ao esquecimento; ignoradas e desprezadas, muitas se perderam para sempre. Edições impressas da obra de Isidoro apareceram em plena Renascença. Seus ensinamentos eram seguidos tão servilmente que sua afirmação – baseada na tradução errada de fontes clássicas – de que a Terra era chata e "se parece com uma roda" prevaleceu por muito tempo na Europa medieval, mesmo que um punhado de eruditos e monges cultos soubessem que não era assim. Essa noção popular contradizia a concepção grega clássica e árabe do universo – como uma série de esferas e rodas movendo-se numa dança mecânica de movimento circular, com a Terra em seu centro – e impediu o Ocidente de participar do imenso empreendimento da cosmologia. Não fazia diferença que o modelo predominante, codificado por Ptolomeu no século II e estudado desde então, estivesse errado; o importante era aproveitar a enorme chance de realizar pesquisas científicas frutíferas que ele, não obstante, oferecia.

O Venerável Bede, que morreu em 735 após uma longa vida de estudos dentro dos muros de seu mosteiro, no norte da Inglaterra, talvez fosse o pensador mais sutil e sofisticado dessa coorte intelectual primeva. Sua obra *O cálculo do tempo* foi uma importante tentativa de *computus* da Páscoa, do cálculo da hora e soluções para problemas relacionados. A partir de sua cuidadosa leitura de Plínio, ele concluiu que a Terra era uma esfera – ensinamento infelizmente obscurecido pela alegação contrária e mais popular de Isidoro – e teve alguma compreensão da variação das horas do dia e do comportamento das marés. O conhecimento de Bede era rudimentar, mas estava tão adiante de seu tempo que sua fama logo ressoou por toda a cristandade. Poucos haviam visto coisa parecida antes dele. "Deus, o

Ordenador das naturezas, que ergueu o Sol do Oriente no quarto dia da Criação, na Sexta Era do mundo, fez Bede erguer-se do Ocidente como um novo Sol para iluminar toda a Terra", declarou num arroubo Notker o Gago, um monge da distante Suíça.[17]

Coube às escolas catedráticas francesas moldar lentamente os elementos deixados pelos enciclopedistas e por um punhado de monges de ideias afins num corpo de conhecimento coerente, ainda que incompleto e profundamente defeituoso. Por ordem de Carlos Magno, Alcuíno de York criara um currículo básico para a primeira dessas instituições no final do século VIII, a fim de fornecer ao seu império funcionários instruídos e competentes. A *alma mater* de Adelardo em Tours foi a primeira dessas escolas e se transformou aos poucos numa espécie de centro intelectual europeu.[18] Escolas foram fundadas também em Chartres, Laon e outros lugares. Na época de Adelardo, essas escolas catedráticas já existiam havia séculos. Elas atraíam alguns dos melhores eruditos da pequena classe de religiosos educados e também estudantes ambiciosos de diferentes partes da Europa. O próprio bispo João viera de Tours e usou suas conexões pessoais e eclesiásticas para garantir uma das cobiçadas vagas na escola para seu protegido. A preferência dos professores das escolas catedráticas pelo *quadrivium*, em particular por matemática e astronomia, teve uma influência profunda nos interesses e nos pontos de vista do jovem Adelardo.[19] Esses, por sua vez, determinaram as ideias que ele mais tarde adotaria dos ensinamentos dos árabes e traria de volta ao Ocidente.

O primeiro epicentro da atividade intelectual da Europa medieval foi o antigo reino da Lotaríngia. Outrora o coração do império de Carlos Magno, ele compreendia parcelas da parte ocidental da Alemanha, Bélgica, Holanda e França. Seu centro, a cidade de Liège da Bélgica atual, era conhecido como "Atenas da Lotaríngia", por sua erudição.[20] Durante décadas, os reis da Inglaterra utilizaram um suprimento constante de clérigos lotaríngios para preencher altos cargos reais e eclesiásticos. O predecessor do bispo João viera dessa região, assim como o pai de Adelardo, Fastrad, e várias outras figuras influentes da vida intelectual e religiosa da Inglaterra no século XI. As escolas e mosteiros da Lotaríngia foram os primeiros ensaios de repositório de ciência e tecnologia árabe, inclusive do sistema numérico arábico; sem nenhuma instituição educacional adequada, a coroa inglesa era forçada a confiar no que era importado por gente bem-instruída para suprir sua demanda crescente.[21]

Entre os primeiros proponentes ocidentais da inovação intelectual, inclusive daquele valioso aparelho de cálculo chamado ábaco, estava Gerberto de Aurillac, uma das melhores cabeças da época e futuro papa Silvestre II. Educado como um oblato (leigo que se oferece para servir numa ordem religiosa) no mosteiro de Saint-Géraud, o precoce Gerberto logo superou o ensino limitado disponível na França; não havia ninguém entre os monges locais suficientemente versado em matemática ou astronomia para aprofundar sua educação. Em 967, seus superiores enviaram-no para três anos de estudos avançados no mosteiro de Vich, na Catalunha, então um distante posto avançado cristão, vizinho da usina científica e cultural da Espanha muçulmana.

A Catalunha desfrutava de boas relações comerciais com o califado ocidental, sediado na cidade imperial de Córdoba. Era comum ver comerciantes muçulmanos nos mercados catalães, e tendências culturais, ideias e invenções atravessavam facilmente essa fronteira entre o Oriente muçulmano e o Ocidente cristão. A avançada ciência árabe das estrelas, o jogo de xadrez, as primeiras representações dos que viriam a ser chamados numerais arábicos, e o astrolábio muçulmano – o mais potente computador analógico até a era moderna – estavam esperando ser "descobertos" na Catalunha.[22] Ali, todas as sete artes liberais estavam disponíveis para estudo.

Numa época em que até os mosteiros mais ricos da França, Alemanha e Inglaterra possuíam talvez umas poucas dezenas de volumes de saber em sua maioria ultrapassado, os monges catalães, em particular os de Santa Maria de Ripoll, desfrutavam de acesso a coleções relativamente grandes que incluíam textos árabes e suas traduções. Tais obras se referiam a segredos da cultura antiga, bem como à ciência, à filosofia e à medicina árabes mais recentes. O jovem Gerberto visitou o mosteiro de Ripoll e talvez tenha levado para a França o conhecimento da tecnologia básica árabe, como o funcionamento do relógio de água. Não obstante, mesmo nesse mosteiro, o padrão de ensino era lastimavelmente fraco. Os primeiros tratados latinos sobre o astrolábio e tecnologias relacionadas estavam temperados com erros e terminologia árabe maldigerida; o Ocidente foi incapaz de produzir seus próprios textos coerentes sobre o astrolábio até a metade do século XII.[23]

Gerberto retornou da Catalunha para casa e assumiu uma série de postos de ensino. Ele imediatamente defendeu o *quadrivium* – música, aritmética, geometria e astronomia – que não pudera seguir quando jovem monge na França. Durante sua estada na Espanha, adquirira a tradução de um livro árabe sobre as estrelas do arquidiácono de Barcelona e uma obra separada sobre matemática e astronomia. Ele ensinava aritmética a seus alunos por meio de um ábaco incomum que consistia de contas numeradas individualmente, de um a nove – o conceito de zero permanecia esquivo. Logo começaram a se enraizar sistemas similares de ábaco latinos com caracteres indo-arábicos – os números que usamos hoje – em lugar dos numerais romanos predominantes, com transliterações toscas dos nomes árabes originais para cada número. Os nomes dos números vieram provavelmente da prática informal dos árabes de calcular num tabuleiro com pó, uma espécie de cavalete apagável. Demoraria mais 150 anos para que os numerais arábicos adequados e o sistema posicional de unidades, dezenas, centenas, e assim por diante – fundamentalmente, o mesmo sistema que usamos hoje –, se tornassem o meio aceito de cálculo.[24]

Gerberto e seus seguidores estavam fascinados pelo curso das estrelas e dos planetas, e insistiam no valor da observação direta do céu – trabalho que, no mínimo, preparava o caminho para a chegada da astronomia árabe. Numa carta enviada de Rheims, na França, por volta de 978, para um colega clérigo, ele deixa claro que se libertara dos ensinamentos de Isidoro de Sevilha sobre a Terra chata. "Em resposta a sua pergunta sobre a esfera para demonstrar os círculos e constelações celestes, irmão, ela é completamente redonda, dividida igualmente no meio pela circunferência, que foi dividida em sessenta partes."[25]

Comentadores medievais afirmam que Gerberto foi o primeiro a apresentar ao Ocidente o astrolábio como modo de resolver os difíceis problemas da hora da prece nos mosteiros e do calendário eclesiástico. Esse instrumento portátil também podia medir a altura de uma torre ou a profundidade de um poço, determinar a latitude geográfica, marcar a direção do norte verdadeiro e calcular a posição do Sol e das principais estrelas. Suas origens são obscuras, mas o projeto e a abordagem teórica foram quase com certeza gregos. Matemáticos e astrônomos gregos de Alexandria, Egito, escreveram numerosos tratados sobre os fundamentos do astrolábio. Um texto de Ptolomeu, agora perdido, detalhava seus princípios matemáticos subjacentes, também vitais para a realização de mapas, mas o mais avançado astrolábio planisférico usado pelos árabes era desconhecido em sua época. Não obstante, a tradição árabe atribui ao grande astrônomo a invenção acidental dessa ferramenta poderosa. Ibn Khallikan, escrevendo no século XIII, reproduz uma versão: Ptolomeu estava cavalgando um dia, com um globo celeste na mão; ele o deixou cair e o cavalo o esmagou com os cascos, deixando-o plano e criando assim o astrolábio planisférico.[26]

Refinado pelos árabes a partir desses primeiros desenhos gregos, o astrolábio era um virtual livro de bronze das estrelas que projetava o universo esférico sobre uma face bidimensional. Um tratado sobre o astrolábio, atribuído comumente a Gerberto ou a um membro de seu círculo imediato, chama o instrumento de grande presente de Deus, mas também parece advertir contra qualquer uso mais amplo: "[O astrolábio pode ser usado] para descobrir a verdadeira hora do dia, seja no verão ou no inverno, sem incertezas ambíguas no cálculo. Contudo, isso parece mais adequado para celebrar o ofício diário da prece e se constituir em conhecimento excessivo para uso geral. Quão agradável e adequadamente o todo procede quando, com a maior reverência na hora apropriada e sob a regra de um juiz justo, que não desejará a menor sombra de erro, eles harmoniosamente consumam o serviço do Senhor."[27]

O astrolábio em si era um belo objeto, elegante na forma e poderoso na função. Um aparelho típico tinha mais ou menos o tamanho de um prato de salada, feito de bronze decorativo polido. Graus de latitude, ou talvez as horas do dia, eram marcados ao longo da borda externa. Sobre a face do astrolábio havia um disco meticulosamente calibrado para a localização geográfica do usuário, com uma peça rotativa que exibia as principais estrelas e a trajetória anual do Sol afixada ao disco e mantida no lugar por um pino em forma de cunha conhecido como cavalo. Um ponteiro giratório – a alidada, do árabe *al-idada* – era montado nas costas para que fossem realizadas as leituras enquanto o astrolábio era mantido no ar, suspenso a distância por um aro no topo. Durante o dia, os raios do Sol eram alinhados com dois furinhos na alidada; à noite, o usuário seguia o mesmo procedimento, mas mirando uma estrela conhecida. A posição da alidada contra as marcas graduadas do astrolábio podia então fornecer uma riqueza de informações celestes correspondentes. A perfeição do astrolábio refletia o gênio da ciência árabe: bebia nas fontes clássicas, mas ia bem além delas para refinar o instrumento e resolver questões candentes da época em campos como contagem do tempo, astronomia, astrologia e cartografia.

No entanto, como os primeiros eruditos latinos logo reconheceram, as descrições do funcionamento e da utilidade do astrolábio não podem lhe fazer justiça. Em uma das primeiras referências latinas ao aparelho, Radolfo, professor em Liège, convida um colega de Colônia a ir manusear o astrolábio pessoalmente, em vez de fiar-se em qualquer relato por escrito ou desenho que ele pudesse fornecer. "Somente ver o astrolábio não será de mais ajuda do que desenhos para o … cego, ou cataplasmas para quem sofre de gota", informa Radolfo a seu instruído amigo numa carta.[28]

Notícias sobre o astrolábio e sua proveniência árabe começaram a se difundir lentamente em todo o Ocidente. Fulbert, um aluno de Gerberto e depois bispo de Chartres e fundador de sua influente escola catedrática, compôs um curto poema para ajudar seus pupilos a lembrar os nomes árabes de oito das estrelas mais importantes nas constelações do zodíaco ocidental – o mais antigo uso de palavras árabes num texto latino de que se tem notícia: "Aldebarã destaca-se em Touro, Menke e Rigel em Gêmeos, e Frons e a brilhante Cabalazet em Leão. Escorpião, tens Galbalgrab; e tu,

Capricórnio, Deneb. Tu, Batanalhaut [literalmente, *batan al-hut*: víscera de peixe], és sozinha suficiente para Peixes."[29] Essas mesmas "estrelas das horas" aparecem em uma das primeiras obras europeias sobre o astrolábio, que data de em torno do ano 1000. Fulbert preparou também um glossário de nomes árabes e latinos para partes do astrolábio, abrindo a porta para o que em breve viria a ser uma inundação de terminologia, conceitos e ideias árabes nas artes e ciências ocidentais.[30] Hoje, nossas constelações e planetas têm nomes latinos, mas os de muitas das principais estrelas são árabes na origem.

A influência de Gerberto foi particularmente forte na Lotaríngia e ele manteve uma correspondência animada com vários eruditos da região sobre as últimas ideias e tendências matemáticas que havia encontrado na Espanha. Laços frouxos entre os mosteiros locais e aqueles ainda ativos na Espanha muçulmana já haviam estabelecido trilhas para uma troca ocasional de ideias, e a Alemanha e o califado ocidental desfrutavam de contatos periódicos. Acredita-se que uma delegação enviada a Córdoba em 954, chefiada pelo viajado erudito lotaríngio João de Gorze, teria retornado depois de três anos com manuscritos originais e algumas traduções de manuscritos árabes. O califa espanhol Abd al-Rahman respondeu enviando um moçárabe – cristão hispânico influenciado pela cultura árabe – para atuar como seu representante na corte saxônica. Das escolas e mosteiros da Lotaríngia, o saber arábico começou a se difundir gradualmente por Alemanha, França e Inglaterra.[31]

Nem todos estavam tão fascinados pela chegada dessas novas ideias, com seus poderes aparentemente mágicos e sua suspeita associação com os infiéis árabes. Numa sociedade em que a alfabetização e a educação geral eram raras, essa mesma suspeita era facilmente direcionada para qualquer tipo de saber livresco não religioso. Essa tendência se agravaria com a invasão intelectual do mundo muçulmano – e seus termos estrangeiros, símbolos misteriosos e inovações inimagináveis. Acusações de magia negra foram dirigidas a alguns dos primeiros eruditos cristãos a buscar o conhecimento árabe, um fenômeno que mais tarde provocaria a acusação letal de heresia contra aqueles que desafiassem os ensinamentos da Igreja na filosofia e nas ciências naturais.

Guilherme de Malmesbury, um bibliotecário e historiador monástico que morreu 140 anos depois de Gerberto de Aurillac, reconhecia as habilidades técnicas indubitáveis do falecido papa, mas desconfiava do tempo que este passara na Espanha: "Lá ele aprendeu o que o canto e o voo dos pássaros pressagiavam, lá ele adquiriu a arte de convocar os espíritos do inferno."[32] Guilherme também considerava as ideias matemáticas de Gerberto "perigosa magia sarracena" e alegava que sua eleição para pontífice, no limiar do milênio, em 999, devia-se a um pacto com o diabo. Outro clérigo observou acidamente que o erudito bispo Roberto de Hereford, tal como Gerberto antes dele, havia perdido seu tempo com tais assuntos: "A *mathesis* [astrologia] não prolongou sua vida, tampouco o ábaco, que numera os anos de um modo diferente."[33] Uma tradição do século XIII chama Gerberto de "o melhor necromante da França, a quem os demônios do ar obedeciam prontamente em tudo o que é requerido deles dia e noite, devido aos grandes sacrifícios que ele lhes oferecia". Dizia-se que esses mesmos demônios lhe haviam ensinado a usar o maravilhoso astrolábio em troca de sua alma.[34]

Na época de Gerberto, esses temores com relação à ciência árabe ainda não haviam se cristalizado numa oposição clerical ativa e certamente não fizeram nada para prejudicar sua brilhante carreira. Depois de ser designado tutor pessoal do filho de Oto, o sacro imperador romano, ele viajou para Rheims, onde lecionou lógica e filosofia e, mais tarde, tornou-se diretor da escola catedrática. Estudantes de cantos longínquos da Europa acorriam a suas palestras. Contudo, apenas quatro anos antes de sua elevação ao papado, Gerberto ainda provocava forte oposição em alguns setores devido a suas ideias mundanas e heterodoxas. A filosofia, mesmo com o pouco que se conhecia dos clássicos, ainda era suspeita. "Os vigários de Pedro e seus discípulos não terão por professor um Platão, um Virgílio ou qualquer outro daquele bando infame de filósofos", protestou em vão o legado papal.[35]

O saber de base árabe de Gerberto enfrentou mais do que simples dúvidas do clero e os temores das massas supersticiosas. Ele também estava precariamente propenso a erros, mal-entendidos e, às vezes, alguma confusão cômica. Gerberto e seus alunos podem ter representado as luzes mais brilhantes de sua geração, mas eram totalmente incapazes de absorver ou mesmo compreender todo o alcance da ciência árabe, com seus profundos fundamentos na metafísica aristotélica e no saber grego, persa e hindu em geral. Os conceitos mais básicos de geometria representavam um problema. Dois dos principais pupilos de Gerberto mantiveram uma correspondência ativa por volta de 1025 numa tentativa malsucedida de discernir o que os geômetras clássicos queriam dizer quando falavam do ângulo interno de um triângulo, mistério que nunca resolveram. Tampouco foram capazes de entender qualquer teorema geométrico. Um deles relata seu entusiasmo ao adquirir um astrolábio. Aturdidos por uma questão tão elementar quanto a do ângulo interno, eles seriam completamente incapazes de compreender a teoria geométrica que estava por trás do aparelho.[36]

Para essa primeira geração tocada tão levemente pelo saber árabe, aparelhos novos como o astrolábio e o ábaco e conceitos novos como o sistema numeral indo-arábico continuavam a ser exatamente isso: aparelhos a ser explorados, em vez de plenamente compreendidos. Esses pioneiros estavam muito mais preocupados com o uso prático do que com o conhecimento teórico, mais envolvidos com o como que com o porquê. Não havia até então uma tentativa séria de dominar o conhecimento árabe subjacente dos céus, desenvolvido ao longo de centenas de anos e captado de forma tão brilhante na polida face do bronze do astrolábio. Tampouco havia qualquer apreciação verdadeira das implicações mais amplas – para a Igreja, a sociedade ou a humanidade em geral – desse novo saber do Oriente. Eles se contentavam simplesmente em tentar determinar a hora das preces e fazer outras medições básicas, de uma forma muito semelhante a como o usuário da moderna calculadora de bolso ou do computador pessoal pode produzir resultados corretos sem qualquer compreensão verdadeira da matemática.

Em 1088, com grande parte de Bath reduzida a cinzas depois da revolta fracassada contra ele, o vitorioso Guilherme o Vermelho apelou ao bispo João de Villula para restaurar a ordem e reconstruir o famoso mosteiro da cidade. Disposto a garantir a lealdade de um súdito tão capaz, o novo monarca vendeu a cidade para João por quinhentas libras esterlinas de prata e permitiu que ele mudasse sua sé da cidade não fortificada de Wells para a relativa segurança dos muros de pedra subsistentes de Bath. O interesse de João pelo local, no entanto, ia muito além de considerações meramente políticas ou militares. A cidade ficava mais perto de Worcester e dos mosteiros da bacia do Severn, centros emergentes de ensino que João considerava altamente convidativos.[37]

O ambicioso clérigo também estava disposto a tirar plena vantagem do tumulto político ao seu redor. Tomou as extensas terras do mosteiro beneditino de Bath para sua propriedade pessoal e iniciou um ousado programa de reconstrução cívica. Atraiu eruditos e médicos franceses para a cidade revitalizada, construiu um centro médico, junto com uma casa de banhos real, em torno da famosa fonte de água mineral e devolveu uma parte da glória do passado àquela que fora uma movimentada estação de águas romana. Iniciou-se a construção de uma catedral grandiosa, bem como de uma escola. Sob a proteção do culto bispo, o West Country logo passou a hospedar um pequeno círculo de monges eruditos cônscios das mais novas ideias que começavam a chegar à cristandade vindas do mundo árabe.

Administrador eficiente, o bispo João era generoso para com seus ajudantes e suas famílias. Interessou-se muito pela criação de Adelardo, cuja família gozava de posição que lhe dava acesso direto tanto às últimas tendências intelectuais que vinham da França como às complexas técnicas de construção utilizadas por arquitetos e pedreiros para construir a grande catedral e outras estruturas que tomavam forma sob a direção de João. O bispo também cuidou da escolarização inicial de Adelardo no mosteiro beneditino antes de lhe garantir uma educação avançada no exterior.[38]

Adelardo certamente correspondeu à confiança do bispo João e mergulhou em seus estudos na França, apesar de suas consideráveis dúvidas sobre o valor dos "modernos". Em Tours, conta ele em *Sobre o mesmo e o diferente*, aprendeu primeiro sobre as constelações com um famoso sábio. A experiência fez com que corresse para um lugar tranquilo fora dos limites da cidade, onde pudesse fazer uma pausa em meio ao perfume das flores e o ritmo constante das águas do rio Loire e refletir sobre a enormidade do que acabara de apreender. Ali, teve uma visão mística – moldada nas imagens familiares aos leitores de sua época, que reconheceriam a forma da popular *A consolação da filosofia*, de Boécio – que o lança em sua jornada intelectual.[39] Duas mulheres – uma oferecendo riqueza, fama e poder, a outra, amante das sete artes liberais – aparecem diante dele numa luta por sua alma e seu coração. Apesar da tentação mundana, Adelardo declara-se partidário firme do saber e do conhecimento e emerge desse sonho mais decidido do que nunca a dominar seus estudos. "Quando havia lido totalmente uma lição, eu desejava a próxima com paixão ainda maior, como se a que eu havia lido não trouxesse benefício se o resto estivesse faltando, esperando desse regime que eu pudesse controlar minha juventude e consolar minha velhice."[40]

Sua decisão parece confirmar-se durante uma viagem de volta para casa a partir de Salerno, no sul da Itália, um importante e antigo centro europeu de ciência e medicina, onde fora em busca de conhecimento e compreensão. No caminho, Adelardo trava uma discussão acirrada com "um certo filósofo grego … que, mais do qualquer coisa, podia falar sobre a arte da medicina e a natureza das coisas".[41] O mestre desafia seu novo discípulo com uma difícil questão: se fosse aberto um buraco que atravessasse toda a Terra, uma pedra jogada nele cairia do outro lado? A resposta de Adelardo – não, ela pararia no centro da Terra – satisfaz o filósofo ambulante que observa sabiamente que o estudo das artes liberais nunca é desperdiçado. A mesma viagem também levou Adelardo a Siracusa, na ilha ex-muçulmana da Sicília e outrora lar de Arquimedes. Ele elogiaria depois as habilidades matemáticas de seu anfitrião, o bispo Guilherme, e dedicaria a ele *Sobre o mesmo e o diferente*.

A primeira obra conhecida de Adelardo também introduz aquilo que seria sua convenção literária preferida – um sobrinho sem nome, intelectual ortodoxo que serve de contraste para suas opiniões heterodoxas, personagem que Adelardo retoma e refina com maior efeito em escritos posteriores. Enquanto o mais jovem defende o saber cristão tradicional –, rígido, incondicional, ossificado – Adelardo apresenta-se cada vez mais como o defensor da inquirição intelectual e da razão sem freios. Enquanto o sobrinho permanece enraizado no mesmo lugar, nosso herói está disposto a ir a qualquer parte para encontrar o que busca. Adelardo usa esse mesmo artifício literário para apresentar opiniões controvertidas, não tanto como pensamentos próprios, mas como respostas às incessantes demandas de seu ansioso parente.

Sobre o mesmo e o diferente, escrito quando Adelardo tinha trinta e poucos anos, conclui com a defesa contra as alegações do sobrinho de que suas primeiras andanças intelectuais pelo sul da Europa eram uma perda de tempo. "Ora, querido sobrinho, expliquei-lhe suficientemente a causa de minha jornada sinuosa aos professores de diferentes regiões, de modo que eu possa tirar de mim o peso de suas acusações injustas e acender em você a paixão por esses mesmos estudos, de tal modo que quando os outros exibirem suas riquezas de várias maneiras, nós possamos simplesmente apresentar conhecimento. Adeus e julgue por você mesmo se discuti corretamente."[42]

Apesar de seu gosto incomum pela aventura intelectual, o Adelardo que emerge das páginas de *Sobre o mesmo e o diferente* é em larga escala um homem de seu tempo, embora versado nos ensinamentos contemporâneos das principais escolas do norte da França e totalmente à vontade com os problemas científicos e filosóficos mais espinhosos da época. Em consequência, o livro oferece um retrato convincente do estado da educação ocidental no início do século XII, antes que os encontros com o saber árabe se tornassem mais comuns. Mas nem mesmo o inquestionável talento de Adelardo e sua curiosidade aparentemente ilimitada eram suficientes para romper as cadeias impostas pelos primeiros padres da Igreja à imaginação cristã.

Por mais de seiscentos anos, os ensinos oficiais de santo Agostinho haviam orientado os cristãos a ver somente o mistério de Deus num mundo incognoscível ao redor deles. A vida cotidiana estava imbuída de sentido alegórico: a Lua representava a Igreja, pois refletia a luz divina; o vento simbolizava o Espírito Santo; e o número 11 significava o pecado, porque "transgredia" o número 10, que evidentemente representava os Dez Mandamentos.[43] O 3 representava claramente a Trindade, enquanto o 4 significava a Criação; a soma deles, 7, revelava "perfeição". Isso, por sua vez, explica a tendência das imagens religiosas – anjos, selos, trombetas – de vir em setes.[44] Quando se faziam esforços ocasionais para adotar as novidades tecnológicas que começavam a vir do mundo árabe – o astrolábio, ou o relógio de água que o famoso califa Harun al-Rashid das *Mil e uma noites* enviou como presente, junto com um elefante, a Carlos Magno em 801 – os aparelhos eram considerados simples curiosidades, completamente ignorados ou condenados como magia negra. No que dizia respeito aos cristãos medievais, Deus era a única força determinante na vida cotidiana; não havia razão para explorar "a natureza das coisas" – e, portanto, nenhuma ciência.

Santo Agostinho de Hipona, filho de mãe cristã e pai pagão, diagnosticou a "doença" da curiosidade, que causava a danação da alma, no século V. "Os homens tratam de investigar os fenômenos da natureza – a parte da natureza que não está além de nós – embora o conhecimento não tenha valor para eles: pois desejam conhecer simplesmente pelo gosto de conhecer."[45] Depois de sua conversão ao cristianismo em 387, quando era professor de retórica na corte imperial de Milão, Agostinho renunciou à arte e à ciência: "É certo que os teatros não mais me seduzem, nem me interessa conhecer o movimento dos astros."[46] A Epístola de Paulo aos Gálatas já havia desconsiderado a contagem do tempo como mundana demais para os verdadeiros crentes: "Agora, porém, conhecendo a Deus, ou melhor, sendo conhecidos por Deus, como é que tornais aos rudimentos fracos e miseráveis, querendo de novo escravizar-vos a eles? Observais dias e meses, estações e anos!" (Gálatas 4,9-10). Muitos cristãos aderiram à visão unidimensional da vida ensinada por Agostinho desde então. A existência terrena não passava de uma sombra do reino eterno de Cristo e qualquer tentativa de penetrar nos mistérios da existência só poderia levar ao erro e ao pecado.

Explicações dos fenômenos naturais eram apresentadas como contos morais, fábulas cheias de alegorias para o aperfeiçoamento da alma. Um exemplo popular são bestiários medievais, coletâneas de textos e ilustrações destinados a edificar os seres humanos, em vez de descrever a natureza. Cervos, leões e pássaros, até insetos e rochas, eram todos provas da sabedoria e da misericórdia de Deus e, se adequadamente estudados, ofereciam conselhos comportamentais aos devotos. "O Senhor ... criou diferentes criaturas com diferentes naturezas não somente para o sustento do homem, mas também para sua instrução, de modo que por meio dessas mesmas criaturas podemos contemplar não somente o que pode ser útil para o corpo, mas também o que pode ser útil para a alma", explica o teólogo Tomás de Chobham, num guia para a oração eficaz.[47] O desenvolvimento dessas obras na Idade Média espelha perfeitamente o modo como a cristandade retrabalhou o que conservava do conhecimento clássico para satisfazer suas necessidades espirituais.[48] Nessa taxonomia moral, o cervo era leal, a raposa, uma herege, a abelha, industriosa e a pantera, doce e querida.[49] Ao descartar os elementos reconhecíveis da ciência natural, os autores dos bestiários estavam imitando – talvez sem querer, mas seguramente – a determinação de Agostinho de ignorar o movimento dos astros.

Mesmo quando Agostinho tinha algumas raras palavras de elogio ao mundo natural – "Toda a natureza, na medida em que é natureza, é boa" – elas eram totalmente desconsideradas por seus devotados leitores.[50] Desse modo, a Igreja medieval primitiva beneficiava-se do verniz da respeitabilidade intelectual proporcionado por Agostinho, ao mesmo tempo em que mantinha seu desdém geral pelos filósofos. Agostinho inspirou-se em Platão e, mais importante, numa escola de pensamento desenvolvida no século III pelo filósofo grego Plotino e seus sucessores. Desde então, as ideias deles haviam predominado nos três principais centros de filosofia – Alexandria, Roma e a Academia Ateniense. Os primeiros pensadores cristãos, como Agostinho, ajudaram a introduzir elementos selecionados desses ensinamentos na doutrina da Igreja. Esse processo levou à formulação fundamental de duas noções poderosas que reinariam soberanas durante séculos: a distinção intransponível entre o reino santificado do céu e a existência "vil" da vida terrena; e a incapacidade do homem de apreender o universo por meio de suas faculdades racionais – ou seja, por meio da experiência, inclusive da prática da ciência.

A *Topographica Christiana* do século VI, escrita pelo monge e ex-marinheiro mercador Cosmas Indicopleustes, apresentou o primeiro esquema verdadeiramente cosmológico da época e que refletia o teor geral de então. O título de seu primeiro livro diz tudo: *Contra aqueles que, ao mesmo tempo em que desejam professar o cristianismo, pensam e imaginam como os pagãos que o céu é esférico.*[51] Uma autoridade do porte de Isidoro de Sevilha assumiu a mesma postura, embora de forma um pouco menos gritante: "O globo deriva seu nome da redondeza do círculo, porque se parece com uma roda; daí uma roda pequena ser chamada de 'disco pequeno'. Com efeito, o oceano que flui ao redor dele em todos os lados abrange suas áreas mais distantes num círculo", informava ele diligentemente aos seus incontáveis leitores.[52]

A descrição do bom bispo – "Está dividido em três partes, uma chama-se Ásia, a segunda Europa e a terceira África"[53] – foi a base para a longa popularidade dos assim chamados mapas T-O do mundo, nos quais o Mediterrâneo era representado como um T, com a Ásia acima dele e a Europa e a África de cada lado da haste. Um grande círculo de água, o O, estabelecia as fronteiras externas do mapa. A Santa Jerusalém, reverenciada como lugar do sepultamento de Cristo, ficava geralmente no centro. Aqueles filósofos ainda dispostos a contemplar a existência de terras no Hemisfério Sul, conhecidos desde a Antiguidade como antípodas, viam pouca necessidade de representar uma região tão "absurda", onde os homens – se é que havia algum – teriam de caminhar de cabeça para baixo e suportar uma vida sem possibilidade de redenção cristã. A única coisa tão absurda para nós quanto a noção de um Hemisfério Sul inabitável e não santificado, onde as árvores cresceriam para baixo e a chuva e a neve cairiam para cima, talvez seja que os pensadores mais sérios da época se entregassem a tal debate. Ainda assim, tais controvérsias se tornaram um elemento essencial da vida intelectual medieval, concorrendo com os famosos enigmas de Tomás de Aquino e seus colegas escolásticos: quantos anjos *poderiam* dançar na cabeça de um alfinete? E o que dizer do canibal?

Como ele poderia erguer-se dos mortos para enfrentar o Dia do Juízo se havia consumido tantas partes humanas que não era mais ele mesmo, mas um composto de suas vítimas, que também seriam ressuscitadas?[54]

A aparente relutância de parte da cristandade medieval em formular ou até mesmo imaginar leis da natureza deu origem a um temor obsessivo da mudança e ataques de histeria geral em meio a guerras, fomes, doenças e predições periódicas de que o fim do mundo estava finalmente próximo.[55] O caos social desencadeado pela súbita aparição na Europa da peste negra, em meados do século XIV, oferece uma forte prova disso: sem qualquer noção de contágio, higiene ou epidemiologia em geral, o Ocidente cristão foi tomado por um frenesi de violência induzido pela morte em massa causada pela peste. O poeta francês Guillaume de Machaut ficou tão traumatizado por sua experiência com a doença que, tal como outros daquele tempo, se recusava até mesmo a pronunciar a palavra "peste" e apelava para o eufemismo mais clínico, mas então incomum, de *epydimie*.[56] "Tampouco havia qualquer médico ou doutor que soubesse realmente a causa ou a origem, ou do que se tratava (tampouco havia remédio), contudo essa moléstia era tão grande que foi chamada de epidemia", diz Guillaume em seu *Julgamento do rei de Navarra*.[57] Para horror de muitos homens da Igreja instituída, floresceram movimentos de flagelantes que buscavam recuperar o favor de Deus por meio da expiação e do flagelo sangrento do corpo e espalharam-se histórias apocalípticas. A queima de judeus – acusados de envenenar a água pública, praticar feitiçaria e disseminar a doença para destruir a Europa cristã – difundiu-se na Alemanha, no sul da França e na Espanha, enquanto catalães imigrantes sofreram o impacto de indignação pública e terror similares na Sicília.[58]

Muito tempo antes, no último dia do ano de 999, Gerberto de Aurillac, o pioneiro do ábaco e do astrolábio, viu-se no vórtice de uma tempestade desse tipo. Já então papa Silvestre II, ele deveria oficiar a missa de meia-noite na catedral de São Pedro, em Roma, na véspera do milênio, um dia que alguns crentes tinham certeza de que libertaria a Besta do Apocalipse. Afinal, o Apocalipse diz: "Atirou-o no abismo, o qual trancou à chave e selou-o por cima, para que já não seduzisse as nações, até que se completassem mil anos. Depois disso, ele deve ser solto por um pouco de tempo." (20,3) Outros ansiavam por reunir-se a Cristo e apressaram-se a vender suas posses para que pudessem viajar a Jerusalém e testemunhar o Juízo Final.[59] Silvestre e outros homens da Igreja fizeram o possível para se opor a essas profecias de fim dos tempos, mas os padres de aldeia, camponeses e a gente das cidades desconfiavam do pontífice culto, com seus modos estrangeiros e ideias modernas. A posição enfraquece ainda mais por outra profecia, a saber, a aliança vindoura entre o papa e o Anticristo.[60] O fato de o fim dos dias não ter chegado como se esperava na manhã do ano-novo não serviu de muito consolo: muitos suspeitavam de que era apenas uma questão de tempo.

Adelardo de Bath jamais sucumbiu à moda apocalíptica de seu tempo. Seu espírito era por demais sutil, sua personalidade demasiado confiante para se refugiar nesse tipo de conversa. Contudo, *Sobre o mesmo e o diferente*, sua primeira obra subsistente, vincula-o a certas tradições filosóficas que estavam por trás do terror da vida que por tanto tempo atormentou a cristandade. O próprio título vem da história da criação exposta por Platão no *Timeu*, que sobrevivera em tradução parcial para o latim e compreendia um elemento do pensamento cristão primitivo. Essas noções platônicas eram amplamente estudadas nas escolas catedráticas francesas, inclusive a de Tours, onde estudou Adelardo.[61] Para Platão e seus seguidores tardios, o Uno Divino – associado comumente a Deus no pensamento cristão – criou o universo e o cercou com uma faixa de estrelas fixas. Este é o círculo do Mesmo, e é, por definição, imutável, uniforme e essencialmente perfeito. Abaixo dele está o círculo do Diferente, uma faixa em torno da Terra que representa mudança, diversidade e imperfeição.[62]

Além da distinção entre a perfeição divina e a mudança e corrupção terrenas, Platão e seus intérpretes posteriores adotaram também a noção de que essas formas eternas ou ideias existem apenas na mente do "Uno Divino", bem separadas de quaisquer objetos materiais.[63] O que percebemos como realidade é somente um reflexo pálido ou sombra, cognoscível apenas através dos sentidos. Os padres da Igreja e seus sucessores medievais consolavam-se naquilo que consideravam um suporte filosófico para a doutrina cristã, mas essa separação forçada entre Criador e Criação – entre o deus que o homem adorava e o universo que ele movia todos os dias – afastava os crentes de seus ambientes de maneiras imprevisíveis, alimentando manias religiosas, provocando visões apocalípticas e inspirando severos movimentos de penitência. Tratava-se, no entanto, de um resultado natural do estado da crença cristã medieval. O mesmo se pode dizer do conservadorismo arraigado da Idade Média, em que a mudança era o inimigo mortal do homem e onde cada um ocupava seu lugar na rígida ordem social e cósmica. Quando a realidade observada não podia mais ser ignorada, surgia uma espécie de dupla personalidade. Por exemplo, cartas de navegação muito precisas, para uso dos marinheiros que tinham de ir com segurança de um lugar a outro, coexistiram durante séculos com os mapas T-O idealizados e praticamente inúteis, nos quais Jerusalém era o centro espiritual e físico da Terra.[64]

Nos séculos anteriores à era dos cruzados, o Ocidente mostrou pouco interesse pelo islã e certamente não havia nenhum esforço verdadeiro para pintar os muçulmanos como inimigos mortais do cristianismo. Identificados geralmente nos relatos antigos como sarracenos – ou seja, descendentes de Sara, a esposa de Abraão –, eles eram apenas mais um aborrecimento "bárbaro" a ser tolerado e, com a ajuda de Deus, derrotado. No clássico do século VIII *História eclesiástica do povo inglês*, o Venerável Bede observa: "Naquele momento, uma temível praga de sarracenos devastou a França num massacre miserável; mas não muito depois eles receberam naquele país a devida punição por sua perversidade", referindo-se à derrota dos muçulmanos em 732, em Poitiers.[65] Uma crônica dos francos de 793 refere-se a ataques sarracenos no sul da França como uma das duas "terríveis aflições" daquele ano. A outra foi a revolta dos saxões.[66] Ambos os textos se notabilizam por uma ausência geral de animosidade religiosa contra o inimigo muçulmano.

Nem mesmo os ataques a Roma e o saque da igreja de São Pedro por forças árabes em 846 foram capazes de gerar o tipo de histeria agressiva antimuçulmana que começou a tomar forma no século XI. Ainda em 1010, exércitos árabes e berberes em conflito no sul da Espanha apelaram ambos para o apoio de aliados cristãos.[67] Alianças de conveniência semelhantes ocorreram depois, pressagiando os arranjos que caracterizariam mais tarde o Oriente Latino depois do sucesso da Primeira Cruzada. O início da transformação dos sarracenos, de uma simples aflição em uma questão de vida ou morte espiritual para toda a cristandade pode remontar, em certa medida, à destruição da igreja do Santo Sepulcro de Jerusalém pelos muçulmanos em 1009. Esse ato, que lembrou algumas das terríveis profecias associadas ao fim dos dias, pareceu reacender temores milenares depois do recente malogro do ano 1000 e vinculou os muçulmanos ao Apocalipse na imaginação cristã popular. Ele também desencadeou uma onda de peregrinações à Terra Santa e identificou o distante califa muçulmano com o Anticristo.[68]

Mas os acontecimentos no Oriente Próximo não foram os fatores decisivos na primeira formulação da propaganda antimuçulmana. A exemplo da divisão entre pensamento e experiência que caracterizava a época em geral, a realidade das crenças, vidas e práticas muçulmanas não tinha nada a ver com a imagem deles que emergia no Ocidente. Ao contrário, a visão do sarraceno como o Outro odiado era uma função das necessidades teológicas e políticas da Europa de então – um fenômeno não estranho hoje, quando o Ocidente trava sua "guerra ao terrorismo". Sob a direção de homens como Gregório VII e Urbano II, o século XI foi dominado pela ascensão do poder papal centralizado à custa de domínios instáveis e fragmentados de reis e príncipes. A linguagem da guerra santa cristã contra o infiel muçulmano era o veículo perfeito para consolidar o controle da Igreja.[69] Aqui estão as raízes das contorções mentais que persistem na base de muitas das atuais opiniões sobre o islã, apresentado como a imagem invertida da bondade ocidental: onde o cristianismo significa amor, o islamismo é a religião da crueldade; onde Cristo significa verdade, Maomé e o Alcorão significam mentira; enquanto os cristãos são castos, os muçulmanos são pervertidos sexuais.[70] Em outras palavras, a teologia engendrava a história; as concepções e o comportamento dos muçulmanos, sobre os quais o Ocidente era quase totalmente ignorante na época, eram irrelevantes.

A ideologia da Igreja, mesmo aquela suficientemente poderosa para mobilizar dezenas de milhares de pessoas para as dificuldades de uma guerra santa em terras distantes, não foi de forma alguma a única força a definir as primeiras concepções europeias sobre os muçulmanos e seu mundo. Havia também dinheiro a ganhar, fossem os despojos de guerra para aventureiros armados, como os conquistadores normandos da Sicília muçulmana, ou lucros do comércio para os intrépidos mercadores de Pisa, Amalfi e Veneza. Dentre os mais ambiciosos, as chances de conquistas territoriais acenavam para homens como Balduíno, o futuro conde de Edessa, e Boemundo, príncipe de Antioquia.

Adelardo, evidentemente, tinha ambições próprias. Bem-versado na tradição catedrática francesa, o autor de *Sobre o mesmo e o diferente* exibe, no entanto, um nível bastante raso de saber. Não dá sinal de conhecer a geometria teórica que está no cerne da astronomia, e suas observações baseiam-se numa régua de medir primitiva, sem referências ao astrolábio ou mesmo a seu primo mais simples, o quadrante. Do mesmo modo, seu conhecimento de filosofia, música e matemática é convencional, fortemente baseado nas obras de Boécio, do século VI, e em outros textos predominantes nas escolas catedráticas.[71] Dedicando-se novamente aos estudos depois de sua visão às margens do Loire, ele declara que somente a devoção completa à sua amada filosofia pode abrir caminho para fora da escuridão. Suas explorações hesitantes no sul da Itália e na Sicília já o haviam convencido de que tinha de romper fisicamente o confinamento intelectual da Europa medieval e explorar por conta própria os mistérios dos *studia Arabum*.

Depois de confiar seus alunos à escola catedrática de Laon, o jovem inglês partiu sozinho em 1109 para as supostas maravilhas intelectuais que o esperavam no Oriente árabe. Mais tarde, ele relembra sua despedida em *Sobre o mesmo e o diferente*, dirigindo-se à figura familiar de seu parente sem nome e incluindo um último comentário sobre as deficiências da erudição francesa: "Lembre-se, querido sobrinho, de que, há sete anos, quando dispensei você (ainda quase menino) e meus outros alunos de estudos franceses em Laon, concordamos entre nós que eu investigaria os estudos dos árabes conforme minha capacidade, mas você não se tornaria menos proficiente na insegurança das opiniões francesas."[72] A rota exata de Adelardo para o Oriente continua a ser um enigma, mas não há mistério sobre a rica tradição intelectual que lá fermentava havia séculos.

PARTE II

Al-fajr/Amanhecer

3. A Casa da Sabedoria

Abu Jafar al-Mansur não queria correr risco algum na construção de sua nova capital imperial, pois ela seria uma cidade como nenhuma outra. O segundo califa abássida dos muçulmanos pediu orientação aos seus astrólogos reais de confiança, o ex-zoroastrista Nawbakht e Mashallah, um judeu de Basra convertido ao islamismo e agora "a principal pessoa para a ciência dos juízos das estrelas".[1] Os dois consultaram os céus e declararam que 30 de julho de 762 seria certamente o dia mais auspicioso para o início dos trabalhos. Ainda assim, al-Mansur hesitou. Mandou os arquitetos marcarem o traçado dos muros da cidade planejada – um círculo perfeito, conforme os ensinamentos geométricos de Euclides, o adorado do califa – no chão, primeiro com cinzas e depois com sementes de algodão embebidas em nafta. Em seguida, puseram fogo na mistura para criar um contorno flamejante da assim chamada Cidade Redonda, o centro geométrico da futura metrópole de al-Mansur.[2] Por fim, o califa ficou satisfeito. "Por Deus! ...Viverei nela a minha vida inteira e ela será o lar de meus descendentes; e sem dúvida se tornará a cidade mais próspera do mundo", declarou al-Mansur, que em árabe significa "o vitorioso".[3] Moedas abássidas e outros costumes oficiais celebraram a nova capital como a Madinat al-Salam, ou "a cidade da paz", mas o povo manteve o nome do antigo povoamento persa que existira no mesmo lugar: Bagdá.

Doze anos antes do início da construção da cidade, Saffah, o irmão de al-Mansur, completara a derrubada da dinastia omíada, que subira ao poder no mundo muçulmano três décadas após a morte do profeta Maomé em 632. Na retaliação revolucionária que se seguiu, Saffah – "derramador de sangue" – mandou suas forças, sob as bandeiras negras típicas dos abássidas, caçar os membros remanescentes da Casa dos Omíadas. A única figura significativa que conseguiu escapar viva foi o príncipe Abd al-Rahman, que fugiu para o norte da África e mais tarde criaria o califado ocidental no sul da Espanha. Mas a vitória dos rebeldes, que acharam politicamente conveniente afirmar sua descendência direta do Profeta por intermédio de seu tio paterno Abbas, foi menos uma rixa sangrenta entre uma dinastia envelhecida e um pretendente ambicioso do que uma revolução cultural completa nas terras islâmicas.

Muito antes da vitória abássida em 750, os exércitos do islã haviam refeito com sucesso a trilha aberta mil anos antes por Alexandre o Grande, atravessando o rio Oxus para entrar no Afeganistão e chegar à Índia e à China ocidental. A conquista da Pérsia, a leste da capital omíada, havia sido concluída em 651 e logo o poderio muçulmano se estendia também para oeste, através do norte da África, chegando à Espanha. Em consequência dessa rápida expansão territorial, os árabes muçulmanos deixaram de ser maioria no império sob seu controle. Agora, tinham de competir com uma imensa colcha de retalhos de comunidades étnicas e religiosas: grandes populações urbanas de persas, tanto muçulmanos convertidos recentemente como zoroastristas tradicionais; falantes do aramaico, tanto cristãos como judeus; cristãos árabes de várias estirpes, inclusive as muitas seitas "dualistas", que haviam rompido com a ortodoxia oriental de Bizâncio; e outros grupos.[4]

Muitos dos muçulmanos mais novos do império, em especial aqueles de terras tradicionalmente persas, não acreditavam nas alegações omíadas de legitimidade política e religiosa. Os primeiros califas omíadas descendiam de membros do círculo íntimo de Maomé, mas não eram seus parentes de sangue, algo que nem sempre era bem-aceito pelos neófitos persas e outros recém-chegados à crença. Eles reagiram com entusiasmo à propaganda rebelde que afirmava vínculos familiares diretos entre os abássidas e o Profeta e exigiam "um governante aceitável" da família de Maomé. Com o colapso final da velha ordem nas mãos dos abássidas, o caminho estava aberto para que uma gama de novatos – especialmente persas, mas também sabeus, judeus e muitos outros – assumisse um papel cada vez mais influente nos assuntos políticos e intelectuais do império.

O território tomado aos bizantinos criava um refúgio convidativo para jacobitas sírios, nestorianos e outros cristãos que nos séculos VII e VIII começaram a fugir da ortodoxia religiosa e da crescente animosidade contra o saber antigo em Constantinopla. Os eruditos cristãos viram-se subitamente livres para explorar e desenvolver os ensinamentos clássicos sob a proteção dos muçulmanos, que cobravam tradicionalmente um imposto por cabeça à "Gente do Livro" – em geral judeus e cristãos, mas também zoroastristas – que havia optado por não se converter ao islamismo, mas que afora isso não era importunada. Centros intelectuais importantes prosperaram em toda a região, de Edessa à cidade iraniana de Jundishapur, de Harã, na atual Turquia, a Marv, num oásis da Ásia central, oferecendo aos abássidas um formidável corpo de habilidades linguísticas, talento científico e conhecimento cultural nativos.[5]

A conquista muçulmana e a construção do império também restauraram laços antigos entre centros históricos de civilização através de um território imenso. Isso criou um valioso caldeirão para tradições intelectuais que haviam sido forçadas a ficar separadas durante séculos por divisões políticas: de um lado, o saber helenístico que evoluiu na Grécia e depois em Alexandria; de outro, a sabedoria suméria, persa e indiana.[6] Muçulmanos, cristãos, judeus, zoroastristas, os sabeus que adoravam as estrelas e vários outros grupos de pagãos puderam intercambiar ideias e ensinamentos. Sob o governo de Abd al-Rahman, o príncipe omíada que conseguiu sobreviver, e seus sucessores, essa mesma tradição intelectual criou raízes profundas na Espanha muçulmana. Lá, seus guardiões entregariam um dia inestimáveis presentes ao exército de eruditos latinos que, inflamados pelo exemplo de Adelardo de Bath, partiram em busca dos *studia Arabum*.

Talvez nem todas as consequências da grande expansão islâmica tenham sido tão grandiosas quanto a confluência de algumas das grandes tradições intelectuais do mundo, mas se revelaram, no mínimo, igualmente vitais. Uma delas foi a aquisição da fantástica tecnologia chinesa do papel, uma ajuda enorme às iniciativas intelectuais que começavam a tomar forma na corte abássida. A tradição árabe nos conta que um prisioneiro de guerra da batalha de Talas – travada em 751, em que as forças muçulmanas derrotaram decisivamente as da dinastia Tang pelo controle do oeste turco da China – trouxe a arte da fabricação do papel para a cidade de Samarcanda, hoje no Uzbequistão. O prisioneiro chinês ensinou a seus captores como produzir papel a partir do linho e do cânhamo. A história é provavelmente apócrifa, mas sua mensagem geral do fluxo da tecnologia do papel da China para a Ásia central e dali para os árabes ainda soa verdadeira.

O resultado era um meio relativamente barato, resistente e conveniente de registrar informações de todos os tipos, de listas de impostos a poemas de amor, de tratados filosóficos a tabelas de estrelas. Samarcanda logo se tornou o principal centro muçulmano de fabricação de papel. A arte floresceu também na Síria, no Iêmen, no norte da África e na cidade espanhola de Játiva, que se especializou na produção de pesadas folhas vitrificadas. A primeira menção a uma fábrica de papel em Bagdá data de 795, e a capital abássida se gabaria mais tarde de contar com um belo bazar de papelarias, o Suq al-Warraqin, onde centenas de barracas vendiam artigos de alta qualidade. Com efeito, o papel de Bagdá era muitíssimo valorizado em toda a região, e algumas fontes gregas bizantinas chegam a referir-se ao papel como *bagdatixon*, associando diretamente o produto à cidade às margens do Tigre.[7]

Enquanto isso, a Europa cristã dependia da trabalhosa tarefa de reproduzir seus livros e mapas sobre peles de animais previamente esticadas, raspadas e depois secas. O pergaminho resultante desse processo era pesado, difícil de trabalhar e guardar e caro para fazer. O papel não, e sua disponibilidade e facilidade de uso e transporte acelerou a produção e a difusão de manuscritos em todo o Império abássida e fora de suas fronteiras. Por sua vez, isso possibilitou o intercâmbio rápido e eficiente de ideias e conhecimentos, provocando uma demanda por mais obras eruditas, pesquisas e escritos. A fabricação do papel também fomentou uma profunda cultura do livro entre os árabes. O conhecimento e a erudição sempre foram valorizados pela sociedade muçulmana. Agora, os bazares de livros e lojas especializadas se tornavam um traço habitual da vida urbana. A produção de livros, a encadernação e os serviços de transcrição floresceram junto com a escrita, a pesquisa e a tradução. A obra de determinados calígrafos era valorizada por compradores exigentes, e muitos dos melhores copistas também eram editores ou autores. A produção de livros era cara e edições raras eram cobiçadas tanto por intelectuais como por homens ricos e poderosos. Especulação de preços e falsificações não eram riscos desconhecidos dos incautos, enquanto os autores se viam, às vezes, à mercê de escribas que exigiam mais dinheiro antes de entregar seus manuscritos completos.

O patrocínio da elite a autores e livros logo levou à criação de grandes bibliotecas, algumas das quais eram abertas ao público e tinham salas de leitura e materiais para cópia. Em Damasco, os omíadas haviam criado a primeira biblioteca árabe, com obras gregas e cristãs sobre alquimia, medicina e outras ciências. Os sultões fatímidas do Egito também eram grandes colecionadores de livros e patrocinadores de academias afiliadas para propagar suas crenças xiitas. No final do século X, o segundo governante fatímida, al-Aziz, já mantinha quarenta salas cheias de livros, e as assim chamadas ciências antigas estavam representadas por 18 mil volumes.[8] Quando a madrassa (ou madraçal, a escola islâmica) al-Mustansiriya de Bagdá foi fundada, em 1234, consta que seu dote inicial incluía 80 mil livros doados da biblioteca pessoal do califa.[9] Até as coleções particulares eram imensas, com frequência chegando às dezenas de milhares de volumes. Em geral, na morte do dono, eram deixadas como herança caridosa para mesquitas, santuários ou escolas, onde podiam ser adequadamente cuidadas e postas à disposição dos leitores cultos.[10]

Tal como muitos outros aspectos da vida pública muçulmana, grande parte da indústria do livro árabe girava em torno da mesquita. Palestras, debates e discussões sobre uma ampla gama de questões religiosas, científicas e filosóficas da época eram comuns nessas casas de culto, que também serviam de centros de procedimentos judiciais. De acordo com o viajante e escritor do século XIV Ibn Battuta, o mercado de livreiros de Damasco ficava perto da grande mesquita omíada; além de livros, os mercadores do lugar vendiam todas as ferramentas do ofício literário, como tintas, canetas de junco e papéis finos. Porém, os negociantes de livros de Bagdá estavam proibidos de montar lojas dentro dos austeros muros da Cidade Redonda; em vez disso residiam num prestigioso distrito a sudoeste do centro.[11]

A DECISÃO DO CALIFA AL-MANSUR de abandonar Damasco, cidade dominada pelos árabes, e fazer sua nova capital na Mesopotâmia ratificava mudanças fundamentais no coração do mundo árabe. A organização tribal da sociedade árabe tradicional já começava a dar lugar a uma nova cultura islâmica em que o indivíduo e sua família, e não o clã mais amplo, eram os principais atores políticos e sociais. Isso abriu caminho para a ascensão da cidade reconhecidamente moderna, em que cidadãos etnicamente diferentes, sem parentesco, interagem uns com os outros segundo códigos aceitos de conduta pessoal e legal.[12] A cidade muralhada de Bagdá, com seus dois conjuntos de muros, representaria um recomeço radical para o mundo do islamismo.

A obra terminou por volta de 765 e a construção da cidade conforme linhas euclidianas e sob a orientação dos mais eminentes astrólogos parecia prometer um grande futuro como centro científico e intelectual. Até mesmo suas técnicas básicas de construção proclamavam a aurora de uma nova era. Um dos supervisores do projeto, Abu Hanifa, jurista e fundador da mais antiga das quatro escolas de direito sunita, abandonou a cansativa contagem individual da vasta quantidade de tijolos necessários para construir o duplo círculo de muros. Em vez disso, orientou seus operários a usar uma vara de medição para computar o volume e assim calcular grandes quantidades de uma única vez.[13]

Sob muitos aspectos, a Cidade Redonda original parecia uma versão ampliada de uma cidadela persa clássica, construída mais para uma defesa confiável do que para conforto ou luxo. No centro ficavam o palácio do califa, a mesquita real e as repartições do governo. Não havia jardins, piscinas ou outras fontes de diversão frívola. Mais tarde, acrescentaram-se um Tesouro e residências para os filhos de al-Mansur. Oficiais militares mais antigos, auxiliares próximos e partidários leais receberam doações da escassa terra dentro dos muros duplos.[14] O historiador do século IX Ahmad al-Yaqubi diz que somente os homens da maior confiança do califa, com quem ele poderia contar plenamente em caso de "eventos ameaçadores", eram mantidos por perto.[15] Outros ganhavam terras do lado de fora dos muros da cidade, por precaução.

A previsão do califa de que sua nova cidade não teria rivais não era uma bazófia vazia. A proximidade em relação às rotas comerciais do oceano Índico, uma cultura multiétnica vibrante e a distância segura dos perigos militares tradicionais representados pelos gregos bizantinos ajudaram a estabelecer Bagdá durante séculos como o nexo mais próspero do mundo do comércio e do intercâmbio científico e intelectual.[16] Artesãos habilidosos, mercadores e outras gentes mundanas vieram para satisfazer as demandas da elite da cidade. Bagdá espalhou-se então ao longo das margens do rio Tigre, com um crescimento rápido e riqueza inimaginável alimentados pelo longo alcance de sua força econômica, seu poderio militar e poder imperial. Artigos de vidro da Síria, corantes e especiarias da Índia, sedas e outros bens de luxo da China e da Pérsia, ouro da África e escravos da Ásia central, tudo passava por seus mercados e enriquecia seus comerciantes.

Nada resta hoje da primeira Bagdá dos abássidas, mas crônicas, evidências arqueológicas e exemplos do período subsistentes em outros lugares proporcionaram indícios suficientes dos estilos de vida e ambientes domésticos suntuosos dos ricos e poderosos. Numa tradição que permanece em boa parte do Oriente Médio de hoje, o lado externo das construções é geralmente anódino, não indicando as riquezas guardadas ali dentro. As paredes internas, no entanto, eram com frequência cobertas com estuque, que podia ser trabalhado para formar ricos padrões e desenhos, adornados com tecidos finos e folhas de madeira importada, ou decorados com ouro em folha e os vivos tons azuis do lápis-lazúli. Os pisos eram feitos de ladrilhos de cerâmica ou mármore, ou decorados com mosaicos. Jarros e cálices eram de vidro, enquanto os utensílios domésticos, ao menos no caso do califa, eram de ouro ou prata.[17]

Al-Yaqubi, escrevendo cem anos depois de al-Mansur, oferece uma descrição empolgante da vida na Cidade da Paz que o califa deixara para a posteridade: "Menciono Bagdá, antes de tudo, porque ela é o coração do Iraque e, sem igual na terra, seja no Oriente ou no Ocidente, é a maior cidade em área, importância, prosperidade, abundância de água e clima salubre..."[18] Dedicado ao seu tema, ele enumera meticulosamente os atributos mais nobres de seus residentes: "Ninguém é mais bem-educado que seus eruditos, mais bem-informado que suas autoridades tradicionais, mais sólido em sua sintaxe que seus gramáticos, mais flexível que seus cantores, mais certo que seus leitores do Alcorão, mais perito que seus médicos, mais competente que seus calígrafos, mais claro que seus lógicos, mais devoto que seus ascetas, melhor jurista que seus magistrados, mais eloquente que seus pregadores..."

Al-Yaqubi impressiona-se menos com a moral de alguns dos residentes mais exuberantes, lamentando que nunca houve "voluptuários" mais dissolutos.[19] Com efeito, histórias de prazer, bebedeiras e consumo exagerado da camada mais alta da sociedade chamaram a atenção da classe literária. *O livro dos conventos*, de al-Shabushti, por exemplo, oferece uma visita comentada das melhores tavernas de Bagdá, muitas situadas em estabelecimentos religiosos cristãos. Outros escritores catalogaram os ricos vestuários, mobílias ostentatórias e outros aspectos do estilo dos abastados, ao mesmo tempo em que florescia a poesia erótica.

Protegido pelos muros duplos e portões fortificados de sua nova cidade na margem ocidental do Tigre, o enérgico al-Mansur resolveu transformar seus domínios díspares numa superpotência científica e garantir o futuro dos abássidas associando seu novo Estado às grandes tradições clássicas que existiram antes deles. Mas primeiro ele teve de reconhecer o poder e a influência crescente dos persas, que desempenharam um grande papel no sucesso da rebelião contra os omíadas. De acordo com um relato, o califa homenageou publicamente esses ardentes apoiadores como "o principal esteio de nossa dinastia".[20] A fixação de sua capital no centro das terras de língua persa, não longe das antigas capitais imperiais de Ctesifonte e Babilônia, foi um bom começo. O califa também invocou elementos fundamentais da cultura imperial zoroastrista, entre eles seu elaborado protocolo e forte confiança na astrologia. A afinidade com a astrologia persa era particularmente importante, pois sugeria que os abássidas eram os herdeiros predestinados do grande legado iraniano e que sua ascensão era aprovada pelos céus.[21] E ajudou a amarrar a astrologia às outras disciplinas científicas emergentes, uma tradição que mais tarde o Ocidente julgou irresistível.

Por fim, al-Mansur procurou vincular os triunfos da sabedoria clássica, especialmente dos gregos, às realizações dos persas antigos. Segundo os teóricos abássidas, a vitória de Alexandre sobre Dario III e sua conquista da Pérsia no século IV a.C. significara a transferência completa do saber iraniano para o oeste, onde forneceu a semente para os avanços posteriores dos gregos.[22] Quaisquer que tenham sido seus méritos, essa tradição abássida mostrou-se notavelmente longeva. Seiscentos anos depois, o grande historiador e sociólogo árabe Ibn Khaldun deu um veredicto similar: "Entre os persas, as ciências intelectuais desempenhavam um grande e importante papel, uma vez que suas dinastias eram poderosas e governavam sem interrupção. Consta que as ciências intelectuais chegaram aos gregos vindas dos persas, quando Alexandre matou Dario e obteve o controle do Império aquemênida. Naquela ocasião, ele se apropriou dos livros e das ciências dos persas."[23]

A jovem corte de al-Mansur estava virtualmente cercada por centros já estabelecidos de saber cristão, persa e pagão, mas ele teve de buscar um elemento importante do que poderia ser chamado de política intelectual abássida. A convite do califa, uma delegação de eruditos indianos versados nos movimentos das estrelas chegou a Bagdá levando textos científicos hindus, propiciando um importante salto para a astronomia e a matemática árabes primitivas. Os sábios hindus resolviam equações baseados na função trigonométrica do seno e haviam inventado maneiras engenhosas de prever eclipses. O califa encomendou uma tradução oficial do material hindu para o árabe, parte de um esforço cada vez mais organizado para absorver conhecimentos persas e indianos. O mesmo método, acompanhado por muita pesquisa original, seria em breve aplicado com grande efeito à terceira linhagem de saber antigo, a dos gregos.

Os omíadas já haviam estabelecido a base para a investigação científica, mas estavam geralmente centrados em questões do direito islâmico e da prática da medicina, campo em que, tal como seus sucessores, se basearam fortemente nos médicos cristãos da Síria e da Pérsia. Os califas abássidas ampliaram deliberadamente essas fronteiras para dar mais espaço ao estudo da filosofia e das ciências exatas. De acordo com o historiador árabe Said al-Andalusi, que morreu em 1070, grande parte desse mérito cabe ao fundador de Bagdá: "Houve uma explosão do espírito e um despertar da inteligência. O primeiro dessa dinastia a cultivar a ciência foi o segundo califa, Abu Jafar al-Mansur ... Ele – que Alá tenha misericórdia dele –, além de seu profundo conhecimento de lógica e direito, estava muito interessado em filosofia e na astronomia observacional; gostava de ambas e das pessoas que trabalhavam nesses campos."[24] Outro cronista observa que o califa coordenou as traduções de línguas estrangeiras para o árabe, inclusive de obras clássicas de eruditos hindus, persas e gregos, e estabeleceu a direção para pesquisas futuras. "Uma vez de posse desses livros, o público os lia e estudava avidamente."[25]

Para acomodar a vasta escala do trabalho necessário para traduzir, copiar, estudar e guardar o volume crescente de textos persas, sânscritos e gregos, al-Mansur criou uma biblioteca real baseada nas dos grandes príncipes persas. Era preciso também espaço de trabalho, suporte administrativo e auxílio financeiro para o pequeno exército de eruditos que assumiria essas tarefas e depois as usaria de forma criativa e original. Essa foi a origem do que ficou conhecido em árabe como a Bayt al-Hikma, ou Casa da Sabedoria – a expressão coletiva institucional e imperial da ambição intelectual e política oficial de Estado dos abássidas. Ao longo do tempo, a Casa da Sabedoria veio a abranger um escritório de traduções, uma biblioteca e repositório de livros e uma academia que contava com eruditos e intelectuais de todo o império. Sua função primordial, no entanto, era a salvaguarda de conhecimento valioso, fato que se refletia em outros termos utilizados de vez em quando pelos historiadores árabes para descrever o projeto, tais como Tesouro dos Livros de Sabedoria ou simplesmente Tesouro da Sabedoria.[26] Especialistas afiliados a essa instituição imperial constituíam a equipe do observatório do califa, e participavam também de experimentos científicos por ordem sua. Mas a Casa da Sabedoria também desempenhou um papel importante no cultivo de obras literárias de origem abássida.

Uma grande quantidade de fundos públicos foi dedicada à Casa da Sabedoria e a projetos de enriquecimento cultural e intelectual a ela relacionados. Até a diplomacia e sua prima eventual, a guerra, foram aproveitadas na busca de mais conhecimentos. Delegações abássidas enviadas à corte rival de Bizâncio com frequência transmitiam pedidos de cópias de valiosos textos gregos, obtendo obras de Platão, Aristóteles, Hipócrates, Galeno e Euclides. Consta que um exemplar da obra-prima de astronomia de Ptolomeu, que logo ficou famosa entre os árabes e, depois, entre os latinos com o título de *Almagesto*, teria sido uma das condições de paz entre as duas superpotências. O influente erudito e tradutor do século IX Hunayn ibn Ishaq nos dá uma ideia do esforço que os sábios árabes eram capazes de empreender para obter materiais necessários, nesse caso um manuscrito de medicina: "Eu mesmo procurei com grande empenho por esse livro na Mesopotâmia, em toda a Síria, na Palestina e no Egito, até chegar a Alexandria. Não encontrei nada, exceto cerca de metade dele, em Damasco."[27]

Os califas e seus eruditos oficiais não eram os únicos por trás dessa campanha. O esforço tornou-se uma característica integrante da própria sociedade abássida e era apoiado com entusiasmo pela elite social e política, de príncipes a mercadores, banqueiros e oficiais militares. Sabe-se que até as concubinas dos califas às vezes contratavam eruditos para traduções especializadas. Um ex-salteador de estradas e amigo de infância do califa al-Mamun, o sétimo da dinastia abássida, transformou sua facilidade para a astrologia em vasto poder político e riqueza; mais tarde, teve três filhos, conhecidos como Filhos de Musa, que fizeram pesquisas originais em astronomia, matemática e engenharia e financiaram generosamente outros eruditos e tradutores.

A erudição e outros esforços intelectuais tornaram-se um meio importante de avanço social, rompendo ainda mais o que restava da hierarquia tradicional árabe.[28] Também estimularam a competição por patrocínio entre eruditos de diferentes tradições, principalmente árabe e persa, fenômeno que garantiu a alta qualidade científica e literária das obras por vários séculos.[29] Os tradutores mais capazes podiam ganhar enormes quantias de dinheiro por seus trabalhos – consta que um deles ganhava em ouro o peso de cada manuscrito terminado – ou alcançavam altos cargos por conta de suas realizações intelectuais. Sem esse apoio institucional dos abássidas, os consideráveis talentos dos diversos eruditos jamais se teriam aglutinado num poderoso movimento intelectual.

Ao longo de 150 anos, os árabes traduziram todos os livros gregos disponíveis de ciência e filosofia. O árabe substituiu o grego como língua universal da pesquisa científica. A educação superior ficou cada vez mais organizada no início do século IX e a maioria das principais cidades muçulmanas tinha algum tipo de universidade. Uma dessas instituições, o complexo da mesquita al-Azhar, no Cairo, foi sede de instrução ininterrupta por mais de mil anos. Os eruditos viajavam grandes distâncias para estudar com os mestres mais famosos, espalhados pelo império. A viagem e a decorrente exposição a novas experiências e novas maneiras de pensar eram elementos importantes na educação de um erudito numa sociedade que tinha grande reverência pela palavra falada; se não fosse face a face, como um homem culto poderia encontrar seus colegas e recolher e debater suas ideias?

O caso de um estudioso, narrado pelo biógrafo medieval árabe Yaqut em seu *Dicionário de homens cultos*, talvez tenha sido um tanto extremado, mas não era desconhecido em sua época. Nascido na Espanha em 1147, esse intelectual errante foi ao Cairo, depois a Meca, Medina e Bagdá; de lá partiu para as cidades da Pérsia e seguiu até o Afeganistão, antes de retornar a Bagdá; então vieram Alepo, Damasco e Mosul, seguidas por novas visitas a Meca, Medina e Cairo. Suas jornadas duraram dezessete anos e deram margem a vários livros eruditos.[30] Outro eminente intelectual observou que o maior perigo para eles era o ocasional "aborrecimento devido a assaltantes de estrada corruptos e perversos".[31] Um desses encontros acabou com a vida de um dos principais comentadores árabes de

Aristóteles, Abu Nasr al-Farabi,* assassinado por um bando de criminosos numa estrada que levava a Damasco, por volta de 950.

Ainda assim, essa atividade intelectual da época gerou séculos de pesquisas organizadas e ininterruptas, além de avanços constantes em matemática, filosofia, astronomia, medicina óptica e outras áreas, criando um notável conjunto de obras que pode ser chamado certamente de ciência árabe. Os muçulmanos se referiam a esse empreendimento como *falsafa*, termo árabe para a ideia clássica de "filosofia natural", um sistema completo de conhecimento que abrangia tanto as ciências físicas como a metafísica.

A ascensão dessa nova tradição científica e filosófica gerou uma demanda por mais e melhores traduções do grego e de outras fontes; ao contrário do que a tradição ocidental costuma dizer, que deram origem à ciência e à filosofia árabes.[32] Um grande avanço na matemática ou na óptica, por exemplo, fazia os eruditos árabes voltarem à literatura grega, que era então traduzida, retrabalhada e frequentemente corrigida ou aperfeiçoada. Ao longo do caminho, também era preciso inventar uma nova terminologia científica, tarefa para a qual os árabes se mostraram especialmente hábeis. Muitas dessas palavras – "álcool", "alambique" e "alquimia", para citar apenas alguns exemplos do início do alfabeto – hoje são parte do léxico ocidental. Um manuscrito árabe do século X sobre aritmética, de autoria do matemático persa al-Nawasi, elogia a precisão da língua: o autor diz na introdução que escreveu o livro inicialmente em persa, mas teve de refazê-lo em árabe a fim de transmitir seu sentido exato. O siríaco, língua dos primeiros eruditos cristãos árabes, também não foi páreo para a flexibilidade e as nuances do árabe. Para consternação de muitos clérigos, seus paroquianos geralmente também usavam o árabe no dia a dia.[33]

Entre as primeiras realizações da Casa da Sabedoria estava a tradução de uma obra pouco inspirada de Aristóteles sobre o uso da dialética, escolhida especificamente para fortalecer os teólogos abássidas contra os hereges muçulmanos e seguidores de crenças concorrentes do império.

---

* Cujo nome deu origem à palavra portuguesa "alfarrábio". (N.T.)

Os cristãos arabizados, os judeus e os maniqueístas da Pérsia, entre outros habitantes do Império muçulmano, eram polemistas religiosos altamente qualificados, com muitos séculos de prática por trás de si. Os neófitos abássidas apelaram para os *Tópicos* de Aristóteles, e logo a noção de debate e de disputa formal para enfrentar a competição religiosa estava bem-estabelecida. Isso, por sua vez, ajudou a cimentar o direito religioso como uma força intelectual central dentro do islã, um passo fortalecido pela criação das primeiras escolas religiosas projetadas especificamente para ensinar essas leis e os métodos lógicos e retóricos para determinar e defender as normas religiosas.[34]

Em seguida vieram traduções mais importantes, assim como comentários incisivos e pesquisas originais que enriqueceram o saber antigo e tornaram-no acessível ao mundo da época. As ideias aristotélicas e seu aparente antagonismo aos ensinamentos religiosos tradicionais logo ocuparam o centro do pensamento árabe. De início, os pensadores muçulmanos, ao contrário de seus colegas cristãos medievais, encontraram inspiração religiosa para buscar o conhecimento como forma de chegar mais perto de Deus. As tensões entre as demandas da fé e da razão surgiram somente mais tarde. Enquanto a cristandade cochilava, a Casa da Sabedoria surgia como o primeiro grande campo de batalha para o conflito entre o que as novas ciências impunham e a concepção medieval do Deus Único, que os muçulmanos abássidas compartilhavam com cristãos e judeus. Aos olhos de muitos teólogos das três religiões, qualquer desejo da parte do homem de compreender e até controlar seu ambiente parecia entrar em choque com as noções tradicionais da onipotência de Deus. Essa concepção abriu caminho para a mesma luta fatídica que aconteceria na Europa cristã séculos depois.

Quando menino, al-Mamun memorizou o Alcorão por ordem de seu pai, o lendário califa Harun al-Rashid, e depois recitava-o palavra por palavra sob o olhar vigilante do principal erudito religioso da corte. Sempre que o menino cometia um erro, contam os biógrafos do califa, o teólogo erguia levemente a cabeça e o erro era imediatamente corrigido.[35] Essa memorização de textos longos e complicados ocupa um lugar de honra na cultura tradicional. Autores muçulmanos de todos os tipos, não somente teólogos, mas também cientistas, poetas e filósofos, costumavam apresentar suas obras de cor em leituras públicas, feitas muitas vezes em mesquitas. Essas obras eram cuidadosamente escritas por um pupilo de destaque, um discípulo favorito ou um escriba profissional para a aprovação final do autor antes da publicação. Os copistas produziam então múltiplas edições autorizadas para o mercado. Essa tradição oral estava firmemente estabelecida entre os muçulmanos pela divulgação do Alcorão, que era repetido em voz alta pelos crentes e somente mais tarde foi totalmente transcrito e cotejado, após a morte do profeta Maomé. A recitação de memória dominava a imaginação árabe desde então.

O certo é que a memorização do Alcorão parece ter estimulado as faculdades intelectuais de al-Mamun e sua natureza questionadora. Ao contrário de seu meio-irmão mais velho e rival al-Amin, o futuro sétimo califa abássida sempre foi um estudante sério, algo de que seu pai procurou se assegurar desde o início. Consta que al-Rashid teria ordenado ao tutor de seu filho: "Que não passe uma hora sem lhe dar o benefício de algum conhecimento novo, mas não o deixe ficar entediado ou assoberbado. Não seja demasiado leniente com ele e não permita que ele goste da ociosidade."[36] E al-Mamun, que reinou de 813 a 833, seria mais tarde a força propulsora por trás de algumas das grandes realizações da erudição árabe medieval. O compêndio de pensadores árabes que Ibn al-Nadim escreveu no século X diz que os atributos intelectuais do califa desafiavam a enumeração. "Somos tão ricos em tradições famosas que dizem respeito a ele que não podemos entrar em detalhes quando o mencionamos", afirma al-Nadim.[37] Um bispo cristão elogia os talentos de al-Mamun depois de entrar num debate teológico com eruditos muçulmanos em que o califa servia de árbitro: "Quando o renomado filósofo conversa com al-Mamun, a incapacidade de falar seca sua língua."[38]

Versado durante toda a sua vida em ciência e filosofia, al-Mamun também levava sua astrologia a sério, uma visão moldada pelas influências culturais dos persas próximos da corte e logo aumentada pela tradução de importantes textos astrológicos gregos. Entre os árabes, havia muito tempo que a astrologia andava de mãos dadas com as outras ciências. Um astrólogo real de Bagdá chamou-a de "senhora de todas as ciências".[39] O astrólogo tinha de estudar a natureza das coisas e aprender sobre a mudança do estado de animais, plantas e minerais de acordo com as estações. O praticante habilidoso da arte precisava aprender funções trigonométricas complexas para captar o movimento esquivo dos planetas. Precisava explorar os mistérios da reflexão e da refração para dar conta da projeção dos raios planetários que influenciavam os acontecimentos aqui embaixo, na distante Terra. E necessitava da máxima precisão na instrumentação e no cálculo do tempo, preparando tabelas estelares acuradas não apenas em minutos de graus, mas em segundos e mais além.[40] Em outras palavras, o astrólogo bem-sucedido tinha de possuir o perfil do moderno cientista emergente.

Durante toda a Idade Média, reis, príncipes, califas e sultões, tanto cristãos como muçulmanos, buscaram sempre a orientação de horóscopos e de astrólogos que pudessem arrancar essas e outras leituras sofisticadas dos complexos movimentos dos corpos celestes. Além dos poderosos, poucas pessoas podiam se dar o luxo de dispor em tempo integral dos serviços de figuras tão cultas e raras, ou patrocinar as onerosas pesquisas e observações exigidas para praticar sua arte e refiná-la. Porém, qualquer intuição a respeito de eventos mundanos, como o momento propício para uma guerra ou um casamento político, ou simplesmente o destino da dinastia, justificava tais gastos. Além disso, muitos dos melhores astrólogos eram também médicos valorizados, conselheiros pessoais ou assessores científicos. Esse arranjo também era altamente favorável aos primeiros cientistas, pois o apoio do potentado local oferecia uma boa medida de proteção contra os teólogos mais conservadores, desconfiados das atividades dos cientistas e de que esses "filósofos" pudessem ser tentados a invadir o território de Deus.

A integração dessas duas forças, astrologia e ciência clássica, revelou-se um potente incentivo para o primeiro desenvolvimento intelectual árabe. Alguns dos maiores astrólogos de Bagdá eram também tradutores e editores de importantes obras científicas e os melhores dentre eles batalhavam para fazer mensurações e cálculos astronômicos exatos para dar suporte a sua arte de prognosticar. Um texto abássida antigo vincula explicitamente as duas ao proclamar que Deus e as estrelas mandaram os árabes renovarem o estado do saber mundial: "O povo de cada idade e era adquire experiências novas e tem o conhecimento renovado por elas de acordo com o decreto das estrelas e os signos do zodíaco, um decreto que está encarregado de governar o tempo pelo comando de Deus Todo-Poderoso."[41]

Boa parte do patrocínio de al-Mamun ao estudo das estrelas era, sem dúvida, impulsionado por uma paixão real pela astrologia, mas ele também mostrava uma saudável curiosidade pelo mundo natural e uma predileção pela pesquisa e pelo método científico. Durante uma visita ao Egito em 832, último ano completo de sua vida, o califa tentou sem sucesso aprender o significado dos antigos hieróglifos, mas conseguiu entrar na Grande Pirâmide de Gizé, descobrindo que a tumba real já havia sido esvaziada por ladrões.[42] Quatro anos antes, ele havia lançado um programa sistemático de estudos astronômicos nos primeiros observatórios especializados, estabelecidos em Bagdá e Damasco, bem como a primeira expedição de grande escala dedicada à experimentação científica.[43] Essas iniciativas revelam como os cientistas árabes abordavam e assimilavam os textos clássicos: como pontos de partida para os próprios estudos e pesquisas, não como fins neles mesmos. E esses projetos ajudaram a lançar as carreiras de alguns dos primeiros grandes cientistas e intelectuais do islã.

O califa al-Mamun interessava-se muito pelo trabalho dos eruditos da Casa da Sabedoria e frequentava-a habitualmente para discutir diretamente com seus especialistas e assessores as últimas pesquisas, o financiamento real e outros assuntos relacionados. Ele também estimulava o aumento do estudo de matemática e astronomia no trabalho já em andamento. Mas, mesmo com um exército de excelentes intelectuais à sua disposição, nem sempre conseguia as respostas que buscava. "Al-Mamun queria saber o tamanho da Terra, então fez algumas investigações sobre isso e descobriu que Ptolomeu declarara em um de seus livros que a circunferência do planeta era de muitos mil *stades*", relata Habash al-Hasib, um dos melhores astrônomos do califa. "Em seguida, ele perguntou aos intérpretes sobre o significado de *stades* [estádio] e eles deram diferentes interpretações."[44]

Para a perplexidade de seus especialistas, al-Mamun decidiu medir o comprimento de um grau do Grande Círculo da Terra, planejando um ambicioso experimento científico para resolver o enigma. Ampliando o experimento do matemático grego antigo Eratóstenes, o califa enviou duas equipes de astrônomos, topógrafos e desenvolvedores de instrumentos para a planície deserta de Sinjar, perto de Mosul, onde eles fizeram leituras iniciais da altitude do Sol antes de partir em direções opostas, um grupo para o norte e outro para o sul. Enquanto avançavam, tomavam o cuidado de anotar a distância que haviam viajado, fincando marcadores no chão ao longo do caminho. Quando um segundo conjunto de leituras solares indicava que haviam viajado um grau ao longo do meridiano, paravam e refaziam seus passos, conferindo novamente a distância que haviam andado.

Os dois resultados independentes foram então analisados e comparados, fornecendo um número final notavelmente preciso. O cálculo dos pesquisadores de al-Mamun da circunferência da Terra chegou muito perto do que sabemos ser hoje a medida correta. Apesar desse sucesso, o relato de um importante astrônomo sobre a missão diz que as equipes do califa poderiam ter evitado muitos problemas se tivessem usado uma única observação e um pouco de trigonometria básica. "Há outro método para a determinação da circunferência da Terra. Ele não exige caminhadas em desertos", diz com desprezo o talentoso astrônomo matemático al-Biruni em sua obra *Determinação das coordenadas de cidades*.[45] Independentemente do método, as leituras árabes medievais da posição do Sol e das coordenadas geográficas de cidades, as determinações de tempo e data e conclusões a elas relacionadas eram todas de alto calibre. A exatidão das primeiras observações islâmicas só veio a ser superada no século XVI, pelo astrônomo dinamarquês Tycho Brahe.[46]

Quando as coisas davam errado, al-Mamun intervinha com rapidez. Certa vez, em tempo de guerra, aproveitou uma visita a Damasco para realizar uma missão científica, depois que os dados de tentativas anteriores de mapear os movimentos do Sol e da Lua a partir de um observatório de Bagdá revelaram-se grosseiramente errados. O califa pediu a seus assessores sírios que encontrassem um astrônomo qualificado que pudesse melhorar os resultados de Bagdá. "Al-Mamun ordenou que ele fizesse instrumentos da maior perfeição possível e observasse os corpos celestes durante um ano inteiro", diz Habash al-Hasib. Essa riqueza de material astronômico foi então organizada, conforme instruções de al-Mamun, e publicada "para aqueles desejosos de aprender aquela ciência".[47] Os astrônomos de Bagdá, humilhados, concluíram que a melhor saída era culpar seus instrumentos; um deles, um instrumento de latão usado para fazer algumas das medidas erradas, conhecido como esfera armilar, foi vendido como sucata no bazar dos papeleiros.[48]

Al-Mansur, o fundador de Bagdá, devia nutrir grandes esperanças quando enviou pela primeira vez um emissário à cidade santa de Arin, então o centro hindu de astronomia e matemática, em busca de eruditos indianos.[49] Um comentário hebreu do século XIII diz que o califa havia recebido notícia dos ensinamentos das ciências indianas e, tendo se assegurado de que tais assuntos não eram contrários ao islamismo, enviou um de seus súditos judeus para atrair os indianos a Bagdá a fim de que compartilhassem sua sabedoria.[50] Mas nem mesmo o califa poderia prever a profundidade dos efeitos, na vida intelectual muçulmana, da súbita infusão de uma nova e estranha maneira de pensar sobre o mundo físico. No início do século VIII, influências externas dispersas já haviam começado a chegar por meio das primeiras tabelas estelares indianas e iranianas. Essas tabelas eram conhecidas em árabe como *zij*, da palavra persa *zik*, ou "fio orientador", com suas fileiras e colunas organizadas que sugeriam a trama e a urdidura da tecelagem tradicional. Logo astrônomos, astrólogos, doutores e outros homens de ciência árabes consultavam habitualmente as *zij* para mapear o movimento dos céus e até estabelecer o tempo e fixar datas. Os astrólogos reais Mashallah e Nawbakht haviam utilizado um modelo iraniano, a *zij al-Shah*, a fim de fixar a data para a construção de Bagdá.[51]

Ainda assim, a visita da delegação hindu à corte abássida, por volta de 771, marcou um verdadeiro ponto de inflexão na história intelectual árabe. Os sábios indianos trouxeram com eles preciosos textos científicos sânscritos – que se acreditava fazerem parte da obra do erudito do século VII Brahmagupta e conhecidos como *siddhanta*. De acordo com um relato do século X escrito pelo viajado geógrafo al-Masudi, os documentos continham todo o conhecimento hindu de esferas, estrelas, matemática e outras ciências.[52] Outro relato observa o quanto o *siddhanta* confiava na função seno – uma contribuição inestimável desenvolvida pelos hindus e depois tomada e refinada ainda mais pelos árabes – como base para todos os cálculos.[53] No século IX, todas as seis funções trigonométricas – seno e cosseno, tangente e cotangente, secante e cossecante – já eram conhecidas. Somente a primeira era importada: as outras cinco foram descobertas árabes. Isso possibilitou a substituição de diagramas geométricos por cálculos, abrindo caminho para o pleno desenvolvimento da moderna astronomia matemática.[54]

As obras científicas eram escritas tradicionalmente em verso, a fim de facilitar a memorização, e ofereciam pouco ou nada em termos de explicação, procedimentos ou provas. Em consequência, os primeiros estudiosos e tradutores árabes tiveram de enfrentar dois desafios imediatos: desemaranhar o conteúdo científico do verso estilizado em sânscrito e depois descobrir por si mesmos os complexos procedimentos aritméticos e astronômicos implícitos no texto. Comentários que pudessem lançar luz sobre esses procedimentos não faziam parte da generosidade indiana.[55] Esses problemas se revelaram de curta duração e, em última análise, benéficos para a busca dos abássidas por conhecimento. Eles forçaram os árabes a batalhar para entender a ciência fundamental do *siddhanta*, em vez de confiar na simples imitação, e garantiram virtualmente que, no decorrer do tempo, as tradições científicas iraniana e grega cooperassem com as questões em pauta. Desse modo, a primeira tradução para o árabe do *siddhanta* ajudou a formar um corpo dinâmico de obras que culminaram numa síntese do saber clássico e coetâneo.

Ninguém fez mais para fazer avançar as últimas tendências e depois explicar e popularizar os resultados do que o matemático e astrônomo Muhammad ibn Musa al-Khwarizmi*. Nascido por volta de 783, al-Khwarizmi pôde aproveitar plenamente a mobilidade social e a meritocracia intelectual que caracterizaram os primeiros tempos da vida cultural em Bagdá. Pouco se sabe de suas origens, embora seu nome sugira que ele ou sua família viessem de Khwarazm – Khiva, no atual Uzbequistão. A fé muçulmana de al-Khwarizmi fica clara nos devotos prefácios de algumas de suas obras, mas seus antepassados talvez tenham sido zoroastristas. Na qualidade de pesquisador proeminente ligado à Casa da Sabedoria de al-Mamun, ele alcançou raros níveis de excelência em disciplinas como astronomia, aritmética e álgebra.

Tendo em vista sua competência e seus interesses, al-Khwarizmi pode muito bem ter participado das observações astronômicas do califa em Bagdá, ou mesmo da pesquisa no deserto que mediu o comprimento de um grau. Sua obra sobre o *siddhanta*, no entanto, é mais certa, pois ele produziu, por volta de 825, uma versão resumida a pedido de al-Mamun, bem como duas tabelas estelares famosas, conhecidas como *zij al-Sindhind*, que foram usadas durante séculos em todo o mundo muçulmano e depois na Europa cristã. Hoje, suas tabelas constituem o mais antigo exemplo da *zij* islâmica, embora a forma subsistente tenha sofrido modificações significativas no decorrer dos séculos. Seu trabalho sobre o astrolábio, também o mais antigo exemplar muçulmano existente, ressoou por séculos. "Ele era um dos mestres da ciência das estrelas", relata Ibn al-Nadim. "Tanto antes como depois da [confirmação por] observação, as pessoas se baseavam em suas primeira e segunda tabelas astronômicas conhecidas como *Sindhind*."[56]

O sucesso e a popularidade da *zij* de al-Khwarizmi ajudaram a definir a tabela estelar como elemento fundamental do arsenal científico árabe, fato atestado por seu uso disseminado, sua notável longevidade e seu refi-

* As palavras portuguesas "algarismo" e "algoritmo" derivam do nome de al-Khwarizmi. (N.T.)

namento quase contínuo. Mais de 225 dessas tabelas foram compiladas no mundo muçulmano entre os séculos VIII e XIX, embora cerca da metade delas esteja perdida e seja conhecida somente através de referências em comentários ou outras obras científicas.[57] Algumas eram computadas meticulosamente para refletir dados precisos em determinado local, enquanto outras eram cópias mal-entendidas ou redações desleixadas de tabelas mais antigas. As versões existentes das tabelas de al-Khwarizmi tiveram seus dados astronômicos transpostos para uso no califado ocidental da Espanha, onde a obra manteve sua popularidade muito depois de ter sido ultrapassada por aquela dos cientistas muçulmanos do Oriente.

Uma *zij* calibrada corretamente fornecia ao usuário todas as ferramentas necessárias para localizar com precisão as posições do Sol, da Lua e dos cinco planetas visíveis; estabelecer a hora do dia ou da noite com base em observações estelares ou solares, o que era especialmente útil para regulamentar as cinco preces diárias do islamismo; e determinar a possibilidade de ver a lua crescente, que marca o início do mês lunar muçulmano. As tabelas estelares eram indispensáveis para fazer um horóscopo sem observações demoradas, o que talvez fosse seu principal fator de venda. A *zij* também podia ser suplementada pelo uso de instrumentos astronômicos, principalmente para resolver problemas complexos de geometria esférica e contagem de tempo. Mil anos depois de sua criação, a *zij al-Sindhind* de al-Khwarizmi ainda estava em uso no Egito.[58]

A transmissão da astronomia hindu evidentemente não ocorreu num vácuo, mas fez parte da sistemática campanha árabe para absorver, dominar o conhecimento clássico e usá-lo como base. A avançada arte de calcular dos indianos – caracterizada pelo sistema decimal de nove numerais e um zero, praticamente o mesmo que usamos hoje – ou acompanhou a transmissão da *siddhanta,* ou veio logo em seus calcanhares. Com certeza, já era conhecido poucas décadas após a chegada da ciência astronômica hindu.[59] Tal como fizera com a *zij al-Sindhind*, al-Khwarizmi escreveu um tratado de sucesso sobre o uso do novo sistema, *O livro da adição e da subtração de acordo com o cálculo hindu*, a primeira obra árabe conhecida sobre o assunto.

"Decidimos explicar as técnicas de calcular indianas usando os nove caracteres e mostrar como, devido a sua simplicidade e concisão, esses caracteres são capazes de expressar qualquer número", informa al-Khwarizmi aos seus leitores. Ele oferece então uma explicação detalhada do princípio posicional da notação decimal, com referência à origem indiana dos símbolos para os nove números, bem como do uso do zero – "a décima figura na forma de um círculo" – para evitar a confusão sobre a posição dos algarismos.[60]

O texto arábico de al-Khwarizmi se perdeu, mas sobrevive na tradução latina do século XII, o principal veículo pelo qual os assim chamados numerais arábicos foram transmitidos para o Ocidente. Para os leitores muçulmanos, *O livro da adição e da subtração* explicava totalmente um sistema que já tinha algum uso no início do século IX e que dentro de pouco mais de cem anos levaria à descoberta das frações decimais, as quais foram usadas para achar a raiz dos números e depois para calcular o valor de pi – a razão entre a circunferência de um círculo e seu raio – corretamente até impressionantes dezesseis casas decimais.[61]

É possível que nenhuma outra obra revele tanto o gênio de al-Khwarizmi, em particular sua capacidade de identificar e dominar uma disciplina ou tecnologia emergente e depois explicá-la plenamente com eficácia, do que seu tratado de álgebra. *O livro da restauração e da conciliação* – cujo segundo elemento do título em árabe, *Kitab al-jabr wa'l-muqabala* legou ao Ocidente o termo "álgebra" – foi dedicado ao seu patrocinador, o califa al-Mamun, e envolto num manto de utilidade religiosa e prática. "A afeição pela ciência, com que Deus distinguiu o imã al-Mamun ... estimulou-me a compor uma pequena obra ... confinando-a ao que é mais fácil e útil em aritmética, tal como os homens constantemente precisam em casos de heranças, legados, partições, ações judiciais e comércio, e em seus negócios uns com os outros, ou onde a medição de terras, a escavação de canais, a computação geométrica e outros objetos de vários tipos e espécies estão envolvidos."[62]

Em um exemplo, al-Khwarizmi guia o leitor na divisão da propriedade de uma mulher depois que ela morre e deixa marido, um filho e três filhas.

De acordo com as regras prevalecentes de herança, o marido tinha direito a um quarto da propriedade e a parte do filho era o dobro daquela da filha – um avanço em relação à prática árabe pré-islâmica, em que as mulheres geralmente não recebiam nada.[63] Como al-Khwarizmi mostra, uma operação algébrica relativamente simples resolve a equação para qualquer que seja o tamanho da propriedade. Problemas mais complexos, inclusive a computação da taxa religiosa anual, ou *zakat*, vêm a seguir.

Ali estava o começo do estudo da álgebra pelos árabes, campo em que se sobressaíram, como demonstram tanto o grande número de comentários eruditos sobre a obra de al-Khwarizmi como a produção de muitos textos originais de álgebra. Ao longo dos séculos, a influência penetrante do *Livro da restauração e da conciliação* pode ser vista no uso literal e repetido de vários dos mais famosos exemplos de equações quadráticas de al-Khwarizmi. À sua maneira típica, ele conseguiu combinar a influência hindu e babilônica antiga na solução dessas equações por meio da álgebra com a tradição grega de provas geométricas para validar os resultados.[64] Ao enfatizar a relação entre soluções analíticas e geométricas para esses problemas e introduzir o sistema decimal, ele estabeleceu pela primeira vez na história da matemática a arte da análise como disciplina valiosa em si mesma, e colocou-a em pé de igualdade com a geometria, mais atraente. Al-Khwarizmi também deixa claro em capítulos posteriores que, não obstante suas belas referências introdutórias a al-Mamun, ele está interessado em teoria e cálculo algébricos por si mesmos.[65]

Grande parte da inspiração intelectual de al-Khwarizmi veio inicialmente da ciência indiana. O grosso de sua astronomia baseia-se na tradição hindu e, em menor medida, nos ensinamentos persas. A cidade indiana de Arin, por exemplo, é usada na *zij al-Sindhind* como ponto de referência para mensurações astronômicas, tal como o meridiano de Greenwich, Inglaterra, é usado atualmente. Uma versão da *zij* chama Arin de "centro da esfera da Terra".[66] Os métodos de determinação do movimento da Lua e para medir a verdadeira longitude de um planeta traem as fortes raízes hindus de sua obra.[67] Al-Khwarizmi dedica a seção inicial de seu texto a conversões entre os diferentes sistemas de calendário dos mundos antigo e coetâneo – árabe, cristão, egípcio e persa – e toma como seu ponto de partida, ou época, 16 de junho de 632, o início do reinado do último rei persa antes da conquista muçulmana.

Não obstante, já estão presentes na *zij al-Sindhind* e em outras obras suas, especialmente no texto sobre álgebra, indícios dispersos do crescimento da influência do saber grego sobre as ciências árabes. Isso não surpreende. Al-Mamun, o protetor de al-Khwarizmi, estava à frente do início de uma virada da maioria dos eruditos árabes, que se afastavam das antigas tradições hindus e iranianas e se aproximavam daquelas da Grécia e do Egito helenista. O centro dessa lufada de atividade científica no reinado de al-Mamun foi a tradução da obra-prima da astronomia grega de autoria de Ptolomeu, o livro mais importante para os estudiosos árabes medievais depois do Alcorão. Ptolomeu nasceu por volta de 100 d.C. e passou seus anos de trabalho em Alexandria, então o centro da cultura grega e sede da maior biblioteca do mundo, precursora da Casa da Sabedoria de Bagdá.

Ali ele produziu obras valiosas de geografia e astrologia, ente outros temas, mas nenhuma foi tão vital quanto seu livro conhecido pelos gregos como *Megale syntaxis* ("grande composição"), mas depois consagrado universalmente como *Almagesto*, corruptela árabe de seu nome. O texto de Ptolomeu apresenta uma teoria bem-elaborada e abrangente do movimento das estrelas fixas, do Sol, da Lua e dos cinco planetas visíveis – Mercúrio, Vênus, Marte, Júpiter e Saturno –, a qual permaneceria vigente até meados do século XVI. Em termos de ciência grega, Ptolomeu dominou de tal forma o campo da astronomia que as obras de seus predecessores mais importantes praticamente desapareceram.[68] No Ocidente, que viria a conhecê-lo muito mais tarde, graças ao encontro com a ciência muçulmana, ele se tornou uma figura mítica e quase mística, confundida frequentemente com os herdeiros de Alexandre o Grande, os reis ptolemaicos do Egito; era comum que imagens medievais representassem o famoso astrônomo com uma coroa na cabeça.

Mas, para os árabes, o *Almagesto* abriu um caminho inestimável para a pesquisa e o estudo, tanto que foi submetido a periódicas retraduções, revisões e comentários pelos principais eruditos da Casa da Sabedoria ao longo do século IX e depois. O programa inovador de al-Mamun de observações astronômicas em Bagdá e Damasco, por exemplo, destinava-se a testar os resultados do *Almagesto* e compará-los com os seus. As tabelas estelares que resultaram desses experimentos acabaram por substituir as baseadas na ciência hindu, especialmente a *zij al-Sindhind* de al-Khwarizmi. A pesquisa geodésica do califa na planície quente e poeirenta de Sinjar também foi motivada por questões provocadas por uma leitura cuidadosa do *Almagesto*. Esses e outros experimentos produziram resultados que, com frequência, aperfeiçoaram significativamente os dados fornecidos por Ptolomeu – famoso por fazer relativamente poucas observações próprias, baseando-se nas observações anteriores de outros. Contudo, não há sinais imediatos de que esses defeitos na obra do mestre tenham decepcionado ou chocado os árabes, ou provocado dúvidas sobre a confiabilidade das teorias gerais apresentadas no *Almagesto*.[69] Isso aconteceria mais tarde, depois que a ciência e a filosofia árabes tivessem amadurecido no curso de vários séculos.

O endosso real do saber grego talvez tivesse tanto a ver com a política e a diplomacia da época quanto com o gosto intelectual ou a análise erudita. A morte, em 809, de al-Rashid, pai de al-Mamun, provocou uma guerra civil entre os abássidas, sendo que al-Mamun só conseguiu firmar-se no poder depois de um longo período de luta sangrenta com as forças de seu meio-irmão al-Amin. Bastante enfraquecido por essa guerra de sucessão e pela prolongada ausência da capital, al-Mamun passou a residir na Cidade Redonda, decidido a centralizar a autoridade política e religiosa em suas mãos.

A consolidação implacável do poder foi acompanhada por um novo tom agressivo na política externa do califa, que retomou a tradicional rivalidade geopolítica com o vizinho Império bizantino nos duros termos da luta religiosa. Mas mesmo nisso a política intelectual de Estado veio para o primeiro plano: na nova visão dos abássidas, os bizantinos ortodoxos orientais não eram apenas infiéis, mas também culpados por rejeitar o saber tradicional grego depois da chegada do cristianismo. A superioridade religiosa do islã era aumentada pelo fato de os muçulmanos terem tido o bom-senso de reconhecer o gênio da Grécia antiga. Opor-se aos bizantinos era estar a favor do saber grego, e vice-versa.[70] A antiga hostilidade dos bizantinos em relação aos nestorianos, sírios e outros eruditos cristãos orientais, muitos agora refugiados entre os muçulmanos, parecia corroborar essa nova propaganda. Al-Mamun também defendia uma leitura racionalista radical do islamismo, posição que parecia combinar facilmente com o interesse renovado pelos estudos de filosofia grega.

Yaqub ibn Ishaq al-Kindi, louvado como o Filósofo dos Árabes, logo assumiu o *refrão* antibizantino. Ele propôs um passado mítico em que os antigos precursores dos gregos e árabes eram representados como irmãos. Portanto, sugeria ele, era natural que os árabes herdassem e se baseassem no trabalho anterior de seus irmãos, os gregos pré-cristãos, uma concepção que se arraigou cada vez mais no mundo muçulmano.[71] Um século depois, o geógrafo al-Masudi deixou explícita a conexão entre a chegada do cristianismo e o declínio do saber: "Durante a época dos gregos antigos, e por algum tempo durante o ... Império [romano], as ciências filosóficas cresceram e se desenvolveram, e eruditos e filósofos eram respeitados e honrados. Eles desenvolviam suas teorias sobre a ciência natural – sobre o corpo, o intelecto, a alma – e sobre o *quadrivium* ... As ciências continuaram em grande demanda e intensamente cultivadas até que a religião do cristianismo apareceu entre os bizantinos; então, eles apagaram os sinais da filosofia, eliminaram seus traços, destruíram seus caminhos e mudaram e corromperam o que os gregos antigos haviam apresentado em exposições claras."[72]

A política de promover a atividade, a pesquisa e a inovação científicas e filosóficas respondia aos interesses políticos, religiosos e diplomáticos do primeiro Estado abássida. Mas um cronista industrioso da história intelectual do medievo árabe preferiu uma outra explicação, atribuindo a paixão de al-Mamun pelo trabalho da Casa da Sabedoria a um sonho místico. De acordo com al-Nadim, o califa viu Aristóteles em sonho, calvo e de pele clara, sentado em sua cama. Superando o choque inicial de se ver face a face com o grande filósofo, al-Mamun pediu-lhe que definisse "aquilo que é bom". Aristóteles respondeu que razão e revelação – ou seja, ciência e religião – eram ambas boas e de interesse público, resposta que o califa tomou como uma confirmação de que a cultura científica era um dever religioso. E Ibn al-Nadim conclui: "O sonho foi uma das razões mais definitivas para a produção de livros."[73]

4. Mapeando o mundo

O GRANDE IMPÉRIO ABÁSSIDA DE AL-MAMUN devia muito de sua enorme vitalidade às energias espirituais e intelectuais desencadeadas duzentos anos antes num canto remoto da península Arábica. Lá, em 610, um ex-guia de caravanas e pequeno mercador começou a receber revelações de Deus durante retiros periódicos nas montanhas dos arredores. Após as revelações, Maomé ficou perturbado e não contou a ninguém, exceto a sua amada esposa, Khadija. Mas logo Deus ordenou-lhe que tornasse pública sua mensagem: "Ó tu, emantado, levanta-te e admoesta" (Alcorão, 74,1-2).[1]

A mensagem de Maomé de justiça social, necessidade de boas obras e unicidade de Deus atraiu alguns membros da elite de Meca, como Khadija, ela mesma abastada dona de um negócio. E ressoou junto a membros das tribos árabes menores e aos pobres de sua cidade natal de Meca. Mas também atraiu a raiva de muitos membros da poderosa classe dos mercadores da cidade, que haviam enriquecido graças ao controle de valiosas rotas de comércio e ao monopólio do lucrativo turismo religioso para o santuário em forma de cubo da Caaba, então centro de um tradicional culto idólatra.

Em décadas recentes, a ascensão dessas mesmas tribos ricas havia, em grande medida, substituído a velha ordem em Meca e seus arredores, reduzindo a posição e o poder do clã de Maomé, o Banu Hashim, e de outros como ele. Conforme a tradição árabe de responsabilidade coletiva do clã, os oligarcas de Meca pressionaram os anciãos do Banu Hashim para que controlassem Maomé antes que ele desestabilizasse toda a ordem econômica e social. Seus oponentes impuseram um boicote contra quem apoiasse o agitador religioso. Maomé viu-se vítima de troças, insultos e até de uma tentativa de assassinato. Cínicos tagarelas exigiam que ele fizesse um milagre para corroborar suas revelações. Diante de tanta pressão, o recrutamento de novos adeptos declinou. Com a morte de seu tio Abu Talib, Maomé perdeu a proteção da principal voz do Banu Hashim. A vida em Meca não era mais sustentável.

O resultado foi a emigração, chamada de hégira, em 622, de Maomé e um pequeno grupo de seguidores para a cidade de Medina, situada num oásis, evento que se mostraria tão importante que depois seria escolhido para data inicial do calendário islâmico, e assim de toda a história muçulmana. Maomé fizera um acordo com as dispersas tribos árabes de Medina, em sua maioria pagãs, mas também com vários clãs judeus importantes: ele arbitraria suas intermináveis disputas em troca de proteção para si mesmo e para seus adeptos contra os mercadores de Meca. Depois que Maomé se sentiu seguro na nova base, sua relação com a jovem comunidade de crentes em torno dele e o conteúdo de sua pregação começaram a mudar imensamente.

As revelações da era de Meca, registradas nos 114 capítulos do Alcorão, fazem parte, em grande medida, da antiga tradição do Oriente Próximo de admoestação espiritual. Elas foram reveladas a Maomé no decorrer de mais de duas décadas e consistem em trechos curtos, geralmente em prosa rimada, conclamando a humanidade a corrigir seus modos e a agradar ao único Deus verdadeiro antes do Juízo Final. Por sua vez, as seções do Livro Sagrado de Medina, mais longas e detalhadas, refletem em geral preocupações mais cotidianas. Elas oferecem também diretrizes específicas para a organização dos assuntos políticos, sociais e econômicos dos cada vez mais numerosos seguidores de Maomé.[2] Só então ele é retratado como o mensageiro de Deus, o último de uma linhagem de profetas divinos que inclui Abraão, Moisés e Jesus.[3]

Tudo indica que Maomé tinha grandes esperanças de que sua pregação seria bem-recebida pelos judeus de Medina, menos poderosos do que haviam sido outrora, mas ainda atores importantes na vida econômica e política da cidade. Afinal, Maomé deve ter calculado, sua mensagem central de monoteísmo estrito ampliava aquela que já fora apresentada aos judeus por seu profeta Moisés; com certeza, as influentes tribos de Medina reconheceriam isso e mais uma vez conformariam seu comportamento à palavra de Deus, da qual se haviam distanciado muito ao longo dos anos.[4] No período em torno da hégira, Maomé fez várias tentativas de conquistar o apoio dos judeus. Elas incluíram o reconhecimento do sabá judaico, o jejum no tradicional Yom Kippur, a obediência às leis da alimentação judaica em geral e a prática da endogamia. Há quem encontre no Alcorão sugestões de que Maomé pode ter pensado em certo momento numa espécie de federação ligada por preceitos religiosos compartilhados.[5] "Dize-lhes: Ó adeptos do Livro, vinde, para chegarmos a um termo comum, entre nós e vós: Comprometamo-nos, formalmente, a não adorar senão a Deus, a não Lhe atribuir parceiros e a não nos tomarmos uns aos outros por senhores, em vez de Deus" (3,64).

A expressão mais pública da política inicial de Maomé em relação aos judeus talvez tenha sido a decisão, logo após sua chegada a Medina, de adotar a prática judaica de dizer as orações diárias numa direção específica, conhecida em árabe como *qibla*. Ficar de frente para Jerusalém durante a prece era uma tradição consolidada entre os judeus. A Bíblia lembra que o rei Salomão construiu o Primeiro Templo nessa cidade e depois declarou que os judeus, a partir de então, "rezariam para o Senhor na direção da cidade que Vós escolhestes, e na direção da Casa que construí em Vosso nome" (Reis I, 8,44). A promessa de Salomão incorporou-se à lei judaica, e as primeiras sinagogas foram geralmente construídas conforme esse preceito.

As esperanças que Maomé pudesse ter de apoio de massa entre os judeus de Medina revelaram-se infundadas. Logo ficou claro que as principais tribos judaicas não estavam dispostas a aceitar seus ensinamentos e tampouco o reconheceriam como um verdadeiro profeta. Como resposta, o líder muçulmano começou a aumentar a pressão política sobre os judeus, ao mesmo tempo em que as revelações tardias recolhidas no Alcorão aguçavam o desafio intelectual e teológico ao judaísmo. Em particular, os judeus eram criticados por adorar o bezerro de ouro, uma recaída numa idolatria inaceitável, e por criar um código legal fora dos limites estritos dos ensinamentos bíblicos. Ao emergir como uma religião por direito próprio, o islamismo adotou um mês de jejum, diferenciando-se do único dia reservado pelos judeus. Para distinguir suas mensagens de revelações anteriores, Maomé começou a enfatizar seus laços espirituais com Abraão, que precedeu os profetas judeus e cristãos. Os muçulmanos passaram a ensinar que Abraão fundara a Caaba, o santuário de Meca, e rezara por um profeta saído das fileiras dos habitantes da cidade.[6] Selando seu rompimento com os judeus, Maomé trocou a *qibla* tradicional para Jerusalém pela da Caaba. De acordo com alguns dos primeiros muçulmanos, ele fez isso quando conduzia as preces comunais, virando-se subitamente para Meca, num lugar conhecido desde então como Mesquita das Duas Qiblas.[7]

A noção de geografia sagrada, medida menos pelas coordenadas do cartógrafo que pela necessidade espiritual ou pela leitura das Escrituras, tem uma longa história na imaginação humana. Seus contornos foram moldados pela experiência religiosa enxertada na compreensão comum de tempo e espaço, em vez de pelas características físicas da Terra ou pela mudança de fronteiras políticas de cidade, Estado ou nação. O local de peregrinação, a cena dos milagres ou o cenário de outro evento sagrado – tudo isso pode definir a topografia do mapa sagrado. É possível que em nenhum lugar essa ideia tenha se mostrado mais convincente do que no Oriente Próximo, local de nascimento das três maiores religiões monoteístas. Ali, geografias sagradas e profanas cruzam-se no ritual da oração e nas reivindicações concorrentes pelo espaço sacro, à medida que os crentes procuram se alinhar fisicamente com o divino.

Entre os muçulmanos, a direção exata da prece assumiu uma grande importância religiosa, cultural e política. Consequentemente, o islã sempre fez um grande esforço para definir e determinar a *qibla* e honrar a geografia sagrada centrada na antiga Caaba – símbolo intemporal do poder e da presença de Deus. Além das devoções diárias, o conhecimento preciso da *qibla* é necessário para o sacrifício ritual de animais para a alimentação, para o enterro dos mortos e para o chamado à oração. A localização de Meca também é fundamental, evidentemente, para a *hajj*, a peregrinação obrigatória que todo muçulmano com recursos e fisicamente capaz deve fazer uma vez na vida. Ao longo do tempo, um enorme empreendimento teológico e erudito cresceu em torno da observação da geografia sagrada do islamismo e da *qibla* em particular.

Hoje, muitos tendem a ver a religião como inimiga do progresso científico. No entanto, o islamismo, em seu início, estimulou e promoveu a investigação intelectual de todos os tipos. Em certa ocasião, Maomé disse, a respeito da procura por conhecimento: "Busquem a ciência, até mesmo na China." Outro dos muitos ditados atribuídos ao Profeta, cuidadosamente recolhidos, comparados e estudados ao longo dos séculos e conhecidos como *hadith*, louva os eruditos por serem os verdadeiros "herdeiros dos profetas". Por sua vez, a *hajj* assegurava a realização de uma reunião anual de muçulmanos de todos os lugares, criando um mercado global de ideias, inovações, saber e intercâmbio cultural.

Os cientistas e filósofos árabes encontraram prontamente um suporte divino para a ciência na palavra revelada de Deus. Vários versos do Alcorão referem-se à ordem inerente ao universo de Deus e à capacidade do homem de reconhecer e explorar essa ordem para suas necessidades próprias, tal como calcular o tempo: "Ele foi Quem fez do Sol uma luz e da Lua uma claridade, e deu-lhe fases para que saibais o número dos anos e as estações. ... Ele detalha as revelações aos sensatos" (10,6). Em outras partes, o Livro Sagrado defende o uso de elementos da criação de Deus para orientação nos monótonos desertos e a navegação nos vastos oceanos: "Foi Ele Quem vos estabeleceu a noite para o repouso, e o Sol e a Lua para a medição [do tempo] ... E foi Ele Quem criou as estrelas para vos guiar nas trevas da terra e do mar" (6,97-98).

Ao mesmo tempo, muitos dos rituais e das obrigações do islamismo, tal como estabelecidos pelo Profeta, exigiam uma compreensão relativamente sofisticada do mundo natural. Os crentes não podiam simplesmente seguir o conselho do filósofo cristão santo Agostinho e permitir que a devoção fechasse seus olhos "ao curso das estrelas". Ao contrário, os muçulmanos deviam saber os momentos certos das cinco orações diárias, a direção de Meca e o início do mês lunar de jejum do Ramadã. "Conhecer a hora das preces é um dever prescrito para os muçulmanos exigentes. Isso está resumido no Alcorão, meu amigo, e foi explicado [pelo Profeta Maomé] ... Não há virtude numa pessoa que é negligente da hora das preces, e ela não tem conhecimento Daquele que deve ser adorado", escreve o astrônomo medieval Ibn Yunis.[8]

Esses problemas da prática religiosa foram resolvidos com relativa facilidade pelos primeiros crentes, agrupados em poucas comunidades na península Arábica e arredores. Em geral, os métodos da astronomia popular muçulmana – baseada em indicações visuais e sem a base teórica científica dos astrônomos – eram suficientes. Esse era o caso da regulamentação das devoções diárias prescritas, frequentemente indicadas pela mudança da sombra projetada de uma vara especial, chamada gnômon, fincada no chão ou incrustada num relógio de sol. A definição atual das horas de oração data do século VIII, em que cada uma devia ser completada dentro de um certo período marcado por sinais astronômicos. As devoções do dia são definidas pelo comprimento das sombras, enquanto as da noite são vinculadas a fenômenos celestes observáveis. A primeira oração é feita depois do pôr do sol, o início tradicional do dia muçulmano, e deve estar terminada antes de a noite cair. A segunda é recitada após o anoitecer, a terceira deve terminar pouco antes do nascer do Sol. A quarta, comumente conhecida no Ocidente como a oração da Lua, começa na verdade quando o Sol já iniciou seu declínio do meridiano, diretamente acima da cabeça. A oração da tarde, a última, é também marcada pela progressão da sombra e deve estar terminada antes de o Sol se pôr, delimitando o fim de um dia e o início do próximo.[9]

Os primeiros eruditos muçulmanos captaram imediatamente a importância de fundamentar suas pesquisas na fé, e muitos dedicavam as aberturas de seus tratados, comentários e outras obras altamente técnicas à afirmação da importância de sua ciência para as preocupações cotidianas dos devotos. Essa mesma concentração em questões práticas pode, eventualmente, tê-los deixado vulneráveis a reações conservadoras. Uma vez resolvidos esses problemas para a satisfação dos crentes, a ciência muçulmana teria de procurar novas justificativas para mais estudos.[10] Mas por enquanto fé e razão constituíam uma associação provocante.

A DIFUSÃO RÁPIDA DO ISLAMISMO por grande parte do mundo então conhecido que aconteceu nos anos posteriores à morte de Maomé começou a pôr a determinação precisa de tempo, data e direção fora do alcance da astronomia popular básica. Na época do Império abássida, o marinheiro muçulmano ao largo da costa da China, o mercador árabe na distante Espanha, o devoto na remota Ásia Central – todos precisavam de informações que eram cada vez mais difíceis de comunicar, vindas de uma distante autoridade central. O desejo de observar as obrigações religiosas de maneira uniforme em toda a grande extensão do território muçulmano espelhava o apelo não respondido do imperador Constantino quatro séculos antes para que toda a cristandade concordasse com uma única data reconhecida para comemorar a Páscoa. Ele também complementava o fermento intelectual induzido pelas políticas da corte abássida. Sob o patrocínio dos primeiros califas, as demandas da religião e os imperativos da ciência ficaram livres para interagir por séculos de uma maneira que seria inimaginável na Europa medieval. Além disso, foi criado um amplo alcance para as primeiras obras sobre princípios científicos fundamentais. Entre os produtos derivados disso estavam avanços importantes em geografia, instrumentação, óptica e navegação.

De início, o muezim, responsável por conclamar a cidade à oração diária, era selecionado por seu caráter honrado e voz forte para chamar os crentes do alto do minarete. Com o correr do tempo, acrescentou-se o conhecimento dos céus à lista de requisitos. "Somente um homem honrado, confiável e fidedigno que esteja familiarizado com as horas das preces pode pronunciar o chamado à oração do minarete ... O muezim deve conhecer as [28] mansões lunares e as formas dos grupos de estrelas nelas, de tal modo que seja capaz de dizer as horas à noite", aconselha o comentador egípcio Ibn al-Ukhuwwa.[11] Nas áreas urbanas, a ascensão do contador do tempo localizado na mesquita, uma espécie de astrônomo sagrado, substituiu gradualmente os velhos costumes populares. Esses cientistas profissionais regulavam a hora das preces, mas também construíam instrumentos astronômicos, escreviam tratados sobre astronomia esférica e davam aulas. O trabalho deles compreendia a produção e publicação de meticulosos almanaques (do árabe *al-manakh)* que listavam as horas das preces para cada dia do ano em lugares tão distantes quanto a China e o Marrocos. No Cairo medieval, centro importante dessa atividade, estavam disponíveis cerca de duzentas páginas com tabelas utilizadas para contar o tempo pelo Sol e outros marcadores celestes.

Talvez em nenhum outro campo a interação entre fé e ciência fosse mais importante do que na questão da *qibla*, considerada em arranjos cuidadosos em todas as mesquitas para orientar o devoto. Os primeiros muçulmanos da Ásia Central e da Espanha simplesmente direcionavam suas orações para o sul, numa imitação do profeta Maomé quando estava em Medina, 430 quilômetros ao norte da cidade sagrada e da Caaba. À medida que a compreensão de seu universo ficava mais sofisticada, os árabes começaram, naturalmente, a exigir maior exatidão na adequação de sua prática à geografia sagrada do islã. "A Caaba, no que diz respeito aos habitantes do mundo, é como o centro de um círculo em relação ao círculo. Todas as regiões estão de frente para a Caaba, rodeando-a como um círculo cerca o centro, e cada região está de frente para uma determinada parte da Caaba", escreve o jurista religioso do século XII Zayn al-Din al-Dimyati.[12] Mas onde, exatamente, estava Meca?

Um método comum invocava os sistemas direcionais árabes pré-islâmicos dos quatro ventos – a própria palavra *qibla* talvez derive do nome tradicional do vento leste predominante, o *qabul*[13] –, enquanto outros se baseavam nas posições de estrelas proeminentes, na direção do nascente no inverno ou outros fenômenos facilmente observáveis. Outro esquema popular identificava os quatro cantos da Caaba com cada um dos parceiros comerciais regionais tradicionais de Meca: Síria, Iraque, Iêmen e "o Ocidente". Desse modo, a geografia sagrada complementava com facilidade sistemas práticos usados há séculos pelas caravanas árabes no deserto e frotas mercantes que seguiam as rotas de comércio tradicionais. Ao longo do tempo, distinções mais finas passaram a ser feitas associando zonas geográficas mais estreitas com características arquitetônicas específicas do santuário, tais como uma gárgula ou uma entrada.[14] Um texto iemenita do século XIII, requintadamente intitulado *O Sol, a Lua e os movimentos das estrelas fixas facilitados como um presente ao desejoso e um luxo para os aventurosos*, expõe um sistema de doze setores geográficos centrados na Caaba. Outras versões traziam até 72 divisões.[15]

Esses sistemas informais gozavam do favor dos juristas muçulmanos que, em geral, concordavam que eles cumpriam os requisitos da fé. Mas às vezes prevaleciam a confusão e o conflito em relação à *qibla* correta. Em uma terra distante, por exemplo, crentes desnorteados tinham diante de si quatro escolhas diferentes. Uma escola de pensamento era a favor exatamente do oeste, na direção da estrada tradicional de peregrinação para Meca; outra defendia a tradição mais antiga, voltada para o sul, do Profeta em Medina; uma terceira honrava a *qibla* das primeiras mesquitas da região; a quarta preferia deixar a questão para os astrônomos.[16] O uso de estruturas religiosas anteriores pelos muçulmanos – como sinagogas ou igrejas, com *qiblas* próprias – complicava ainda mais o quadro. Uma mesquita do deserto de Negev tinha duas *qiblas* diferentes, uma voltada para o leste, na direção de Jerusalém, e uma posterior, voltada para o sul, na direção da Caaba.[17] Até hoje, os nichos de oração de muitas mesquitas não apontam para a direção correta de Meca. Isso é particularmente um problema na distante Indonésia, onde comprimentos de fios ou outros marcadores são comumente usados para corrigir a *qibla*.[18]

Compreende-se que esse estado de coisas não satisfizesse a nova estirpe de cientistas árabes medievais, bem-versados em trigonometria, geometria esférica e astronomia. Um dos maiores tratados árabes de geografia matemática foi obra de al-Biruni, escrito no século XI, sobre como descobrir a direção de Meca de uma cidade do Afeganistão.[19] *A determinação das coordenadas de cidades* foi a primeira obra na história do campo a definir locais geográficos exatos por meio das técnicas da trigonometria esférica. Seu método exato foi criado para substituir outro, mais difícil e menos confiável, então de uso disseminado, para determinar as diferenças de longitude: a observação simultânea de um eclipse lunar a partir de dois pontos distintos. Contam que a dedicação de al-Biruni a sua ciência era tão absoluta que "sua mão raramente deixava o rolo de pergaminho, nem seus olhos cessavam de observar e seu coração de refletir, exceto nos dois ... [feriados persas], Nowruz e Mihragan".[20] Embora sua obra contenha alguns erros sem importância, ela não seria superada de forma significativa até o século XIX, e até mesmo o XX.[21] Para gente como al-Khwarizmi, al-Biruni e seus colegas de mente empírica, a imensa expansão do Império árabe também alimentou as artes da confecção de mapas e navegação, impulsionou o desenvolvimento de instrumentos científicos portáteis como o astrolábio e criou espaço para grandes avanços em muitas outras disciplinas que mais tarde se revelariam essenciais para a ciência ocidental.

A astronomia e disciplinas a ela relacionadas não foram as únicas beneficiadas pela onda de entusiasmo pelo conhecimento do islã. A magia, a experimentação e a ciência se uniram na forma da *al-kimia*, a pedra angular da química moderna. A controvérsia sobre se era aceitável em termos teológicos representar homens e animais na arte levou ao uso intenso de uma decoração estilizada e meticulosa em estruturas públicas, cerâmicas e tecidos que captavam a compreensão altamente desenvolvida que os muçulmanos tinham da geometria. Um estudo matemático de 2007 concluiu que os arquitetos muçulmanos medievais elaboraram padrões complexos de mosaicos usando apenas cinco formas diferentes de ladrilhos que podiam, em teoria, formar padrões que eram infinitamente grandes, mas nunca repetidos. Um exemplo encontrado num santuário do século XV na cidade iraniana de Isfahan exibe padrões geométricos cuja matemática subjacente só foi compreendida no Ocidente quinhentos anos depois.[22]

Entrementes, o mandamento alcorânico sobre a necessidade de curar os doentes estimulou enormes progressos na medicina e a criação de hospitais avançados que incluíam inovações como alas especializadas, rondas periódicas dos médicos, atendimento médico gratuito para os indigentes e tratamento humano dos dementes. Baseando seu trabalho no saber grego transmitido inicialmente pelos cristãos nestorianos que fugiam da perseguição religiosa bizantina, os árabes desenvolveram novos medicamentos e métodos de preparar os ingredientes ativos desses remédios. Eles fizeram descobertas importantes nos campos da visão e da óptica e avanços em cirurgia. Revelando um reconhecimento precoce e crescente sobre germes e outros meios de transmissão de doenças, as autoridades decidiram situar o principal hospital de Bagdá num lugar onde testes haviam mostrado que a carne crua se putrefazia mais lentamente.

Criaram-se importantes escolas de medicina em Damasco, Bagdá, Córdoba e Cairo. O *Cânone da medicina*, do médico e filósofo persa do século XI Avicena, tornou-se o principal texto dessa área no Ocidente por mais de quinhentos anos e a escola de medicina de Salerno, no sul da Itália, foi o centro de transmissão do saber médico muçulmano para a Europa ocidental. Adelardo de Bath visitou Salerno durante sua grande excursão, mas não há registro de que ele tenha se aprofundado nas artes da cura. Ao contrário do Ocidente cristão medieval, que tendia a ver a doença como punição divina, os médicos árabes procuravam desequilíbrios ou outras causas físicas que poderiam ser tratados como parte de sua missão religiosa.

O islamismo também valorizava a higiene pessoal como o ritual de lavar as mãos, os pés e o rosto antes de cada uma das cinco orações diárias ressalta. Muitas mesquitas medievais e outros edifícios públicos tinham sistemas sofisticados de fornecimento de água, campo em que se destacaram os primeiros engenheiros árabes. Entre as inovações que criaram estavam mecanismos complexos de retroalimentação e controles automáticos para regular máquinas sem intervenção humana. Entre outros aperfeiçoamentos, estavam a bomba com dois cilindros com sucção constante e o eixo de manivela, para a transmissão eficaz de energia. Este último só começará a aparecer nas máquinas europeias no século XIV.[23] Um tratado de 1206 escrito pelo maior dos engenheiros medievais, Ibn al-Razzaz al-Jazari, discute relógios de água e relógios de vela, *dispensadores* de vinho, fontes sofisticadas e autômatos musicais – o mais famoso deles é um tambor programável composto por quatro figuras num barco –, bem como sistemas avançados para tirar água de poços, cisternas etc. Suas descrições são tão precisas que foram usadas em tempos modernos para recriar algumas de suas máquinas extraordinárias.[24]

Na qualidade de herdeiro simbólico de Maomé, o califa al-Mamun era responsável – ao menos em teoria – pelo bem-estar religioso da vasta comunidade de fiéis. Ao mesmo tempo, estava à frente de um império enorme, com todas as complexidades políticas, econômicas, militares e administrativas decorrentes. Em busca de ajuda nos dois reinos, o espiritual e o temporal, o califa voltou-se para os eruditos da Casa da Sabedoria. Inquiridor por natureza e bem-disposto em relação à ciência por formação, ele pediu a esses especialistas que determinassem as localizações exatas de Bagdá e Meca a fim de definir a *qibla* correta exigida pelos preceitos religiosos. Essa informação ajudaria também os peregrinos da *hajj*, que estavam interessados em determinar a que distância ficava Meca, bem como na rota mais curta para a Caaba, e auxiliaria na observação adequada do calendário lunar sagrado. Esse último era particularmente complicado. A prática religiosa datava o início do mês a partir do primeiro aparecimento da lua nova, exigindo que o astrônomo conhecesse a órbita lunar, assim como as posições correspondentes do Sol e da Terra, a fim de predizer "visibilidade crescente". Tal como qualquer potentado digno do nome, o califa abássida queria também uma representação precisa da largura e do comprimento do mundo agora a seus pés.

Para os astrônomos e outros cientistas da Casa da Sabedoria, todas essas questões podiam ser reduzidas a problemas fundamentais de geometria esférica. Com a ajuda dos antigos, eles haviam dominado o sistema de coordenadas geográficas – ou seja, o uso de círculos imaginários de longitude e latitude cingindo o planeta para fornecer a cada ponto uma localização única e identificável. Ao contrário da cristandade medieval, o islã não oferecia resistência à noção clássica da Terra como um globo; desde o início, os sábios árabes aplicaram prontamente a matemática da esfera a questões de geografia. Com Ptolomeu, autor do *Almagesto* e de uma *Geografia*, de influência quase igual, esses cientistas aprenderam o problema da projeção, a representação da superfície redonda da Terra sobre um mapa plano, bidimensional. A pesquisa geodésica de al-Mamun nas planícies desertas de Sinjar já haviam fornecido o comprimento de um grau nas unidades arábicas de medida, ao mesmo tempo em que as correções e adições muçulmanas à tabela de coordenadas de Ptolomeu para oito mil cidades e outros locais proporcionavam dados novos e mais precisos para astrônomos e geógrafos.

A reunião das informações e técnicas desenvolvidas pelos especialistas de al-Mamun e outros como eles – basicamente uma questão de geometria e trigonometria aplicadas à esfera da Terra – podia determinar a *qibla* com notável precisão a partir do meridiano norte-sul local ao longo do Grande Círculo do globo terrestre. A tradição da geografia sagrada definia a *qibla* como uma linha reta "sensata" entre o crente e Meca, mas os matemáticos e astrônomos da Casa da Sabedoria sabiam que a forma esférica do planeta significava que a verdadeira *qibla* era, na realidade, uma linha curva num ângulo específico do ponto onde estava o fiel, conhecida até hoje pelo termo *azimute*, do árabe *al-sumut*. A diferença entre as duas abordagens do problema da *qibla* tornava-se mais pronunciada à medida que aumentava a distância de Meca, e é indicativo da influência dos astrônomos matemáticos que o método deles tenha sido em geral adotado pelos fiéis. Esse sistema da medida do Grande Círculo está na base dos cálculos modernos de distância e direção geográficas.[25] E também foi a base de um dos maiores triunfos científicos de al-Mamun, a construção de um mapa-múndi, acompanhado de uma descrição dos povos, lugares e maravilhas da Terra e uma tabela atualizada de coordenadas geográficas para ajudar em pesquisas futuras.

Esforços desse tipo não eram desconhecidos nos primórdios do mundo muçulmano. Al-Masudi nos conta que duzentos anos antes da época de al-Mamun, as primeiras autoridades muçulmanas buscavam informações sobre o reino islâmico em expansão. "Os guardiões da tradição dizem que quando, pela vontade de Alá, os muçulmanos conquistaram as terras do Iraque, da Síria e do Egito e de outros países, [o califa] Umar ibn al-Khattab escreveu a um dos homens cultos da época: 'Nós somos nômades e Alá nos fez conquistar essas terras, e queremos nos fixar nelas e morar lá. Descreva, portanto, para nós as cidades, seu ar, sua posição, como as pessoas são afetadas pela terra e pelo ar.'" De acordo com al-Masudi, o sábio respondeu com descrições de Síria, Egito, Iraque e partes da Pérsia, mas omitiu deliberadamente qualquer palavra sobre a Índia, a China ou o Ocidente. "Vós não precisais de qualquer descrição delas, pois estão muito distantes e fora do caminho, terras de infiéis e tiranos."[26]

Al-Mamun e seus pesquisadores podiam contar também com algumas obras mais proficientes do ponto de vista técnico, como mapas e levantamentos militares antigos e relatos detalhados do complexo sistema de estradas de correio do Império muçulmano, junto com registros de rotas, distâncias e tempos de viagem. Marcos de pedra que indicavam a distância de Bagdá foram encontrados até na Palestina e na Geórgia, no Cáucaso.[27] O chefe dos correios e da inteligência no noroeste da Pérsia compilou mais tarde um famoso levantamento desses dados no *Livro das estradas e reinos*. Mercadores, marinheiros, espiões e autoridades postais de todo o império eram as fontes ideais de informação para os califas e seus administradores sediados na capital abássida. O *Livro das estradas e reinos* incluía também as principais rotas marítimas para a Pérsia, Bahrein, Omã e o Iêmen, bem como lugares mais distantes como o Camboja, a península Malaia e, por fim, o porto de Cantão, na China.[28] Obras semelhantes acrescentaram depois uma profusão de dados econômicos, úteis para o comércio, a coleta de impostos e outras questões de interesse do império.

Ainda assim, al-Mamun tinha uma ambição muito maior para seu mapa-múndi e sua descrição da geografia humana. Ele reuniu uma equipe de várias dezenas de estudiosos. O alcance do projeto, segundo al-Masudi, incluía nada menos que "o universo com suas esferas e estrelas, a terra e o mar, partes habitadas e desabitadas, as áreas ocupadas de povoados, cidades e aspectos semelhantes".[29] Um relato posterior, feito por Abu Abdallah al-Zuhri, conta que junto com as características geográficas importantes, os geógrafos reais da Bagdá do início do século IX incluíram "as coisas famosas e maravilhosas que se poderiam encontrar em partes especiais da Terra e os monumentos e edifícios históricos de cada país".[30] Entre essas "coisas famosas e maravilhosas" estava uma descrição geograficamente precisa da Grande Muralha da China.

Além dessas curiosidades, o mapa de al-Mamun representava 530 cidades importantes, cinco mares, 290 rios e duzentas montanhas, indicando seus tamanhos estimados e a presença de depósitos de metais ou pedras preciosas. Essas características eram distribuídas em sete *climata* (climas), a divisão grega tradicional do mundo então conhecido em zonas paralelas iguais que se estendiam para o norte do equador. Esse sistema fora apresentado aos árabes por Ptolomeu, mas os eruditos de al-Mamun o refinaram, inclusive introduzindo duas zonas novas e mal-habitadas logo abaixo do equador para se adequar a informações mais atualizadas de que dispunham. Eles também revisaram o comprimento do Mediterrâneo, reduzindo a medida de 62 graus de longitude definida por Ptolomeu para 52 graus; esse número foi novamente alterado por geógrafos árabes no início do século XI para 42 graus, muito próximo do comprimento moderno.[31] Mas o mais importante foi que os sábios do califa corrigiram a representação tradicional ptolemaica do oceano Índico como um mar fechado e, pela primeira vez, deixaram claro que um corpo de água global cercava o mundo habitável[32] – um avanço significativo na história da cartografia que prefigurou em seiscentos anos a chegada da assim chamada Era das Descobertas da Europa, iniciada em meados do século XV.

O esforço constante de uma equipe tão grande de geógrafos, matemáticos e outros cientistas teria sido impossível sem o interesse e o apoio pessoal de al-Mamun, cuja morte em 833 coincidiu com o término do projeto. Depois, estudiosos muçulmanos desenvolveram e refinaram as disciplinas da geografia e da cartografia ao longo dos séculos posteriores. Essa evolução estava de acordo com a concepção fundamental dos árabes sobre a erudição como um processo dinâmico em que gerações sucessivas se baseavam no trabalho de seus antecessores, todos unidos num único grande empreendimento. No caso da geografia, a fase seguinte foi dominada por descrições detalhadas de povos, cultura e do meio ambiente.

Nesse empenho cada vez mais popular, sofisticados autores de registros de viagem e etnógrafos gradualmente substituíram os astrônomos matemáticos por trás do mapa de Mamun e de pesquisas similares. Essas obras faziam parte da mesma tradição do *Livro da contemplação*, de Usama ibn Munqidh – aquele relato interessante e edificante da chegada dos cristãos ao Oriente Médio. Além de seu atrativo literário, essa nova geografia humana também satisfazia uma demanda crescente da administração central do Estado por informações melhores sobre as terras e os povos sob seu domínio. Ela se notabilizava por exibir o talento árabe para explorar em detalhes as práticas, as crenças e os estilos de vida das culturas que encontravam dentro do império e fora dele. Esse gênero, escreve um de seus principais praticantes, Muhammad ibn Ahmad al-Muqaddasi, "agrada tanto ao rei quanto ao mendigo".[33]

Esse gracejo não deve diminuir a seriedade de propósito por trás do texto clássico de al-Muqaddasi, *As melhores divisões para o conhecimento das regiões*, finalizado em 985 e baseado em duas décadas de viagens e explorações pelo mundo muçulmano. Sua obra é particularmente admirável pela insistência na primazia do material que ele coletou pessoalmente; esse método, observa al-Muqaddasi com um toque de autocomiseração, o submeteu às vezes a privações severas e "custou muito dinheiro". Somente quando foi fisicamente incapaz de chegar a uma região que o interessava ele foi forçado a confiar, com relutância, nos relatos de outros, mas apenas de "homens de inteligência, que eu sabia que não eram descuidados nem confusos".[34] Em toda a obra, al-Muqaddasi invoca deliberadamente a tradição legal dos juristas muçulmanos, com sua rígida hierarquia de fontes religiosas. Nesse sistema, o Alcorão é a autoridade suprema, seguido pelos ditos do Profeta, os *hadith*. Depois vêm o consenso dos teólogos e, por fim, a arte do raciocínio jurídico por analogia. Porém, al-Muqaddasi considera o uso de analogias completamente inadequado para a arte do geógrafo.[35]

Essa precisão em identificar a fonte de informação e a insistência, sempre que possível, na observação e na experiência pessoal são marcas da ciência árabe medieval. São também o inestimável legado das tradições religiosas do islamismo, na qual se dedicaram esforços enormes para preservar e avaliar criticamente a cadeia de transmissão de qualquer dito registrado de Maomé. Desse modo, cada uma dessas declarações é acompanhada por uma linhagem erudita que esclarece se ela é "forte" (isto é, exprime com razoável certeza as palavras e intenções do Profeta) ou "fraca" (de proveniência duvidosa e, portanto, de pouco valor para juristas e teólogos). Al-Muqaddasi também valoriza mais a experiência direta do que o testemunho indireto: "Este nosso livro, portanto, divide-se em três partes: primeira, o que eu testemunhei pessoalmente; segunda, o que ouvi de pessoas dignas de confiança; e terceira, o que encontrei em livros dedicados a esse tema ... Não houve biblioteca real que eu não tenha examinado persistentemente, nenhuma obra literária de qualquer seita que eu não tenha esquadrinhado; ninguém com cujas opiniões eu não tenha me familiarizado; não existe grupo de ascetas ao qual eu não tenha me misturado, nenhum pregador de qualquer lugar a cujo ofício eu não tenha assistido. Desse modo, alcancei a solidez de conhecimento pela qual batalhei nessa ciência."[36]

Em algum momento por volta de 1138, o erudito árabe e aristocrata arruinado al-Sharif al-Idrisi recebeu um dos convites mais extraordinários da história da ciência. A esse poeta muito viajado, farmacologista e botânico – suas obras técnicas nomeiam as plantas em árabe, persa, latim, grego, berbere e sânscrito – foi oferecida a missão sem par de supervisionar a produção de um novo mapa-múndi que seria gravado num disco de prata de mais de sessenta quilos por gravadores da corte, e de escrever um texto de geografia descritiva para acompanhar o mapa.[37] Entretanto, dessa vez, o patrocinador não era califa nem sultão, mas o rei cristão da outrora muçulmana Sicília, Rogério II.

Os antepassados normandos de Rogério chegaram à Sicília em sua maioria como mercenários a serviço de comandantes militares locais, tanto cristãos como muçulmanos, no início do século XI e decidiram ficar. Aos poucos, aumentaram seu domínio sobre a ilha, por meio de significativas incursões no sul da Itália continental, então habitada principalmente por gregos sob domínio bizantino. Quando atingiu a maturidade, Rogério resolveu fazer do antigo centro administrativo árabe de Palermo sua capital permanente. Numa descrição vívida da cidade, três décadas depois da morte de Rogério, o escritor viajante Ibn Jubayr põe seu rancor pela conquista cristã de lado o suficiente para elogiar os encantos de Palermo: "É uma cidade antiga e elegante, magnífica e graciosa, que seduz nosso olhar. Orgulhosamente situada em meio a espaços abertos e planícies cheias de jardins, com ruas e avenidas largas, construída no estilo de Córdoba, totalmente com pedra lavrada ... O rei, para quem ela é seu mundo, embelezou-a à perfeição e tomou-a para capital de seu reino franco – que Deus o destrua."[38]

Ibn Jubayr, cuja visita acidental foi consequência de um naufrágio em seu caminho de volta à Espanha muçulmana depois de completar a *hajj*, chegou a uma cidade no ponto exato de encontro entre o Oriente e o Ocidente. Numa época em que muitos de seus contemporâneos, inclusive alguns membros próximos da família, estavam inflamados pela ideologia da guerra santa, Rogério II se estabeleceu deliberadamente nessa cidade predominantemente muçulmana, que ostentava então mais de trezentas mesquitas. Ele adotou a abordagem oficial do islã perante as minorias religiosas, cobrando um imposto especial aos muçulmanos e judeus, mas, em geral, deixava-os cuidar de seus próprios assuntos. Promulgou novas leis que reconheciam expressamente costumes e tradições religiosas existentes, organizavam a burocracia estatal conforme lineamentos árabes e promoviam criados muçulmanos a alguns dos postos mais poderosos do Estado.[39] Rogério chegou a confiar unidades militares importantes a seus súditos árabes. A maioria dos soldados da infantaria do rei e muitos de seus arqueiros montados eram muçulmanos, o que escandalizou o arcebispo da Cantuária em sua visita à ilha.[40] Os árabes também compunham o grosso do corpo de engenheiros reais, responsável pela construção das fortificações, um dos maiores interesses de Rogério, e pelo projeto e funcionamento de suas temíveis catapultas e outras máquinas de guerra.[41]

Rogério também patrocinava os artistas, artesãos e artífices árabes da ilha. Um manto real feito com a melhor seda, criado para ele por volta de 1133, que se encontra atualmente num museu de Viena, ostenta um desenho claramente islâmico e uma inscrição em árabe: "[Este manto] pertence aos artigos trabalhados no Tesouro real, no qual fortuna e honra, prosperidade e perfeição, mérito e distinção têm seu lar."[42] A arquitetura siciliana da época normanda, inclusive igrejas e capelas, apresenta um amálgama irresistível de desenho predominantemente árabe e cristão oriental. Poetas muçulmanos escreviam na corte, e a obra de seis deles sobrevive num compêndio árabe do século XII mantido conciso pelo editor para não ofender sensibilidades religiosas com seu elogio dos "infiéis normandos".[43] O único retrato existente de Rogério, um mosaico na igreja da Martorana, em Palermo, mostra o rei com barba preta e bigode, vestido com trajes imperiais bizantinos. A própria igreja apresenta diversos elementos árabes em sua decoração, inclusive uma conhecida inscrição em caracteres cúficos em uma coluna central.[44] Não surpreende que um proeminente cronista árabe registre que corriam rumores entre o povo de que o rei era, na verdade, um muçulmano disfarçado, reputação sem dúvida reforçada pelas frequentes discordâncias de Rogério com os papas e sua recusa em apoiar as Cruzadas.

Ainda assim, não está claro quão ansioso al-Idrisi estava por se estabelecer num reino cristão, embora altamente arabizado, como o de Rogério II da Sicília, e as circunstâncias em torno de seu comissionamento permanecem vagas. Os cronistas árabes geralmente dão pouca atenção a essa época tardia de sua vida, o que talvez seja um sinal de reprovação a sua associação com o rei infiel.[45] Em determinado momento, Rogério apelou para uma maldisfarçada tática de intimidação, lembrando ao erudito que, como membro da família destronada idrísida, ele estava sob o risco de ataque dos inimigos políticos da sua dinastia na Espanha e no norte da África. "Você pertence à casa dos califas", escreve Rogério. "Se viver entre os muçulmanos, seus governantes vão tramar sua morte, mas se permanecer comigo estará seguro."[46] Ou talvez Rogério estivesse apenas exibindo seu considerável conhecimento da história e da política interna dos muçulmanos, a fim de conquistar a confiança de al-Idrisi.

De qualquer modo, al-Idrisi aceitou a convocação do rei e logo se estabeleceu em Palermo, onde os dois iniciaram uma colaboração de quinze anos que produziria uma das obras-primas da geografia medieval. O grande planisfério de prata foi roubado e derretido não muito depois de seu término, mas subsistem edições copiadas a lápis do Mapa do Mundo de al-Idrisi, assim como alguns conjuntos parciais de mapas regionais associados, dez para cada um dos sete climas tradicionais. "Assim, o número total desses mapas seccionais é setenta", explica-nos al-Idrisi, "sem contar os dois limites extremos em duas direções, um sendo o limite meridional da habitação humana causado pelo calor excessivo e falta de água e o outro, o limite setentrional da habitação humana, causado pelo frio excessivo."[47]

Al-Idrisi e sua equipe de pesquisadores e estudiosos representaram o mundo habitado ocupando um hemisfério completo, ou 180 graus, estendendo-se da Coreia, no Oriente, às ilhas Canárias, no Ocidente – as últimas ilhas de existência confirmada nas águas negras do Atlântico, temidas pelos árabes, que o chamavam de mar das Trevas. Dez graus de cada lado eram destinados ao assim chamado Oceano Circundante que envolveria o continente terrestre. Al-Idrisi baseou-se numa grande quantidade de fontes, entre elas os clássicos da geografia e da cartografia muçulmanas, para o conhecimento da África e da Ásia. Para informações sobre regiões mais próximas, confiou em sua própria carreira de estudioso viajante depois da educação clássica em Córdoba, complementada por relatos de outros viajantes, mercadores e diplomatas europeus e de membros da grande marinha de Rogério.[48] O grande compêndio de geografia de al-Idrisi, datado de janeiro de 1154, ainda existe também. Por ordem do rei, a obra ganhou o título fantasioso de *Divertimentos para aqueles que anseiam por atravessar o horizonte*; compreende-se que os árabes costumassem se referir a ela simplesmente como *Kitab Rujar*, ou seja, *O livro de Rogério*.

O *Livro de Rogério* de al-Idrisi oferecia ao Ocidente medieval as descrições mais abrangentes até então de povos, terras e culturas dos sete climas. Esse era o caso, em particular, da África, uma região que gerações de marinheiros, comerciantes e aventureiros árabes conheciam bem. Al-Idrisi fornece retratos detalhados e, em geral, precisos do comércio de ouro em Gana e da indústria do sal no extremo oeste do continente. Descreve também a complexa geografia do Alto Nilo.[49] Mais para o leste, o *Livro de Rogério* informa aos seus leitores sobre a prática do canibalismo na ilha de Bornéu, a inteligência dos elefantes, o sistema de castas da Índia e as crenças budistas dos reis da distante China.[50] Não há mais a atenção tradicional a detalhes úteis para a tributação eficiente, administração, comércio ou conquista que caracterizava muitas das primeiras obras árabes de geografia descritiva. No lugar disso, encontramos uma tentativa madura de reunir os conhecimentos mais recentes e criar um todo coerente e abrangente.[51]

O Mapa do Mundo de al-Idrisi foi importante também para o futuro da cartografia e da navegação ocidentais, pois se baseava nas tradições científicas do califa al-Mamun e dos pesquisadores da Casa da Sabedoria e ajudou a apresentá-las a uma plateia completamente nova. Imitações ocidentais de mapas árabes começaram a aparecer no final do século XIII, inclusive uma obra de cosmologia do filósofo italiano Brunetto Latini. O grande escolástico alemão Alberto Magno também produziu um mapa-múndi básico por volta dessa época; nele figura Bagdá e a cidade de Basra, no sul do Iraque, mas não Paris, e só pode ter se baseado em fontes muçulmanas.[52]

Por sua natureza, os mapas são frágeis e estão sujeitos aos rigores do uso intenso. Isso é ainda mais grave no caso de manuais de navegação e cartas costeiras. Na época anterior à prensa tipográfica, eles também eram difíceis e caros de reproduzir. Portanto, não surpreende que pouco tenha sobrevivido na forma de uma "trilha de papel" que vinculasse diretamente os progressos específicos nos mapas e cartas de navegação europeus aos avanços anteriores dos geógrafos e navegantes árabes. Ainda assim, um retrato convincente da significativa influência muçulmana emerge dos comentários dispersos de fontes ocidentais, bem como do exame da trajetória evolutiva da antiga cartografia europeia, em particular na ausência da exposição dos europeus da época ao distante mundo islâmico.

Uma dessas pistas encontra-se no evidente aperfeiçoamento, durante o século XIV, das representações europeias do subcontinente indiano, do mar Vermelho, do golfo Pérsico e da Sibéria, conhecida havia muito tempo pelos mercadores árabes com o nome de *balad al-Sibir*. Essas representações atingiram graus de precisão impensáveis sem modelos confiáveis para copiar. As obras europeias também exibem representações exatas do sul da Ásia e da costa oriental da África muito antes que viajantes ocidentais tivessem chegado a regiões tão remotas.[53] O conhecimento muçulmano da África e do oceano Índico foi particularmente importante para o futuro das explorações europeias, pois ao derrubar a noção clássica de que esse oceano era fechado, demonstrou que a circum-navegação do sul da África não era impossível.

Outra pista de que os primeiros cartógrafos cristãos confiavam quase totalmente em fontes estrangeiras pode ser encontrada na história curiosa do mapeamento do mar Cáspio, na verdade o maior lago do mundo. Os mapas europeus do século XIV, seguindo a tradição muçulmana, traziam corretamente a orientação principal norte-sul do Cáspio. No início do século XVI, no entanto, os geógrafos ocidentais, sob a influência de traduções latinas recentes de obras muito mais antigas de Ptolomeu, desfizeram subitamente anos de pesquisas dos árabes e voltaram à representação clássica do Cáspio com uma forma oval alongada de leste a oeste. Seriam necessários mais dois séculos para reparar o dano, oitocentos anos depois que os árabes haviam mapeado esse mar com sucesso.[54]

Porém, mais importante para o Ocidente do que qualquer empréstimo específico aos geógrafos muçulmanos foi o legado intelectual árabe em geral, transmitido plenamente pelo *Livro de Rogério* e sua compreensão do mundo como um lugar que podia ser mapeado, cartografado e explorado de uma maneira sistemática e científica. Os mapas-múndi na tradição de al-Mamun e al-Idrisi contestavam diretamente a representação gráfica da geografia sagrada da cristandade, os mapas T-O da Terra chata, com seus três continentes estilizados – Europa, Ásia e África. Ao mesmo tempo, as obras árabes de geografia humana apresentavam o mundo como um lugar de maravilhas, culturas diversas e povos variados a serem anotados, catalogados e estudados, em vez de evitados em favor da exclusiva contemplação da vida eterna no céu.

Essa concepção intelectual árabe do mundo era acompanhada, às vezes, por um pouco de auxílio prático vital. O explorador português Vasco da Gama, que já havia feito sua famosa ultrapassagem do cabo da Boa Esperança, extremo sul do continente africano, em 1497, foi depois guiado para a Índia por um mapa muçulmano e, talvez, até por um piloto muçulmano. Conforme um relato português da época, esse piloto mostrou a Vasco da Gama e seus oficiais um mapa detalhado de toda a costa indiana, "arrumada ao modo dos mouros, que era em meridianos e paralelos".[55] Fontes árabes, reconhecendo a calamidade de permitir que potências europeias penetrassem no oceano Índico e em suas rotas de comércio vitais, são unânimes ao concordar que o piloto muçulmano devia estar bêbado naquele momento para poder cometer tamanha traição contra seus companheiros de fé. Forças navais portuguesas capturaram depois mapas valiosos das Ilhas das Especiarias orientais, os quais foram levados às pressas para Lisboa a fim de serem traduzidos e incorporados aos mapas e atlas europeus cada vez mais precisos.

Cristóvão Colombo também se beneficiou do trabalho dos árabes, em particular de uma tradução latina de meados do século XII das Tabelas Sabeias, que resumiam as técnicas mais recentes de geografia matemática árabe. Além disso, Colombo e outros navegadores de sua geração foram influenciados por interpretações cristãs recentes de noções clássicas árabes e hindus de uma Terra simétrica, uma visão do mundo que dava suporte à sua estratégia de ir para o Oriente navegando na direção do Ocidente. Eles também podem ter sido estimulados por leituras erradas das fontes árabes, particularmente de relatos abássidas da determinação do comprimento de um grau, o que os levou a crer que a Terra era um quinto menor do que é realmente.[56] Por fim, há indícios de viagens anteriores de navegantes muçulmanos – árabes, maleses e chineses – às remotas distâncias do mar das Trevas, chegando possivelmente até o Novo Mundo.

O REI ROGÉRIO II FOI UM DOS PRIMEIROS de uma nova estirpe de europeus que começou a surgir a partir da experiência direta com os árabes não como inimigos na guerra santa, mas como mestres indiscutíveis da ciência, da filosofia e da alta cultura. Ele lia em árabe e estava amplamente familiarizado com as obras de importantes eruditos muçulmanos. Moedas cunhadas por ele em 1138 são as primeiras de que se tem notícia na Europa a utilizar o novo sistema numeral arábico popularizado por al-Khwarizmi.[57] Os médicos de sua corte eram todos árabes, e diz o historiador do século XII Ibn al-Athir que o rei confiava mais neles do que em qualquer monge ou padre cristão do palácio.[58] Um cronista cristão conta que o rei estimava, acima de tudo, "homens honestos e sábios, fossem de sua própria terra ou nascidos em outro lugar, leigos ou clérigos".[59]

Portanto, era natural que Rogério confiasse a obra científica de sua vida a um erudito muçulmano.

O próprio al-Idrisi nos conta que o projeto do Mapa do Mundo viera não da ignorância por parte do rei, mas da sua profunda insatisfação com as obras de geógrafos árabes anteriores, inclusive o *Livro das estradas e reinos* e os relatos de al-Masudi. Rogério havia estudado atentamente esses e outros textos em busca de uma compreensão de "outras terras [e] da divisão delas em sete zonas climáticas sobre as quais os estudiosos estão de acordo". Mas, diz al-Idrisi, o rei não encontrou as informações que buscava em nenhuma obra erudita. "Na verdade, ele as julgou bastante simplórias."[60]

Rogério reagiu como faria al-Muqaddasi ou qualquer outro erudito árabe medieval que se respeitasse: coletou mais dados e depois examinou os resultados em busca de tendências gerais e fatos confirmados. Al-Idrisi relembra o método do rei com seus pesquisadores: "Eles estudaram juntos, mas não encontraram muitos conhecimentos novos de [outros eruditos] sobre o que ele encontrou na obra acima mencionada [dos geógrafos muçulmanos], e depois que havia se reunido com eles sobre esse tema enviou para todas as suas terras e ordenou que outros eruditos, ainda que pudessem estar viajando, viessem e lhes pediu suas opiniões tanto individual como coletivamente. Mas não houve acordo entre eles. Porém, onde eles concordaram, ele aceitou as informações, mas onde diferiram, ele as rejeitou."[61]

De acordo com al-Idrisi, isso continuou por quinze anos, até que finalmente Rogério ficasse satisfeito. Ordenou que os delineamentos preliminares de seu Mapa do Mundo fossem traçados numa tábua de desenhar especial de acordo com a "opinião e o consenso dos eruditos". Depois que "a descrição verdadeira e a forma agradável" do rascunho do mapa foram confirmadas, os artesãos começaram o laborioso processo de copiar esse protótipo no grande disco de prata, para sua publicação final. Al-Idrisi diz que tudo o que restava era a preparação dos mapas seccionais desenhados à mão e o término do texto de apoio contendo "as descrições das províncias e a aparência de seus povos, suas vestimentas e seus adornos, e as estradas praticáveis e sua milhagem e *farsangs* [unidade tradicional de medida] e todas as maravilhas de suas terras tais como testemunhadas por escritores errantes e confirmadas por narradores. Assim, depois de cada mapa introduzimos tudo o que julgamos necessário e apropriado em seu devido lugar no livro, tanto quanto nosso conhecimento e nossa capacidade permitiram".[62]

Conforme qualquer padrão, *O livro de Rogério* foi uma realização monumental, sobretudo pelo enorme alcance do projeto e seu sucesso em reunir as opiniões de tantas fontes doutas de muitos campos do conhecimento. Ele também ajudou a consagrar o método científico árabe que tinha suas raízes na obra dos primeiros juristas e teólogos islâmicos. Acima de tudo, ele exibiu as glórias da geografia árabe, um campo em que os estudiosos muçulmanos superaram em muito seus predecessores gregos, persas e hindus. Essa colaboração entre o erudito muçulmano e seu carismático patrono cristão trouxe a tradição árabe para a encruzilhada do mundo conhecido. Na qualidade de potência mediterrânea, o reino da Sicília de Rogério e a Itália meridional mantinham um intercâmbio comercial, diplomático e militar vital com todos os Estados importantes do Oriente e do Ocidente. Dali, *O livro de Rogério*, com sua potente mistura de tradições antigas e modernas, estava bem-situado para moldar as concepções cristãs emergentes a respeito do mundo exterior.

O livro de Rogério desfrutou de uma longa vida nas estantes. A obra de al-Idrisi enraizou-se especialmente no norte da África, onde uma família de cartógrafos tunisianos especializou-se em cartas de navegação sofisticadas que incorporavam muitas de suas descobertas. Traços de seus mapas também podem ser encontrados na tradição europeia emergente dos portulanos – cartas de navegação e mapas costeiros de consideráveis detalhes e precisão. Uma versão resumida em árabe da obra-prima de al-Idrisi foi impressa no Ocidente em 1592, uma das primeiras obras seculares muçulmanas produzidas pela Typographia Medicea de Roma e sinal da importância duradoura do livro. Uma tradução latina foi publicada em Paris 27 anos depois, mas o texto original foi atribuído somente a um "geógrafo núbio" anônimo.

Em uma dessas estranhas notas de rodapé da história literária, Edgar Allan Poe invoca esse mesmo geógrafo núbio e o mar das Trevas em seu conto sobre o poder e a fúria avassaladora da natureza, "Descida ao Maelstrom", datado de 1841.[63] No início, o narrador de Poe lembra-se de ter perscrutado cautelosamente do alto de um penhasco norueguês: "Olhei vertiginosamente e contemplei a vastidão do oceano cujas águas vestiam um matiz tão negro que me lembraram imediatamente do relato do geógrafo núbio do *Mare Tenebrarum* [o mar das Trevas]." Uma tradução francesa erudita do *Livro de Rogério* foi produzida em 1840, com a intenção de melhorar o conhecimento ocidental de então do mundo, em particular da África, que estava justamente começando a surgir como lugar cobiçado pela grande expansão colonial europeia.[64]

Rogério II morreu aos 58 anos no início de 1154, pouco depois do término do texto de al-Idrisi. Um clérigo despeitado, sem dúvida refletindo o rumor popular de que esse rei arabizado mantinha um harém, nos conta: "Ele mesmo rendeu-se ao destino, derrotado pela velhice precoce, ao mesmo tempo desgastado por seus imensos esforços e mais devotado à atividade sexual do que a boa saúde do corpo exige."[65] Por outro lado, Romualdo, arcebispo de Salerno, mais receptivo, lembrou de um homem de "grande estatura, corpulento, leonino de face, um tanto rouco de voz; sábio, sagaz, refinado de espírito, grande no conselho, preferindo usar sua inteligência em vez da força".[66] Qualquer que fosse a personalidade de Rogério, está claro que a dedicação do rei à busca do conhecimento, sem falar no patrocínio a al-Idrisi e seu profundo envolvimento pessoal com *O livro de Rogério* e o grande Mapa do Mundo, compreende um legado digno da tradição dos primeiros califas abássidas, como al-Mansur e al-Mamun. Essa nova fome pelos conhecimentos árabes mais recentes, ainda nas margens da vida intelectual europeia, também estimulou a peregrinação ao Oriente do intrépido contemporâneo de Rogério II, Adelardo de Bath.

PARTE III

Al-zuhr/Meio-dia

5. O primeiro homem de ciência

Ninguém sabe onde Adelardo aprendeu árabe – talvez em Siracusa, na ilha outrora muçulmana da Sicília, talvez somente depois, na própria Antioquia. Antes de partir para o Oriente, ele havia reafirmado a noção medieval comum de que o domínio completo da gramática, em última análise, daria ao leitor acesso a qualquer texto, em qualquer língua. Ele também ressaltava as vantagens de estudar idiomas, sugerindo que estava bem-preparado para ter sucesso nessa empreitada.[1] Adelardo conta-nos que passou aproximadamente sete anos nas terras dos cruzados e seus arredores, sendo capaz de se comunicar efetivamente com os eruditos do lugar, algo que teria exigido uma considerável habilidade com a língua árabe. Ao longo do texto, ele menciona vários mentores árabes que o orientaram em sua pesquisa e manifesta a preocupação de que o excesso de palestras que frequentou pudesse ter embotado sua memória. Entre seus professores estava um mestre de anatomia, um "velho homem de Tarsus", no sul da Ásia Menor, não longe de Antioquia. Esse instrutor, versado na avançada medicina árabe, ensinou-lhe técnicas sofisticadas de dissecação, inclusive como imergir um cadáver em água corrente para desgastar gradativamente a carne mole e expor as intricadas redes de vasos sanguíneos e nervos do corpo.

O caminho que Adelardo fez até Antioquia é quase tão obscuro quanto a trajetória de seus estudos de línguas. Ele dá apenas meia dúzia de pistas sobre suas andanças em busca dos *studia Arabum*, deixando grande parte para ser reconstruído a partir de indícios dispersos em seus livros e traduções, além de umas poucas referências obscuras de colegas eruditos. Em 1109, ele deixou seu sobrinho e outros estudantes então sob sua responsabilidade em Laon, à "insegurança das opiniões francesas". Quase imediatamente, o rastro some, até Adelardo reaparecer cinco anos depois no principado de Antioquia, contraído na "ponte trêmula" de Mamistra durante o terremoto. Tendo em vista sua visita anterior ao arcebispo de Siracusa, registrada em *Sobre o mesmo e o diferente*, parece provável que ele tenha retornado à Sicília e utilizado-a como plataforma para ir ao Oriente. A ilha estava ligada a Antioquia por laços familiares estreitos entre os respectivos governantes normandos, o que tornava as comunicações, as viagens e o intercâmbio comercial relativamente fáceis.

Na época, Antioquia estava apenas começando a se tornar um centro importante de tradução de textos árabes para o latim, em particular no campo da medicina, no qual a ciência muçulmana era insuperável. Mercadores da cidade-Estado italiana de Pisa, que antes tinham ajudado a transportar cruzados para a Terra Santa em troca de butim e território, exerciam agora uma influência enorme em Antioquia. Eles controlavam um quarteirão bem no centro da cidade e todo o porto próximo de Lataquia. Em consequência disso e de outros vínculos comerciais e políticos em torno do Mediterrâneo oriental, Pisa se viu na posição de centro vital da disseminação da sabedoria árabe. Textos arábicos tomados pelos exércitos cristãos naquela região enchiam os bazares de livros, transformando a cidade em algo parecido com um entreposto da ciência muçulmana. O bairro dos pisanos em Antioquia ficava ao lado do mosteiro de São Paulo, uma instituição beneditina que certamente receberia bem Adelardo, já que seu pai, Fastrad, e seu mentor, o bispo João, eram ambos membros proeminentes da mesma ordem, em Bath.

Tal como Adelardo, o tradutor e erudito italiano Estêvão de Pisa – conhecido também como Estêvão o filósofo – logo foi para Antioquia a fim de aprender com os muçulmanos. Lá, ele traduziu uma importante enciclopédia de medicina, *O livro real*, de Ali ibn al-Abbas al-Majusi, conhecido no Ocidente como Haly Abbas. Essa obra, que datava do século X e compreendia dez capítulos sobre teoria médica e outros dez sobre prática clínica, já era amplamente utilizada no mundo muçulmano. A versão latina de Estêvão logo se tornou também padrão na Europa. Estêvão inicia o oitavo capítulo, sobre prática médica, com uma observação pessoal: "A tradução do árabe para o latim de Estêvão, o discípulo da filosofia. Ele escreveu a cópia pessoalmente e completou-a no ano da Paixão de Nosso Senhor de 1127, no sábado, 3 de novembro, em Antioquia. Graças a Deus, o início e o fim das coisas."[2]

Para acompanhar o texto, Estêvão criou um glossário de termos médicos árabes e gregos, com alguns equivalentes latinos – um trabalho tão valioso que foi meticulosamente copiado e recopiado a mão no Ocidente durante centenas de anos, chegando mesmo a ser impresso séculos depois, durante a Renascença. Estêvão, aparentemente, não estava muito impressionado com a própria obra: ele não era médico e se considerava um "discípulo da filosofia". E promete que da próxima vez traduzirá alguma coisa "dos segredos da filosofia que jazem escondidos na língua árabe".[3] A medicina, segundo ele, não passa do degrau mais baixo da arte do filósofo, mas é preciso começar com as necessidades do corpo antes de tratar do aperfeiçoamento da alma.[4]

Enquanto Estêvão concentrava-se inicialmente nas questões do humilde corpo humano, Adelardo buscava os céus. Quando jovem estudante na França, havia predito que o conhecimento disponível no Oriente árabe poderia ajudar a curar os males do Ocidente – uma ideia decididamente heterodoxa na época das Cruzadas contra os muçulmanos. Mas nem mesmo Adelardo poderia prever o que ele encontraria nos *studia Arabum*. Entre seus troféus estavam o sistema geométrico de Euclides; uma sofisticada tabela árabe do movimento das estrelas; técnicas para usar aquele poderoso computador, o astrolábio; várias obras importantes de astrologia árabe; e um livro de alquimia que revelava modos de tingir couro, colorir vidro e produzir pigmento verde – a cor preferida de Adelardo. O homem de Bath mergulhou de cabeça no mundo da astronomia, da filosofia e da magia.

No total, cerca de uma dúzia de obras ainda hoje existentes remontam diretamente ao inquieto inglês. A amplitude de seus interesses é imensa, da arte real da falcoaria à química aplicada, da geometria à astronomia matemática e à cosmologia, num texto escrito frequentemente no estilo acessível de um professor e narrador nato. As obras de Adelardo oferecem também uma visão útil de quanto o Ocidente tomou emprestado dos árabes, pois suas obras originais podem ser claramente divididas entre aquelas escritas antes de seu encontro intelectual com o Oriente e as que foram compostas depois.

Ao retornar a Bath, Adelardo viu-se assediado por amigos e familiares, todos ansiosos por saber de seus sete anos no exterior. "Entre aqueles que me visitavam estava um certo sobrinho meu que, ao investigar as causas das coisas, amarrava-as com nós, ao invés de desembaraçá-las. Ele me instou a apresentar algum item novo dos estudos dos árabes", relembra Adelardo.[5] O resultado é *Questões sobre ciência natural*, uma série de perguntas e respostas sobre o que os autores clássicos chamam de filosofia natural. O sobrinho educado no Ocidente faz as perguntas e o culto Adelardo, dessa vez falando pelos árabes, responde. "É assim que se dá a origem das coisas", declara o erudito viajado no início, no que poderia servir de lema para sua longa carreira de cientista e estudioso. "Então, comecemos pelos objetos mais humildes e terminemos com os mais elevados."[6]

Entre os primeiros textos árabes que chamaram a atenção de Adelardo estava uma obra clássica sobre *tilasm*, ou a arte dos "talismãs" – encantamentos complexos que, acreditava-se, podiam invocar a influência celestial –, horóscopos e imagens astrológicas de Thabit ibn Qurra, um dos principais lumes da ciência medieval. Thabit ibn Qurra era membro da seita sabeia do culto às estrelas, cujas práticas religiosas engendraram uma afinidade estreita com a astronomia, a astrologia e a matemática. Os sabeus também eram versados em filosofia grega. De acordo com a tradição árabe, Thabit era um ex-cambista de dinheiro nos bazares de Harran, com uma facilidade impressionante para idiomas. Ele chamou a atenção de um proeminente aristocrata e erudito de Bagdá, que lhe arranjou um lugar para estudar e trabalhar na Casa da Sabedoria. Embora os sabeus fossem vistos com suspeita por muitos muçulmanos, o avançado conhecimento de grego da seita e suas valiosas habilidades lhes valeram uma considerável influência e posição social durante os primeiros anos da era abássida.

O talentoso Thabit prosperou no ambiente culto de Bagdá, chegando a astrólogo real no final do século IX. Na qualidade de um dos maiores eruditos e linguistas do império, ele revisou e corrigiu versões em árabe do *Almagesto* e de outros clássicos gregos e produziu obras originais sobre teoria dos números, cálculo e mecânica. Escreveu também vários textos sobre as concepções filosóficas e religiosas de seus colegas sabeus e era considerado pelos eruditos árabes um especialista em talismãs.[7] No prefácio de sua tradução de um texto de Thabit sobre magia, o erudito latino do século XII João de Sevilha sugere que Adelardo, o único outro ocidental a ter visto o original da obra em árabe, obteve uma cópia quando estava em Antioquia: "Este livro, então, eu, com a ajuda do espírito de Deus, obtive de meu Mestre – um livro que nenhum outro latino jamais possuiu, com exceção de um certo antioquiano, que certa vez obteve parte dele." Esse "certo antioquiano" não é outro senão Adelardo de Bath, que publicara anteriormente uma versão resumida do mesmo texto.[8]

Onde outros temiam a influência da feitiçaria sarracena, Adelardo celebrava a noção de que o homem pode aspirar a compreender e até dominar a natureza. Ele também ligava diretamente a prática da magia a outros esforços científicos, observando que o estudo de talismãs exigia primeiro o domínio da astronomia e da astrologia. "Quem é perito em geometria e filosofia mas sem experiência na ciência das estrelas é inútil; pois a ciência das estrelas é, de todas as artes, a mais excelente em seu objeto de estudo e a mais útil devido aos efeitos dos talismãs", nos diz Adelardo em sua versão da obra de Thabit ibn Qurra.[9] O texto, conhecido como *O livro dos talismãs*, inclui encantamentos para afastar ratos e técnicas para reavivar o amor entre marido e esposa. Existe até um talismã para livrar uma cidade de escorpiões. Primeiro, faz-se uma imagem de um escorpião em metal quando Escorpião está em ascendente. Depois, inscrevem-se o nome dessa constelação e outros detalhes astronômicos no talismã. Por fim, enterra-se o talismã no lugar a ser protegido – ou melhor ainda, nos quatro cantos do lugar – enquanto alguém recita: "Este é o enterro dele e de sua espécie, que ele não possa vir para este ou para aquele lugar."[10]

Adelardo temperou sua tradução com um uso liberal de frases em árabe, dando a ela um atrativo misterioso num mundo latino faminto tanto por novidades como por informações básicas. Na receita para uma esposa que procura recuperar a afeição do marido, ele revela o encantamento necessário: "Ó fonte de honra, alegria e luz do mundo! Misturai os amores dessas duas pessoas, ó espíritos, usando vosso conhecimento de combinar, e sede auxiliados para esse fim pela maior força e pelo poder de *al-malik al-quddus wa al-hayah al-da 'ima*", uma frase árabe que Adelardo traduz por "o rei, a vida sagrada e eterna".[11] Esse nobre apelo a Deus ou seus intercessores, não aos demônios, está de acordo com a tradição islâmica e a separa da noção de magia negra na Europa cristã.[12] A certa altura, Adelardo nos dá uma rara indicação do que pode ter levado um jovem do West Country inglês a penetrar num território intelectual inexplorado, sozinho numa terra estranha e distante. O praticante de magia, escreve ele, deve permanecer centrado na tarefa à mão e deve sempre agir com confiança, pois "a falta de esperança é a mãe da hesitação, e a hesitação é a mãe da ineficácia".[13]

Sob a influência de Thabit ibn Qurra e outros pensadores dessa estirpe, Adelardo desenvolveu um fascínio pelo oculto como parte integrante de sua ciência. No que dizia respeito a muitos dos eruditos muçulmanos, astrologia e magia combinavam com astronomia, medicina, química e previsão do tempo, uma convenção que Adelardo fez muito para popularizar entre os primeiros cientistas ocidentais. Os médicos árabes, por exemplo, costumavam consultar as estrelas para identificar o melhor momento para tirar sangue ou realizar uma cirurgia, estabelecendo uma relação entre as partes do corpo de um paciente e o mapa astrológico do céu. Esse sistema foi propagado inicialmente pela prática médica da Grécia antiga: Áries estava associado à cabeça e os outros signos do zodíaco correspondiam sucessivamente ao resto do corpo até chegar a Peixes, ao qual estavam vinculados os pés.[14] A Universidade de Bolonha, um dos grandes centros de medicina do Ocidente medieval, tinha uma disciplina especial dedicada a ensinar aos futuros médicos como avaliar a influência das estrelas sobre o corpo humano.[15]

Parece que Adelardo também se aventurava pela alquimia, uma incubadora importante dos primórdios da ciência experimental e precursora da química moderna. Embora suas origens estivessem na investigação filosófica sobre a natureza da substância e da realidade, grande parte da alquimia medieval passou a abranger cada vez mais técnicas específicas para manipular materiais com solventes e agentes reativos, ou criar ligas de metal e tinturas, processos básicos que um dia encontrariam um lar no laboratório do químico. Hoje, a palavra *alquimia* lembra principalmente a busca secreta e até mística de maneiras de criar ouro a partir de metais menos nobres. Uma referência medieval subsistente atribui a Adelardo um manuscrito perdido do século XII com receitas e técnicas alquímicas, conhecido como *Uma pequena chave para o desenho*. Uma versão ainda existente – sem atribuição a Adelardo ou qualquer outro autor – traz uma série de instruções para refinar ouro e prata, trabalhar com metais preciosos, colorir vidro e pintar couro, muitas delas provenientes das tradições alquímicas do Egito helenístico. No total, a obra apresenta 382 capítulos, ou receitas, e um terço delas parece ser de adições relativamente recentes.[16] Uma característica desse texto é sua completa falta de referência a fontes latinas para a matéria-prima central; não há, por exemplo, nenhuma alusão às obras canônicas de Vitrúvio em suas seções sobre arquitetura, fazendo desse um dos primeiros exemplos de transferência de tecnologia para o Ocidente cristão.[17]

Várias pistas sugerem que Adelardo talvez tenha aumentado o texto básico mais antigo com base em suas pesquisas e interesses pessoais. Entre esses indícios, está um uso da terminologia árabe similar ao encontrado na sua tradução do *Livro dos talismãs* de Thabit; a introdução no texto latino de duas palavras em inglês numa seção sobre técnicas para produzir pigmento verde, cor que Adelardo adotou como sua marca registrada; um par de receitas para fazer balas a partir da cana-de-açúcar, uma planta desconhecida naquela época no norte da Europa, mas familiar para quem tivesse viajado para tão longe, como ele; e, por fim, alguns trechos que espelham textos do próprio Adelardo, inclusive de sua primeira obra, *Sobre o mesmo e o diferente*.[18]

O título inócuo do manuscrito de alquimia talvez tenha sido escolhido para esconder seu verdadeiro conteúdo da curiosidade casual, pois *Uma pequena chave para o desenho* é uma mina de ouro de tecnologia medieval contendo os segredos industriais dos artesãos da época que faziam vidro, couro e outros produtos, bem como as técnicas e métodos fundamentais da ciência ocidental primitiva.[19] Entre seus tesouros encontra-se uma receita, escrita em código, para a destilação de álcool – um ingrediente fundamental em muitos procedimentos alquímicos. A obra revela muito sobre o estado subjacente do conhecimento transmitido pelos mestres árabes da época, pois a arte da alquimia muçulmana dedicava-se, em parte, à busca de "essências" puras por meio da destilação, cristalização, redução e outros processos químicos fundamentais. As autoridades árabes no assunto ensinavam que a mistura de determinados destilados podia criar uma substância rarefeita, o elixir, capaz de curar doenças, purificar materiais menos nobres e até prolongar a vida. Isso ficou conhecido mais tarde na Europa como a quinta-essência (ou quintessência), e era um complemento ao esquema grego clássico dos quatro elementos básicos: terra, água, ar e fogo.

O grande alquimista árabe do século IX Jabir ibn Hayyan ensinava que cada um dos metais da terra consistia de misturas diferentes de enxofre e mercúrio, o que abria a possibilidade de que pudessem ser "transmutados" se alguém conseguisse decompô-los nesses dois elementos intermediários e depois mudasse as proporções e as purezas relativas. Isso forneceu a base teórica para muitas das primeiras pesquisas científicas dos alquimistas, uma busca que se mostrou igualmente popular no Oriente e no Ocidente – inclusive pela expectativa de que em última análise se pudesse produzir ouro a partir de metais mais comuns.[20] Jabir, conhecido em latim por Gaber, a quem incontáveis textos alquímicos europeus foram depois atribuídos espuriamente, estava muito ligado a ensinamentos xiitas e sufistas místicos e sua prática da alquimia espelhava a busca espiritual dessas seitas de penetrar nos fenômenos neutros e alcançar o sentido revelado, interior. Nisso, portanto, estava a base filosófica para a hoje desacreditada arte da alquimia e qualquer mudança na substância material em laboratório era, para Gaber e seus colegas, um símbolo da transformação da alma.[21]

Nas mãos de alguns alquimistas árabes posteriores, esse componente simbólico vital foi gradualmente eliminado, facilitando a transição da disciplina espiritual da alquimia para a ciência prática da química. As obras desses cientistas cobriam a classificação das substâncias minerais, processos e técnicas básicos e discussões de aparelhos e outros equipamentos – tudo facilmente assimilado pela linguagem científica ocidental emergente.[22] A chegada ao mundo latino da alquimia árabe estimulou séculos de pesquisa sobre as propriedades químicas e procedimentos experimentais de uma forma muito parecida com a maneira pela qual a visão geocêntrica do mundo contida nos estudos árabes do *Almagesto* ajudou a ampliar as fronteiras da astronomia matemática. O cientista e filósofo inglês do século XIII Roger Bacon, que partilhava do entusiasmo de Adelardo pela magia, viu grandes promessas no que chamou de abordagem prática da disciplina: "Mas há uma outra alquimia, operativa e prática, que ensina como fazer os metais nobres e as cores e muitas outras coisas melhor e com mais arte do que são feitas na natureza. E a ciência desse tipo é maior do que todas as precedentes porque produz mais utilidades."[23]

A política da alquimia também desempenhou um papel importante na ascensão da ciência ocidental, pois os requisitos de Estado às vezes ofereciam aos seus primeiros praticantes uma proteção inestimável contra a condenação pela religião. Desse modo, ela espelhava o desenvolvimento da astrologia, que também tinha muitos críticos religiosos, tanto no Oriente como no Ocidente. Os príncipes europeus estavam ávidos por reforçar seus cofres exauridos empregando, nas palavras de um monarca inglês, "homens doutos em filosofia natural" para aumentar as posses reais de moedas de ouro por meio da prática da alquimia.[24] Na realidade, o máximo que os alquimistas conseguiam fazer era desvalorizar a moeda da Coroa através da introdução furtiva de impurezas que aumentavam o número de moedas, mas diluíam seu conteúdo real em ouro. Essa técnica não diferia muito da moderna economia de papel-moeda que simplesmente imprime mais dinheiro para cobrir seus gastos crescentes. As forças da Igreja, que corriam o risco de perder poder e influência nas mãos de reinos seculares assim "enriquecidos", denunciavam os praticantes dessas artes como charlatães. O papa e seus aliados invocavam também ensinamentos religiosos para advertir contra a interferência do homem na ordem natural de Deus. "Eles prometem aquilo que não produzem", queixou-se o papa João XII numa bula papal de 1317.[25]

A menção mais antiga da *Uma pequena chave para o desenho* está num catálogo de biblioteca do século IX do mosteiro beneditino de Reichenau, na Alemanha, mas o manuscrito perdido ao qual ela se refere seria ainda mais antigo.[26] Obviamente, os artesão europeus haviam dominado e preservado algumas técnicas industriais importantes durante o tumultuoso início da Idade Média. Isso, no entanto, não diminui o enorme impacto da chegada da alquimia e da química primitiva árabes a partir do século XII, introduzida por gente como Adelardo. Em poucas décadas, seu conterrâneo Roberto de Ketton produziria o primeiro texto totalmente latino sobre a arte árabe, *O livro da composição da alquimia*. "Como o que é a Alchemiya e qual é a sua composição vosso mundo latino ainda não sabe, explicarei no presente livro", Roberto promete aos seus leitores no prefácio.[27]

Em pouco tempo, uma enxurrada de traduções de obras de alquimia árabes começou a penetrar no Ocidente, ameaçando derrubar a relação tradicional da cristandade entre homem e natureza e provocando um vigoroso debate filosófico e teológico sobre os usos e abusos da tecnologia.[28] Estimulados pela chegada desses ensinamentos árabes, os alquimistas latinos estavam entre os pioneiros do Ocidente na descoberta do mundo natural, ao mesmo tempo em que suas teorias da natureza, como a da composição da matéria, contribuiriam para a revolução científica dos séculos XVI e XVII.[29]

Muito antes de Adelardo chegar a Antioquia, a ignorância, a desordem e um isolacionismo religioso autoimposto haviam separado o Ocidente de séculos de avanços científicos e filosóficos. O mundo natural, em grande medida, não era questionado ou explorado, e as tentativas de penetrar seus mistérios com frequência provocavam suspeitas de bruxaria ou de diabruras demoníacas. Com pouco ou nenhum entendimento das leis físicas que poderiam explicar a disseminação de moléstias mortais, por exemplo, ou iluminar as artes da navegação ou da contagem do tempo, a cristandade medieval tendia a ver o universo como um lugar obscuro e assustador. A superstição reinava. Em suma, não havia método, somente uma espécie de mania ou loucura – como testemunham as explicações extravagantes para os fenômenos naturais e o domínio difuso da imaginação popular por visionários apocalípticos. Tudo isso começou a mudar quando Adelardo descobriu uma das maiores obras científicas da história: o sistema matemático da geometria euclidiana.

Os treze livros de Euclides, conhecidos como *Elementos*, contêm seis capítulos sobre geometria básica, três sobre a teoria dos números e uma única seção sobre "incomensuráveis" – hoje conhecidos como números irracionais. O lado e a diagonal de um quadrado representam o exemplo mais familiar de números incomensuráveis. Não há uma unidade única que possa medir ambas as linhas; desse modo, a relação entre elas não pode ser escrita como uma fração ou razão. Já se sugeriu que o problema dos incomensuráveis forçou os filósofos gregos a descartar a noção de que o universo poderia ser descrito totalmente em termos de números inteiros positivos e se concentrar no desenvolvimento da geometria como uma representação mais precisa e útil da realidade física.[30] Os três últimos capítulos dos *Elementos* são dedicados à geometria dos sólidos.

A vida e a origem de Euclides são obscuras e sujeitas a muita especulação, embora se saiba que ele fundou uma escola em Alexandria, onde floresceu por volta de 300 a.C. Sua obra-prima é uma compilação e revisão de boa parte da matemática grega até então, apresentada numa forma lógica convincente. Euclides começa por apresentar os elementos básicos da geometria e depois coloca um problema para ser resolvido. Em seguida, mostra uma proposta de solução. Por fim, a *prova* argumenta a partir das primeiras proposições, ou axiomas, para estabelecer a verdade da construção, e a *conclusão* confirma que o problema foi resolvido satisfatoriamente dentro das regras do jogo. Cada demonstração bem-sucedida forma a base para problemas posteriores, mais sofisticados.

Tomados em seu conjunto, os treze livros dos *Elementos* oferecem um sistema lógico abrangente e uma introdução ao raciocínio dedutivo, essencial para o desenvolvimento do método científico e da investigação filosófica racional. No entanto, a Europa medieval não conhecia quase nada da ciência euclidiana, exceto alguns fragmentos malcompreendidos preservados por Boécio e por outros enciclopedistas latinos. Isidoro de Sevilha, por exemplo, dedicou um total de apenas quatro páginas de suas *Etimologias* aos temas da geometria, aritmética, música e astronomia juntos.[31] Esses fragmentos não permitiam que os eruditos cristãos tivessem uma ideia das riquezas intelectuais contidas nos *Elementos* de Euclides.

Euclides se deu muito melhor nas mãos dos árabes, que reconheceram sua importância e fizeram do domínio dos *Elementos*, ao lado do *Almagesto*, das técnicas da astronomia hindu e da filosofia natural de Aristóteles, um fundamento de seu empreendimento intelectual. Vale a pena notar que os eruditos árabes também identificaram a falha mais grave do sistema euclidiano: o quinto postulado, que apresenta a noção de que as linhas paralelas jamais se encontram, nem mesmo no infinito. A essência do problema está na asseveração do comportamento dessas linhas fora da experiência humana, e o próprio Euclides parece ter expressado algumas dúvidas sobre esse aspecto de sua obra. Todas as tentativas até agora de tornar essa regra absoluta fracassaram. Porém, os matemáticos árabes medievais atacaram várias vezes o problema ao longo dos séculos, de formas novas e criativas – um trabalho que acabou por chegar ao Ocidente, onde mais tarde influenciou vários matemáticos importantes.[32]

O califa al-Mansur invocou os ensinamentos de Euclides no projeto geométrico de sua Cidade Redonda, e seus sucessores fizeram com que *Elementos* fosse um dos primeiros textos gregos a ser traduzido para o árabe. Os livros de dois eruditos abássidas sobre essa obra sobreviveram até hoje. O primeiro deles, al-Hajjaj, fez uma tradução completa e um resumo, este por pedido direto do califa al-Mamun. Uma segunda versão posterior, que dá conta com mais eficácia do original grego, foi editada e revisada por Thabit ibn Qurra, o pesquisador da Casa da Sabedoria cujo *Livro dos talismãs* Adelardo traduziu.[33]

Os árabes também produziram dezenas de comentários sobre os *Elementos* e traduziram outras obras importantes de Euclides. Quase imediatamente, a abordagem muçulmana da ciência e da filosofia começou a refletir a ênfase fundamental do matemático grego nas provas demonstráveis. Essa abordagem logo se estendeu para questões de teologia e religião, levando o erudito aristocrata al-Kindi a buscar os ensinamentos dos filósofos gregos sobre metafísica a fim de submeter questões de fé a essa mesma forma de análise rigorosa. Com esse objetivo, ele encomendou traduções de textos filosóficos gregos que um dia representariam um importante desafio para os teólogos tanto do Oriente quanto do Ocidente, como as obras de Aristóteles sobre cosmologia e a alma.[34]

Para a Europa medieval, a descoberta da obra completa de Euclides foi sensacional. As três primeiras versões em latim, baseadas na tradução feita por al-Hajjaj três séculos antes, têm sido historicamente atribuídas a Adelardo.[35] Em seguida, vieram edições de outros eruditos. Anotações em alguns dos manuscritos subsistentes e o testemunho de intelectuais medievais posteriores estabelecem as ligações estreitas entre Adelardo e os textos mais antigos. Roger Bacon cita o terceiro desses tratados – na verdade, um comentário sobre Euclides, e não uma tradução – e se refere a ele positivamente como "a edição especial de Adelardo de Bath".[36] E não há motivos para duvidar do relato do próprio Adelardo quando ele nos diz numa obra posterior que já havia traduzido os *Elementos* alguns anos antes.[37]

Ninguém até agora conseguiu revelar o mistério de quais textos exatamente trazem as marcas da mão do mestre. Ainda assim, as impressões digitais de Adelardo estão por toda a introdução da geometria de Euclides ao mundo latino, já em 1126. Independentemente de sua exata proveniência, esses primeiros manuscritos revelam muito sobre o modo como Adelardo e os primeiros eruditos latinos que seguiram sua trilha assimilaram e dominaram gradualmente os textos científicos arábes. As edições mais antigas trazem todas as marcas de um primeiro encontro hesitante com os *studia Arabum*. A tradução do vocabulário técnico é muitas vezes inconsistente e confia muito em termos latinos imprecisos ou errados; em outros momentos, sem encontrar um equivalente latino, o autor simplesmente translitera do original árabe. Essa pobreza linguística logo infestaria também as traduções da filosofia muçulmana; uma versão primitiva de uma obra importante de metafísica é forçada a usar uma única palavra latina, *esse*, para representar 34 expressões arábicas distintas para "ser" e noções relacionadas.[38]

De acordo com uma análise linguística moderna, as primeiras traduções usam mais de setenta transliterações diretas do árabe a fim de apresentar conceitos básicos de geometria para os quais o latim medieval não tinha uma terminologia pronta. Entre eles estavam *diâmetro, tangente* e *razão*. Porém, uma versão pouco posterior reduziu a base árabe para menos de uma dúzia de transliterações e substituiu todos os termos acima por equivalentes latinos apropriados. Isso sugere que Adelardo – ou talvez um colega, ou um de seus pupilos – tenha desde então feito avanços no domínio do material disponível e identificado ou produzido variantes latinas.[39] Alguns dos manuscritos subsistentes de Euclides incluem também anotações à margem que discutem o vocabulário árabe ou explicam questões de gramática, uma técnica que o próprio Adelardo usou em outras obras – em uma delas, ele destaca as palavras estrangeiras em tinta vermelha – e que foi levada adiante por seus estudantes.[40]

Praticamente todos os exemplos subsistentes do segundo dos três primeiros Euclides em latim identificam explicitamente a obra como sendo de Adelardo. Essa versão foi "best-seller" por cinco séculos e se tornou uma das peças centrais das novas ciências ocidentais. Ao menos 56 manuscritos sobreviveram, um número relativamente grande, que atesta a atração exercida pela obra e seu uso disseminado.[41] Ela serviu de base para o que mais tarde se tornou o texto erudito definitivo da época e foi citado amplamente em comentários durante os séculos XIII e XIV. No terreno da teoria, Euclides deu aos latinos seu primeiro modelo explícito de pensamento científico e os colocou em contato com a abordagem clássica da dedução lógica.[42] Em termos práticos, sua geometria foi fundamental para o desenvolvimento da astronomia medieval, pois permitiu a mensuração de corpos celestes distantes em termos de ângulos e graus e ajudou a explicar e prever seus movimentos pelo céu.

Essas primeiras traduções latinas, que buscavam interpretar Euclides para uma plateia ocidental mais ampla, montaram o cenário para o rigoroso programa arábico de estudos que culminou na astronomia matemática e na astrologia aplicada.[43] Elas também causaram um impacto profundo no desenvolvimento geral do pensamento científico e filosófico europeu. Roberto Grosseteste – literalmente "cabeça grande", o que levou um contemporâneo seu a chamá-lo de "Roberto da cabeça grande, mas de intelecto sutil"[44] – reconheceu a importância fundamental da nova geometria. "A utilidade de uma consideração de linhas, ângulos e figuras é a maior, uma vez que é impossível que a filosofia natural seja conhecida sem elas. Elas prevalecem absolutamente em todo o universo e em suas partes", escreve Roberto, um dos primeiros reitores de Oxford, que morreu em 1253. Sem linhas, ângulos e figuras, observa ele, seria impossível conhecer a verdadeira natureza das coisas.[45]

Roger Bacon, colega mais jovem de Roberto, invoca várias vezes a edição especial de Euclides feita por Adelardo como uma referência para a ideia, que começava a criar raízes no Ocidente, dos usos da prova na lógica e na teoria do conhecimento, ou epistemologia. Roger baseia-se explicitamente em Adelardo para escrever sua obra inovadora sobre teorias da visão e sobre a questão mais ampla do papel da experimentação na ciência. "Um axioma, como Adelardo de Bath diz em sua edição, é interpretado como uma dignidade, pois ele explica as definições das coisas. E isso é especialmente verdadeiro quando o axioma é tomado estritamente, embora num sentido amplo todos os princípios sejam chamados de axiomas, como supõe o epílogo de Adelardo de Bath no final do livro", escreve Roger em sua *Geometria Speculativa*.

Mais adiante, ele liga Adelardo diretamente à obra de Aristóteles sobre experiência e experimentação, para depois acrescentar: "Um postulado é, como diz Adelardo de Bath, aquilo que, nada de inconveniente sendo concedido, se segue à hipótese." A união desses três elementos – geometria; o sistema de axiomas, postulados e provas explicado por Adelardo; e a experiência direta – compõe a base de grande parte da pesquisa e da erudição produtivas do Ocidente, inclusive do desenvolvimento em Oxford do cálculo e da análise formal.[46] A nova arte da geometria foi fundamental também para a investigação filosófica medieval da luz, da cor e da visão.

Os *Elementos* de Euclides logo apareceram nas salas de aula das escolas catedráticas, especialmente em Chartres, um centro importante de educação desde que o monge francês e futuro papa Gerberto de Aurillac retornou da Espanha com um saber inspirado pelos árabes para popularizar a matemática e as outras matérias do quadrívio. Essa afinidade precoce com Euclides numa das maiores catedrais da França revelou-se de enorme valor prático e estético depois que um incêndio em 1145 obrigou a reprojetar e reconstruir completamente a enorme estrutura. O grande esforço prestou homenagem a Euclides, literal e figurativamente: a estatuária decorativa dedicada às sete artes liberais passou a incluir o matemático grego, e a arquitetura da catedral reconstruída demonstrava uma nova sofisticação nos princípios de geometria e proporção.[47] O resultado é um dos maiores monumentos arquitetônicos da cristandade.

A construção e a arquitetura europeias já haviam começado a mostrar um aperfeiçoamento técnico marcante, assim como a arte do desenho. Essa súbita melhora, bem como o surgimento de habilidades e técnicas específicas antes ausentes, datam da transferência direta de tecnologia prática dos mestres construtores e pedreiros do Oriente. Em pelo menos dois casos bem conhecidos, artesãos árabes, chegando ao Ocidente, compartilharam seus conhecimentos. Um deles, um muçulmano conhecido como Lalys, foi capturado nas Cruzadas e levado para a Inglaterra, onde acabou por se tornar o arquiteto da corte do rei Henrique I.[48] Em outro exemplo, o cronista sírio Usama ibn Munqidh conta que um pedreiro que havia trabalhado para sua família se mudou para terras cristãs e levou consigo sua valiosa arte de lavrar pedra de cantaria. As Cruzadas também puseram os artífices ocidentais que delas participaram em contato com as últimas técnicas árabes de construção, enquanto outros artesãos chegaram ao Ocidente vindos da Espanha muçulmana após as vitórias militares cristãs.

Entre as inovações vindas dos árabes estava a introdução do arco em ogiva, uma característica marcante do novo estilo gótico de catedral.[49] A tecnologia relacionada a isso possibilitou a construção de abóbadas notáveis que abriam essas enormes catedrais para o ar – não muito diferente da moderna estufa – e levava à construção de janelas imensas onde no passado se erguiam paredes maciças. O uso do arco ogival em lugar do semicírculo entre as colunas de apoio deu também aos construtores e arquitetos uma flexibilidade maior, pois podiam agora variar a distância entre colunas sem comprometer ou distorcer o projeto.[50]

Junto com seu alto nível de habilidade no desenho técnico, nas regras de proporção e nas técnicas específicas de alvenaria, os artesãos muçulmanos ofereciam uma consciência aguçada dos princípios geométricos gerais então desconhecidos no Ocidente. Em consequência, os ângulos irregulares, paredes tortas e portas e janelas fora de prumo tradicionais passaram a dar lugar a uma precisão muito maior no projeto e na construção.[51] A geometria dos árabes, tal como popularizada por Adelardo, foi logo adotada pelos mestres construtores e pedreiros europeus como fundamental para sua arte. Aquele "valioso letrado Euclides" tornou-se o farol deles. "Vós deveis compreender que entre todos os ofícios do mundo da artesania do homem, a alvenaria tem a maior notabilidade e a maior parte da ciência da geometria", proclama um documento de guilda do século XIV.[52]

Essas técnicas geométricas inovadoras formaram quase certamente o núcleo central do conhecimento "secreto" dos futuros maçons, em torno dos quais ainda existem muitas lendas. Um caderno de anotações que pertencia originalmente ao arquiteto francês do século XII Villard de Honnecourt inclui esta referência típica aos usos práticos da geometria: "É graças à geometria que a altura de um edifício e a largura de um rio podem ser medidas." O compêndio de Villard de métodos geométricos ensina como dividir ao meio a área de um quadrado, uma habilidade necessária na construção de pináculos e outros aspectos essenciais característicos do período.[53]

Nisso também a proveniência árabe dos novos métodos se revelou de grande valor, pois a tradição intelectual muçulmana estava mais do que disposta a utilizar a ciência para resolver questões práticas. No século XIII, os pedreiros e outros artesãos que trabalharam na catedral de Wells, não muito longe da cidade natal de Adelardo, já usavam numerais arábicos para marcar e identificar componentes do projeto, enquanto seus clientes, os clérigos cultos, se aferravam aos numerais romanos, menos maleáveis, em seus livros de contabilidade por mais quatrocentos anos.[54]

A IMENSA IMPORTÂNCIA da restauração de Euclides foi perfeitamente complementada pela outra obra revolucionária de Adelardo, a tradução das tabelas estelares de al-Khwarizmi, a *zij al-Sindhind*. A *zij* de Adelardo quase aturdiu o Ocidente, pois a tradição dos manuais tabulares refletia séculos de avanços científicos muçulmanos e se baseava em pressupostos matemáticos que superavam de longe tudo o que a cristandade já vira. Um corpo de estudo inteiramente novo, bem como um vocabulário totalmente inédito tiveram de ser criados a fim de que o Ocidente compreendesse o pleno alcance e a importância da *zij*. Esse processo de assimilação ocupou os eruditos latinos por centenas de anos e foi somente no século XVI, com Copérnico, que o Ocidente pôde apresentar alguém que se igualasse aos astrônomos árabes clássicos.[55] Mesmo o grande cientista polonês não poderia ter completado sua obra revolucionária sem a ajuda crucial de seus predecessores árabes.

Embora a *zij* que Adelardo transmitiu para seus colegas latinos por volta de 1126 estivesse obsoleta para os padrões árabes da época, a história dela revela a profundidade e o alcance da ciência promovida na Casa da Sabedoria e disseminada para outros lugares do mundo muçulmano. E ela foi mais do que suficiente para estimular uma onda de atividade entre os novos cientistas ocidentais. A obra consiste em 116 tabelas, baseadas inicialmente em ensinamentos hindus para catalogar os movimentos do Sol, da Lua e dos cinco planetas visíveis. Elas são acompanhadas por 37 capítulos curtos de explicações. Apesar de alguns erros básicos na tradução do texto árabe, os números e tabelas estão representados com precisão, sugerindo que Adelardo compreendeu os cálculos complexos, ainda que não todas as sutilezas linguísticas.[56] Ele também continuou com sua prática anterior – como se vê na tradução de Euclides e em outras obras – de salpicar o texto com palavras e frases em árabe, destacando termos estrangeiros importantes e dando explicações úteis e outras anotações nas margens.

Uma tabela *zij* básica, como o astrolábio comum, é válida somente para o lugar específico para o qual foi projetada. Isso foi uma fonte de erros consideráveis e frustração dos primeiros astrônomos e matemáticos ocidentais, pois eles precisavam primeiro dominar as implicações da *zij* e depois experimentar modos de atualizá-la e ajustá-la devidamente para que tivesse um verdadeiro uso prático. Esse mesmo fenômeno permite que pesquisadores modernos descubram, frequentemente com muita precisão, onde e quando determinada *zij* foi escrita e revisada. No caso da *zij al-Sindhind*, esse registro se estende por 1.300 anos de história astronômica, da época dos estudiosos hindus que forneceram a base para as tabelas até o nosso tempo.[57]

Al-Khwarizmi usou sua base em Bagdá como ponto de referência para alguns de seus cálculos e utilizou o calendário solar persa comum de sua cidade ancestral, Khwarazm, junto ao mar de Aral. Porém, a versão arábica em que Adelardo baseou sua tradução sofrera significativas revisões nos três séculos intervenientes. Essas tabelas refletem o meridiano em Córdoba, na Espanha muçulmana, enquanto suas datas foram refeitas para se adequar ao calendário lunar padrão do mundo islâmico. Tais revisões foram obra do matemático espanhol do século XI Abul Qasim Maslama bin Ahmad, comumente chamado de al-Majriti – ou seja, nativo de Madri –, que acrescentou conversões de calendário e várias tabelas trigonométricas e de eclipses, bem como informações destinadas a cálculos astrológicos.[58] O sabor hispânico da *zij* levanta a possibilidade de que Adelardo tenha visitado essa terra anteriormente muçulmana, ou talvez o norte da África, durante sua grande viagem de sete anos. Porém, Adelardo não deixou nenhuma menção de uma viagem desse tipo e parece mais provável que a versão de al-Majriti tenha caído em suas mãos noutro lugar.

No final do século X, o califa omíada de Córdoba, al-Hakam II al-Mustansir, decidiu desafiar a supremacia intelectual de seus rivais abássidas em Bagdá. Ele reuniu uma enorme coleção de textos eruditos e atraiu importantes estudiosos para seu reino de al-Andalus. No centro desse esforço estava o trabalho de al-Majriti e seus seguidores, especialistas em astronomia, matemática, astrologia e teoria do astrolábio.[59] "Abulqasim Maslama bin Ahmad, conhecido pelo nome de al-Majriti ... era o principal matemático em al-Andalus durante seu tempo e melhor do que todos os astrônomos que vieram antes dele. Ele estava extremamente interessado em observações astronômicas e gostava muito de estudar e buscar entender o livro de Ptolomeu conhecido como *Almagesto*. Ele escreveu um bom livro ... [sobre] a matemática das transações comerciais", registra o cronista medieval Said al-Andalusi. "Ele também trabalhou na *zij* de Muhammad bin Musa al-Khwarizmi e mudou as datas do calendário persa para o calendário da Hégira [islâmico] ... mas seguiu al-Khwarizmi mesmo quando ele estava errado, sem indicar as áreas em que tais erros foram cometidos."[60]

A revisão da *zij al-Sindhind* por al-Majriti deve ter se mostrado irresistível para Adelardo, pois combinava a astronomia matemática árabe com o estudo de astrologia e a tecnologia do astrolábio – temas que tocavam o coração do inglês. Antes de pôr os pés no mundo muçulmano, Adelardo havia escrito em *Sobre o mesmo e o diferente* a respeito de sua paixão pela astronomia, acima de todas as outras "donzelas" das sete artes liberais: "Essa donzela que vedes diante de vós com esplendor ... esboça a forma do mundo, tal como contida em seu ensinamento, a quantidade e o tamanho dos círculos, a distância das órbitas, o curso dos planetas, as posições dos signos do zodíaco; ela pinta nos paralelos e coluros, ela divide o zodíaco em doze partes com razão ponderada, ela tem consciência do tamanho das estrelas, das posições opostas dos dois polos, do eixo que se estende entre eles."[61]

A mesma obra também sugere o amor futuro de Adelardo pela ciência árabe da astrologia – ou seja, pelo estudo dos corpos celestes em busca de pistas para acontecimentos aqui na Terra. "Se alguém pudesse se apossar dela [astronomia], teria confiança para declarar não somente a condição presente das coisas inferiores, mas também suas condições passadas ou futuras. Pois aqueles seres animados elevados e divinos são os princípios e causas das naturezas mais inferiores."[62] Quando escreveu pela primeira vez essas palavras, Adelardo ainda estava longe de dominar as ferramentas e técnicas da astronomia. Agora, quinze ou vinte anos depois, suas tabelas estelares árabes, iluminadas pelos *Elementos* de Euclides, podiam começar a preencher as lacunas significativas em sua compreensão e conhecimento.

Antes mesmo de Adelardo introduzir as tabelas *zij* e oferecer um vislumbre da astronomia matemática árabe por trás delas, bolsões dispersos de atividade científica pontilhavam a paisagem intelectual ocidental. Os monges eruditos da Catalunha, que estavam junto à fronteira das terras muçulmanas, haviam assimilado parcialmente os textos sobre astrolábio de al-Majriti e seus colegas. Gerberto de Aurillac havia popularizado elementos do quadrívio nas escolas catedráticas francesas. E a cidade natal de Adelardo e os mosteiros próximos da bacia do Severn recebiam um círculo animado de matemáticos e astrônomos, em sua maioria lotaríngios e todos tentando entender os primeiros ensinamentos que gotejavam do mundo muçulmano. Houve até uma tentativa fracassada de apresentar a *zij al-Sindhind* aos leitores latinos, a qual pode ter sido o motivo para Adelardo empreender sua bem-sucedida tradução de al-Khwarizmi.[63] Não admira que, em 1138, o cronista João de Worcester se orgulhasse muito por ter ajudado a copiar as valiosas tabelas estelares no priorato da catedral de Worcester, 120 quilômetros ao norte de Bath: "Anoto aqui o primeiro mês do ano arábico e o dia e a hora em que isso começou, de tal modo que a obra que em árabe se chama 'Ezich' e que o culto Elkaurexmus [al-Khwarizmi] escreveu com todo o cuidado sobre o curso dos sete planetas, e colocou em tabelas, não caia no esquecimento."[64]

De início, a conjunção explícita de astronomia e astrologia que caracteriza muitos dos primeiros textos árabes que apareceram em latim atraiu pouca atenção no Ocidente. Porém, o uso da astrologia para prever eventos futuros logo chamou a atenção da ortodoxia cristã, pois a relação entre corpos celestes e acontecimentos na Terra tinha muito em comum com a magia, o reino da feitiçaria, e a teologia, domínio dos padres. O mundo muçulmano já havia começado a experimentar um certo recuo, com alguns dos luminares do pensamento árabe se unindo para contestar a astrologia e sua predição do futuro por ser contrária ao islamismo. Do mesmo modo, o teólogo cristão João de Salisbury denunciou a obra dos "*mathematici*", ou astrólogos, como antitética à moral e incompatível com o livre-arbítrio humano e a onipotência inquestionável de Deus. "Ele – o astrólogo – adorna os anos com um caleidoscópio de coisas por vir, como se estivesse pintando um afresco; e enrola uma corda de acontecimentos futuros através da roda voadora do tempo ... [Mas] a vontade de Deus é a primeira causa de todas as coisas, e a *mathesis* é o caminho da danação", esbraveja João em seu *Policraticus*.[65] Tal como no mundo árabe, os astrólogos latinos, em larga medida, levaram sua arte adiante sem obstáculos.

Obras técnicas e difíceis como os *Elementos* de Euclides e a *zij* de al-Khwarizmi refletem a erudição madura de Adelardo, após anos de imersão na cultura árabe. Os exemplos subsistentes do texto de geometria e das tabelas de estrelas foram completados depois de sua volta para a Inglaterra e talvez se destinassem a servir como livros escolares ou guias de estudo para os alunos de Adelardo e outros estudiosos iniciantes. Mas Adelardo deixou também seu ensaio *Questões sobre ciência natural*, acessível e bastante legível, no qual pretende sintetizar o espírito do saber e da indagação que encontrou no Oriente, compondo o texto como uma resposta à exigência de seu insistente sobrinho por "ideias novas" advindas dos *studia Arabum*.

Os tópicos começam com os reinos vegetal e animal e seguem com a Lua e as estrelas, para depois topar com a delicada questão da própria existência de Deus. O capítulo 7 trata da questão de "por que alguns animais brutos mascam a comida regurgitada e outros não". O capítulo 19 explica "por que o nariz está colocado acima da boca", enquanto o 58 responde à pergunta que desde então se tornou clássica da física elementar: por que a água não escorre de uma vasilha estreita com furos em cima e embaixo se a abertura de cima for fechada com o polegar? Do mesmo modo, Adelardo compreende o conceito da conservação da matéria: "E em meu juízo, certamente, nada morre neste mundo sensível, nem é menor hoje do que quando foi criado. Pois se alguma parte é liberada de uma conjunção, ela não perece, mas se transfere para outra associação."[66] Adelardo passa então a explicar os mistérios dos raios e trovões, da aparente falta de luz da Lua e a questão de as estrelas serem ou não animadas e, em sendo, o que poderiam comer – "as umidades da terra e as águas, afinadas pela distância muito longa que viajam quando são atraídas para regiões mais altas."[67]

Por fim, o sobrinho toca na problemática questão da existência de Deus: "De vós, então, quero ouvir, usando somente a razão e mantendo-se distante da adulação da autoridade, se ele existe ou não, e o que ele é, e o que ele faz."[68] Adelardo já havia demonstrado certa cautela em apresentar concepções que pudessem ser malrecebidas por ouvidos ocidentais. Ele se esconde com frequência atrás das opiniões dos "árabes" para expressar o que poderiam muito bem ser suas próprias opiniões sobre o homem, a natureza e o universo. "Ninguém deve pensar que estou fazendo isso de minha própria cabeça, mas que estou dando as opiniões dos estudos dos árabes … Pois sei que aqueles que professam a verdade sofrem nas mãos dos corvos vulgares. Portanto, defenderei a causa dos árabes, não a minha."[69]

Diante da persistência do sobrinho, Adelardo pede tempo e diz que está mais acostumado a dissipar o que está errado do que a provar o que é verdadeiro. Depois sugere que qualquer discussão sobre Deus excederia todas as outras na "sutileza de seu conteúdo intelectual e na dificuldade de sua expressão".[70] Sabiamente, ele observa que é tarde e está na hora de ir para a cama, prometendo retomar a questão do "início dos inícios" em data posterior. De algum modo, esse dia nunca chega.

A preservação por séculos de muitas das obras de Adelardo indica a popularidade e a importância que tiveram em seu tempo. Ainda assim, os números absolutos são pequenos, condizentes com a escassez da "cultura do livro" na época e os muitos obstáculos práticos para a disseminação e o armazenamento de informações. A simples sobrevivência de um texto medieval não é pouca façanha, pois cada um deles tinha de ser laboriosamente copiado à mão sobre folhas duras de pergaminho, atividade que no

Ocidente geralmente levava muitos meses e era feita por escribas profissionais em mosteiros espalhados pelo mundo de língua latina. Para cada texto que chegou a nós, deve ter havido muitos outros que se perderam, foram danificados por fogo, pragas ou outras ameaças, ou simplesmente caíram em desfavor e não tiveram mais prioridade nos *scriptoria* medievais.

Fizeram-se cópias das *Questões sobre ciência natural* de Adelardo em sua Inglaterra natal e no continente europeu. Subsistem treze exemplares do século XII, alguns dos quais produzidos em edições pequenas, portáteis, para facilitar o uso e o estudo. Há outros dez do século XIII, mas apenas três do século XIV e dois do XV, sugerindo um declínio na popularidade à medida que outros textos ganhavam preeminência. Porém, a obra desfrutou depois um breve renascimento, especialmente na Inglaterra. Produziram-se edições também em hebraico e muito possivelmente em francês, enquanto grandes trechos foram traduzidos para o italiano.[71] Encontraram-se dezenas de cópias do texto latino de Euclides, assim como nove exemplares – mas somente dois completos – da tradução das tabelas estelares de al-Khwarizmi.[72]

A maior realização de Adelardo, no entanto, está menos em seus manuscritos do que na sua compreensão intuitiva do amplo significado dos ensinamentos árabes que começaram a penetrar na consciência cristã. Esse fio percorre as *Questões sobre ciência natural*, que exibem expressões como "meus mestres árabes" e "a causa dos árabes". Ao contrário do punhado de exploradores intelectuais que vieram antes dele, Adelardo não se satisfazia simplesmente em tomar emprestado os aspectos exteriores de novas ideias e tecnologias, mas buscava reinventar a si mesmo e a própria ideia de Ocidente de acordo com o saber árabe. Em seu cerne estava a proposição de que a experimentação, o pensamento racional e a experiência pessoal estavam acima da convenção e da aceitação cega da autoridade tradicional. Adelardo parece ter percebido que para absorver e explorar essas grandes descobertas, ele tinha de fazer mais do que apenas dominar a língua árabe: precisava livrar-se de quase tudo o que pensava que sabia e adotar uma maneira totalmente nova de olhar para o mundo ao seu redor.[73] "Se desejas ouvir algo mais de mim, dá e recebe razão. Pois não sou o tipo de homem a quem a pintura da pele pode satisfazer. Cada letra é uma prostituta, aberta ora a estas afeições, ora àquelas", disserta ele para o sobrinho.[74]

No que diz respeito aos cruzados que precederam Adelardo na Síria, a maioria avassaladora estava cega demais, por ignorância e ódio sectário, ou pela presunção moral, para reconhecer as realizações da civilização avançada que agora enfrentavam em batalha. Essa tendência lembra o que acontece hoje, quando o Ocidente olha para o leste e só vê barbárie. A percepção de Adelardo foi uma exceção notável ao estado de ânimo de seu tempo – que via no islamismo uma fé maligna sem nada a oferecer à cristandade exceto o papel de inimigo sagrado –, e ele voltou para a Inglaterra quase como um homem novo. Tudo que lhe fora familiar em sua terra natal parecia agora parte de um mundo estranho e desagradável.

Por insistência de amigos e familiares, com quem ele acabara de se reunir, Adelardo examinou o estado da sociedade inglesa e escreveu em *Questões sobre ciência natural*: "Acho os príncipes bárbaros, os bispos bíbulos, os juízes subornáveis, os protetores irresponsáveis, os clientes sicofantas, os prometedores mentirosos, os amigos invejosos e quase todo mundo cheio de ambição."[75] Sempre professor, Adelardo decide que o conhecimento oferece o melhor antídoto para a "depravação moral" em exibição em sua terra natal. "Empreendi o tratado seguinte, que sei que será útil aos seus ouvintes, mas se é agradável, não sei, pois a geração atual sofre desse defeito arraigado, de pensar que não se deveria aceitar nada que tenha sido descoberto pelos 'modernos'."[76]

Durante suas perambulações, conta-nos Adelardo, ele adotou sua túnica verde ondulante como marca registrada e começou a usar um anel de sinete vistoso, gravado com um obscuro símbolo astrológico, também verde, "menos extenso, porém mais eficaz" em seu matiz esmeralda. A nova perspectiva intelectual de Adelardo não é menos surpreendente. Foi-se o jovem fidalgo do campo que outrora dedicava uma prosa fervorosa à deusa da filosofia, numa imitação pálida da idade clássica antiga; em seu lugar está o incansável buscador de conhecimento e verdade científica. O novo Adelardo, agora cidadão do mundo, desafia a corrupção intelectual, a complacência e a rigidez que atrapalharam o Ocidente durante séculos. Ao contrário do estudante das escolas catedráticas que certa vez rotulara os modernos de "estúpidos", o Adelardo renascido é um ardente defensor da erudição contemporânea – só agora seu mundo é moldado pelo novo e dinâmico saber árabe do Oriente.

Esse conhecimento, diz ele, pode libertar o mundo ocidental do fardo da ortodoxia e dar ao homem permissão para abrir o próprio caminho através do universo: "Pois aprendi uma coisa com meus mestres árabes, com a razão por guia, mas vós outra; vós seguis um cabresto, subjugados pela imagem da autoridade. Pois de que outra coisa a autoridade pode ser chamada senão de cabresto? Tal como os animais brutos são levados para onde se quiser por um cabresto, mas não sabem para onde ou por que são levados, e somente seguem a corda pela qual estão presos, do mesmo modo a autoridade das palavras escritas leva não poucos de vós ao perigo, uma vez que sois subjugados e amarrados pela credulidade animalesca."[77]

O homem deveria se refugiar em Deus, declara ele, somente quando seu intelecto se revelasse incapaz de compreender o mundo ao seu redor. Tal declaração conecta Adelardo de Bath diretamente ao seu herdeiro espiritual e intelectual, o astrônomo pioneiro Galileu, cujo confronto público com a ortodoxia religiosa cinco séculos depois selaria o fim do início da revolução científica ocidental. Esse viandante de túnica verde faz a primeira asserção explícita na Idade Média cristã de que a existência de Deus não deve impedir o homem de explorar as leis da natureza. "Eu não depreciarei nada de Deus, pois tudo o que é, é a partir Dele … Devemos ouvir os limites extremos do conhecimento humano e somente quando isso fracassar totalmente é que deveremos atribuir as coisas a Deus."[78]

Miniatura otomana de astrônomos no trabalho, com um astrolábio e outros instrumentos no Observatório de Galata, Istambul. (Biblioteca da Universidade de Istambul/The Bridgeman Art Library)

Aristóteles ensinando astronomia. A tradição científica árabe foi muito influenciada pela obra de autores gregos clássicos, cuja "filosofia natural" representava um sistema completo de conhecimento que abrangia tanto as ciências físicas como a metafísica. (Museu do Palácio Topkapi, Istambul/The Bridgeman Art Library)

Uma página do *Cânone da medicina*, de Avicena, escrito no século XI, o principal texto de medicina no Ocidente por mais de cinco séculos. (Museu Nacional, Damasco/The Bridgeman Art Library)

Deus criando a medicina e concedendo a arte da cura aos médicos. Da tradução latina do *Cânone da medicina*, de Avicena, feita na Espanha por Gerardo de Cremona. Consta que Gerardo traduziu mais de setenta textos árabes para o latim. (Biblioteca Nacional, Paris/Arquivos Charmet/The Bridgeman Art Library)

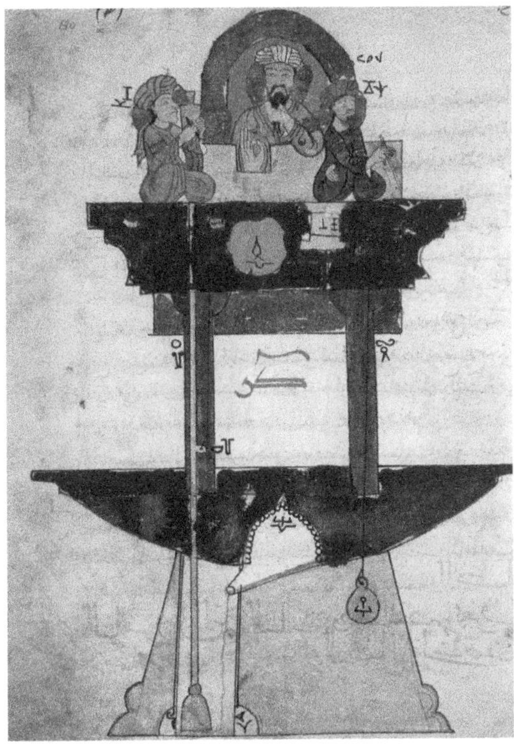

Uma clepsidra, ou relógio d'água, criada pelo maior dos engenheiros medievais, Ibn al-Razzaz al-Jazari, que brilhou no século XII. Seus escritos técnicos eram tão precisos que foram usados nos tempos modernos para recriar algumas de suas extraordinárias máquinas. (Museu do Palácio Topkapi, Istambul/Giraudon/The Bridgeman Art Library)

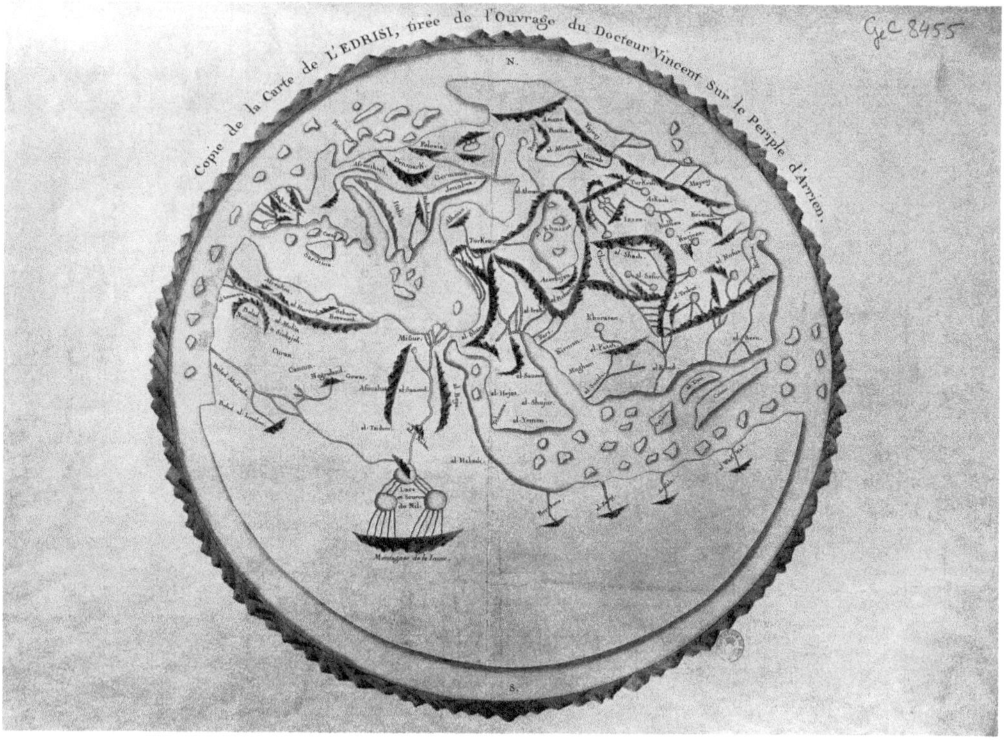

Uma cópia europeia do Mapa do Mundo de al-Idrisi, criado originalmente por encomenda de Rogério II, rei cristão da Sicília, em meados do século XII. (Biblioteca Nacional, Paris/ The Bridgeman Art Library)

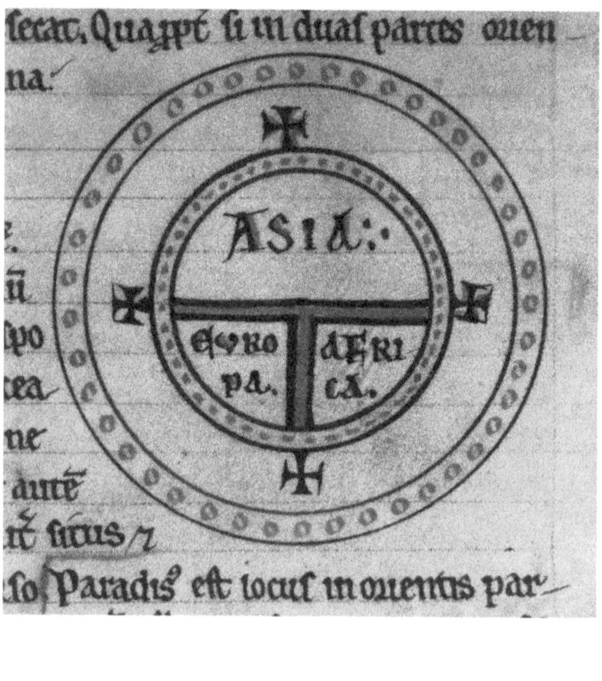

Um mapa T-O tradicional, representando a geografia sacra cristã, com desenho estilizado dos três continentes conhecidos: Ásia, África e Europa. Como de regra, Jerusalém situa-se no centro de uma Terra plana. (British Library/ The Bridgeman Art Library)

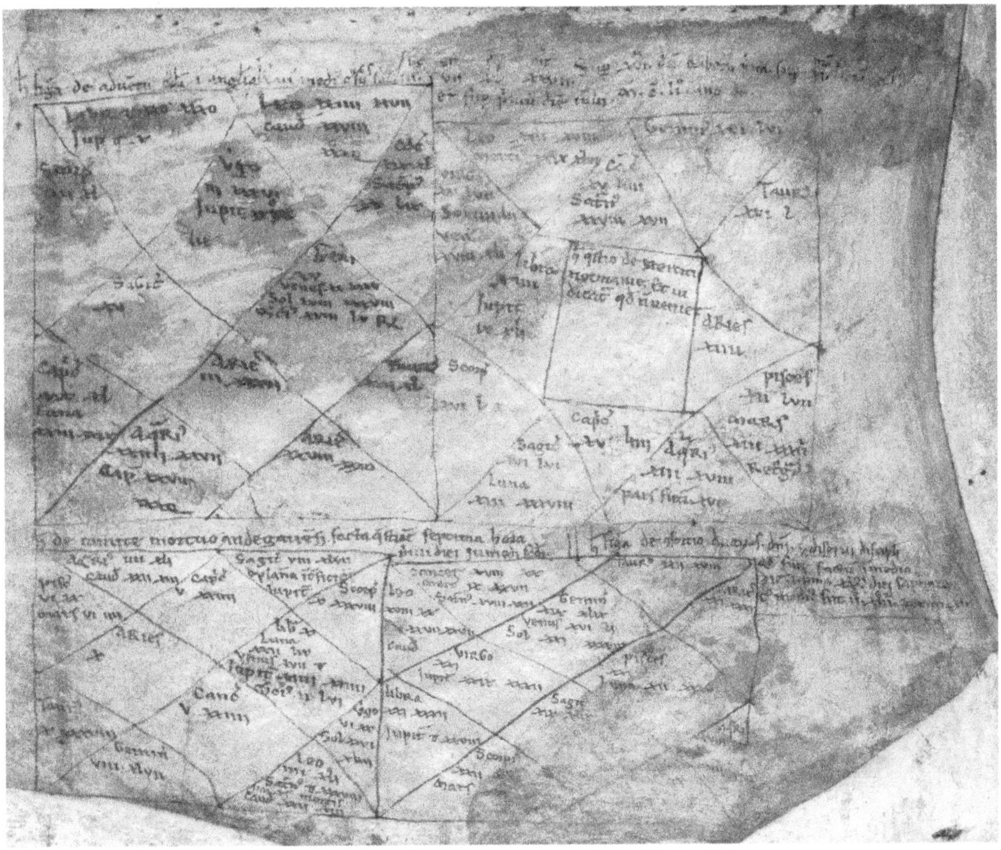

Horóscopos ingleses datados de 1151, supostamente obra de Adelardo de Bath, que teria cerca de setenta anos na época. O viajado erudito e principal arabista de seu tempo aparentemente morreu logo depois. (British Library/The Bridgeman Art Library)

Cientistas no observatório de Maragha, construído em 1259 onde hoje é o noroeste do Irã. A extraordinária equipe de astrônomos, matemáticos e engenheiros reunida em Maragha ajudou a estabelecer os fundamentos da revolucionária teoria heliocêntrica de Copérnico. (British Library/The Bridgeman Art Library)

O *Almagesto*, de Cláudio Ptolomeu (o nome da obra vem de sua tradução árabe), foi o principal manual de astronomia desde o século II até ser derrubado pela revolução copernicana, 1.400 anos depois. Ptolomeu era uma figura mítica para a cristandade medieval, que o confundia frequentemente com os Ptolomeus – dinastia que reinou no Egito após a morte de Alexandre o Grande – e o retratava com uma coroa na cabeça. (Coleção particular/Arquivos Charmet/The Bridgeman Art Library)

Uma representação medieval da geometria, de uma coleção do século XIII de filosofia, ciência e poesia. (Bibliothèque Sainte-Geneviève, Paris/The Bridgeman Art Library)

Um muçulmano e um cristão em um dueto de alaúdes, Espanha, século XIII. Essa obra foi dedicada a Afonso o Sábio, rei cristão de Castela, Leão e Galícia. (Mosteiro de El Escorial, Espanha/The Bridgeman Art Library)

A constelação do golfinho, do *Liber introductorius* de Miguel Escoto, um influente tradutor de Averróis, além de cientista e matemático. Também foi alvo de diversas suspeitas de feitiçaria. (British Library/The Bridgeman Art Library)

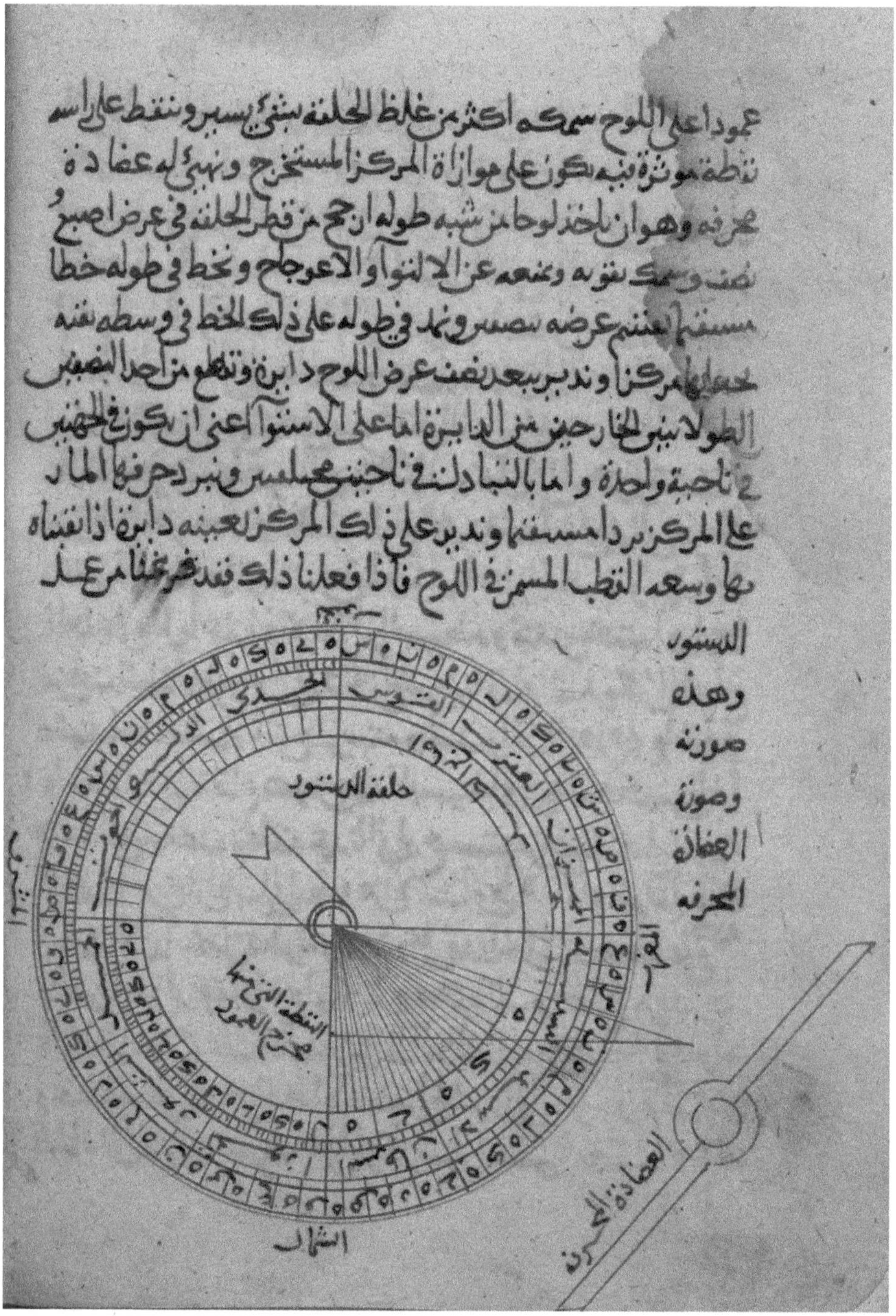

Um diagrama do matemático al-Biruni, um dos mais completos eruditos do mundo medieval. Ele foi o primeiro a determinar locais geográficos exatos com as técnicas da trigonometria esférica. (Copyright © British Library Board. Todos os direitos reservados/Or.5593, f.6v)

6. "O que é dito da esfera..."

NUMA AURORA PÁLIDA, 22 anos antes do terremoto de Antioquia, um monge erudito, não distante do West Country de Adelardo, tranquilamente fez história na ciência. Ao apontar um astrolábio – um dos pouquíssimos então em uso na Europa – para um eclipse da Lua em 18 de outubro de 1092, Walcher, prior do mosteiro de Great Malvern, realizou o primeiro experimento ocidental conhecido para melhorar as previsões astronômicas. Um ano antes, quando viajava pela Itália, o clérigo testemunhara um eclipse lunar, mas viu que não tinha como registrar os acontecimentos no céu senão adivinhando a hora aproximada. Um monge que disse ter testemunhado o mesmo fenômeno celeste no oeste da Inglaterra deu uma estimativa muito diferente da hora.[1] Ou Walcher ou seu colega estava errado, pois qualquer diferença de tempo entre os dois lugares teria sido perceptível, mas mínima.[2] Ainda assim, tratava-se do mesmo fenômeno antes explorado pelos primeiros astrônomos abássidas para estabelecer a diferença em coordenadas geográficas entre cidades e outros lugares importantes.

A confusão entre as duas visões levou Walcher a agir: "Eu ainda não tinha certeza sobre a hora do eclipse e fiquei angustiado com isso, porque estava planejando desenhar uma tabela lunar e não tinha ponto de partida." Ele jurou que não seria apanhado despreparado novamente. Um ano depois, teve sua chance quando um eclipse escureceu de novo o céu noturno, dessa vez quinze graus acima do horizonte ocidental. "De imediato peguei meu astrolábio." Ele usou o aparelho para anotar a posição do eclipse e determinar a hora do dia.[3]

Walcher era uma figura de proa num pequeno círculo de clérigos locais com raízes pessoais e intelectuais na Lotaríngia, fonte de muitos dos cortesãos e clérigos mais cultos da Inglaterra do século XI. Na época, simplesmente não havia educação secular digna de menção, uma circunstância que começou a mudar – de início lentamente, depois com mais força – com a conquista normanda de 1066. Os invasores trouxeram livros e mestres do continente europeu para a Inglaterra pela primeira vez, embora fosse ser preciso esperar até por volta de 1130 para que uma comunidade escolástica séria se estabelecesse em Oxford.[4] Giso, o antigo bispo de Bath e Wells, cujo sucessor foi João de Villula, o mentor de Adelardo, havia sido membro desse movimento intelectual impreciso.[5] O mesmo se pode dizer de Roberto, bispo de Hereford – tal como Walcher, nativo da Lotaríngia e um afiado astrônomo e matemático. Na época em que seu amigo e colega estava na Itália, Roberto consultou as estrelas, preparando-se para uma viagem à cerimônia de dedicação da catedral de Lincoln; sua leitura das estrelas previu corretamente que a cerimônia não se realizaria na data marcada, o que lhe possibilitou evitar uma viagem difícil e desnecessária.[6]

Durante algum tempo, o prior Walcher trabalhou estreitamente com um judeu espanhol convertido, Pedro Afonso, que chegou às Midlands inglesas com um conhecimento básico de astronomia e matemática árabes. O par colaborou numa tentativa fracassada de apresentar a *zij* de al-Khwarizmi a uma plateia ocidental, projeto que Adelardo completou com sucesso.[7] Pedro, nascido e educado no mundo cultural árabe de al-Andalus, era um polemista eficaz. Suas diatribes contra os judeus, seus ex-correligionários, e os muçulmanos granjearam-lhe a estima de muita gente em posições de poder. Pouco lembrado hoje, o homem conhecido por Chaucer como Piers Alphonse, foi também o autor de *Os contos clericais*. Esse volume teve uma influência longa e duradoura sobre o desenvolvimento da literatura ocidental, pois apresentou os leitores europeus à forma literária árabe da história-moldura – uma narrativa que contém outras –, popularizada ainda mais pela tradução posterior de *As mil e uma noites*. Chaucer adotou o método narrativo de Pedro Afonso nos *Contos da Cantuária*, assim como Boccaccio no *Decamerão*.[8] As notícias de Pedro sobre os muçulmanos, inclusive a afirmação espúria de que a idolatria continuava na Caaba, em flagrante violação da exigência de monoteísmo absoluto de Maomé, ajudaram a moldar algumas das primeiras atitudes antimuçulmanas dos cristãos.[9]

Muitos desses monges do West Country eram verdadeiros eruditos e, em seu entusiasmo pelo novo saber, abraçavam abertamente inovações como o astrolábio, o ábaco e os rudimentos do sistema numeral arábico. A determinação de Walcher em definir a hora correta de sua observação do eclipse era típica do novo pensamento – racional, preciso e fundamentado na experiência – que começava lentamente a acompanhar essas novidades. Um texto básico sobre o astrolábio, tirado parcialmente de uma tradução latina muito antiga da obra de al-Khwarizmi feita na Espanha, foi tentativamente atribuído a Walcher ou a um membro de seu círculo.[10] Por ocasião de sua morte, em 1125, o matemático-clérigo foi lembrado como "filósofo, astrônomo, geômetra e abacista".[11]

Ignorando as questões religiosas tradicionais que haviam preocupado seus predecessores, como a datação anual da Páscoa, Walcher usou seus dados de observação para criar um par de tabelas lunares novas. Sua abordagem era conflitante com os ensinamentos dos padres da Igreja – e com a autoridade de ninguém menos que o Venerável Bede.[12] Walcher adotou também o sistema moderno, já bem-estabelecido entre os árabes, de registrar dados astronômicos em graus, minutos e segundos em substituição às frações romanas canhestras e menos precisas então em uso em toda a Europa.[13] As tabelas de Walcher eram muito mais precisas do que as anteriores, baseadas não na observação direta, mas no *computus* medieval tradicional. Não obstante, elas se revelaram grosseiramente inadequadas. Walcher logo descobriu que sua previsão de lua cheia para o dia de Ano-Novo de 1107, por exemplo, estava errada em dezesseis horas.[14]

Apesar da nova base empírica, as tabelas de Walcher ainda sofriam da convenção medieval de atribuir um número igual de dias a cada um dos doze meses. Isso contribuía para cálculos apreciáveis, mas contava de menos os dias do ano. Uma revisão quase contemporânea do calendário feita na Pérsia pelo sábio Omar Khayyam – conhecido no Oriente não pela poesia do *Rubaiyat*, mas por sua matemática supremamente elegante – calculou a duração do ano solar até onze pontos decimais. Sem o entendimento teórico do movimento dos planetas, Walcher e seus colegas não foram capazes de explorar sua recém-descoberta precisão na mensuração científica. Eles precisavam da ajuda dos astrônomos árabes.[15]

A tradução de Adelardo da *zij al-Sindhind* forneceu uma peça do quebra-cabeça, dando ao Ocidente sua primeira visão real do funcionamento interno da astronomia matemática árabe. A geometria euclidiana proporcionou outra, pois permitia que as enormes magnitudes envolvidas na mensuração dos corpos celestes fosse captada e expressa em termos de "distância angular" entre eles ou em relação à Terra. Euclides também possibilitava o cálculo exato e o mapeamento das posições terrestres e celestes, fosse sobre uma esfera ou "projetadas" sobre um mapa bidimensional ou sobre a placa plana do astrolábio. Com a publicação de seu tratado original *Sobre o uso do astrolábio*, provavelmente em torno de 1149 ou 1150, Adelardo revolucionou ainda mais o modo como o homem ocidental compreendia o universo a seu redor.[16] Ele também explicitou a ligação entre a nova tecnologia e o abrangente edifício científico árabe por trás dela. Da contagem do tempo à navegação, os segredos do mundo físico podiam agora ser plenamente explorados.

Para Adelardo, o astrolábio era mais do que apenas um instrumento para se apontar para o Sol ou para uma estrela proeminente e depois se usar a fim de fazer medidas ou dizer a hora: era um símbolo em bronze polido para uma nova maneira de ver o mundo, moldado pela filosofia clássica e pelas inovações dos eruditos árabes da Casa da Sabedoria. Armado com aquele instrumento, o homem poderia medir e começar a decifrar os movimentos regulares das estrelas e dos planetas. Poderia explorar as leis da natureza e obter um entendimento novo sobre como as coisas funcionavam. O universo não era mais uma obra-prima divina e inefável: transformava-se num laboratório gigantesco, bem como em objeto de pesquisa a ser estudado e analisado como qualquer outro. Atributos como tempo e distância não eram mais abstrações vagas, mas tinham valores numéricos reais, abrindo a porta para a ascensão da ciência empírica e para a criação de sociedades organizadas e modernas.

Sobre o uso do astrolábio ofereceu ao mundo latino, pela primeira vez, os rudimentos de uma cosmologia coerente e abrangente. Adelardo pôs fim ao ensinamento errôneo de Isidoro de Sevilha de que a Terra era plana e "tinha a forma de uma roda", e outras expressões da geografia sacra ocidental. No centro dessa nova visão do mundo estava a esfera – o "sólido perfeito" dos gregos antigos e único que pode girar sobre seu eixo em simetria absoluta, sempre deslocando o mesmo espaço – e sua representação bidimensional, o círculo. "No que diz respeito ao universo ... e a suas diferentes partes, escreverei em latim o que aprendi com os árabes. Pode-se dar por certo que o universo não é quadrado, ou retangular, mas uma esfera. O que se diz da esfera, pode-se dizer do universo", informa Adelardo ao futuro rei Henrique II.[17] Ele dedica a obra a Henrique, de quem talvez tenha sido tutor pessoal.

Trabalhando na tradição de al-Khwarizmi e outros eruditos árabes, que frequentemente apresentam suas obras científicas como respostas a solicitações para que compartilhem seu saber com amigos, estudantes ou patronos, Adelardo inicia seu texto sobre o astrolábio com um recurso desse tipo. Ele nos conta que o príncipe Henrique voltou-se para ele a fim de saber "as opiniões dos árabes sobre a esfera e os círculos e os movimentos das estrelas". Àquela altura, já respeitado erudito e principal arabista da Inglaterra, Adelardo abstém-se da humildade ritual de seus mentores muçulmanos para ensinar ao adolescente Henrique a importância vital de uma compreensão científica do mundo natural. "Vós dizeis que quem mora numa casa não é digno de seu abrigo se ignora seus materiais e composição, quantidade e qualidade, posição e peculiaridades. Portanto, se alguém que nasceu e cresceu no palácio do mundo se abstivesse após a maioridade de saber a razão de uma beleza tão maravilhosa, seria indigno dela e, se possível fosse, deveria ser expulso."[18]

Em primeiro lugar, Adelardo apresenta os princípios e conceitos básicos da astronomia esférica e teórica, bem como os pontos fundamentais da geografia. Ele utiliza um globo como modelo da esfera da Terra, antes de introduzir os poderes computacionais do astrolábio, objeto do restante do livro.[19] Fontes latinas disponíveis ofereciam um pouco do mesmo material, mas destaca-se a forte influência de pelo menos dois eruditos árabes. O primeiro, naturalmente, é al-Khwarizmi, cuja *zij al-Sindhind* Adelardo já havia traduzido. O autor de *Sobre o uso do astrolábio* pressupõe que o leitor está familiarizado com a *zij*, bem como com a versão que ele fez de Euclides, e o tratado se baseia fortemente nas tabelas estelares árabes para complementar os cálculos realizados com o próprio instrumento. Adelardo também faz uma mudança importante em alguns dados técnicos de sua edição da *zij al-Sindhind*, convertendo o meridiano de Córdoba para o de Bath.[20]

Usando uma abordagem semelhante à de seu texto euclidiano, Adelardo fornece nomes árabes e equivalentes latinos para as diversas partes do astrolábio. Ele também integra sua operação totalmente com o manual da *zij* de al-Khwarizmi, referindo-se aos dados disponíveis nas tabelas estelares e possibilitando desse modo que o usuário obtenha o máximo da tecnologia.[21] A outra voz árabe fundamental é a de Maslama al-Majriti, o primeiro a transpor a *zij al-Sindhind* para o meridiano de Córdoba e a substituir o calendário persa pelo islâmico. A certa altura, Adelardo menciona um *astrolabium doctoris Almirethi*, referência a um instrumento que pertenceu outrora a al-Majriti, ou veio de sua escola de astrônomos matemáticos.[22]

Ao apresentar as "opiniões dos árabes", Adelardo dedica considerável espaço ao uso do círculo para medir e representar os movimentos na esfera do universo, sugerindo que isso talvez ainda fosse uma ideia nova para os leitores ocidentais cultos.[23] Esse saber era vital, pois o círculo e a esfera proporcionam os elementos básicos para o estudo dos céus. Nesse ponto, *Sobre o uso do astrolábio* mostra seu valor, ao apresentar e explicar os modelos comuns que estão por trás do movimento percebido dos céus. Entre eles estão a noção central de universo concêntrico, esferas encaixadas que controlam os movimentos gerais dos corpos celestes, bem como as assim chamadas órbitas excêntricas dos planetas – identificadas desde os tempos clássicos como o Sol, a Lua, Mercúrio, Vênus, Marte, Júpiter e Saturno. Adelardo explica que a cada planeta é atribuída uma esfera própria e todos eles estão agrupados em torno da Terra, no centro, mas suas órbitas circulares dentro da esfera flutuam entre um ponto alto e um baixo, traçando um caminho excêntrico em suas rotações regulares.[24] E há mais esferas, inclusive a das estrelas fixas, bem como outros refinamentos que mantêm todo o mecanismo funcionando como um relógio. *Sobre o uso do astrolábio* é menos um manual de instruções desse instrumento do que uma inovadora introdução à astronomia.

Esse complexo aparato teórico reflete os esforços heroicos que astrônomos e filósofos desenvolveram ao longo de séculos para tratar do problema platônico de "salvar as aparências" – ou seja, levar em conta as observações cada vez mais precisas dos cientistas sem violar as rigorosas diretrizes estabelecidas pelos gregos e aparentemente confirmadas pelo senso comum. No século IV a.C., o mito da criação de Platão exposto no *Timeu* definiu alguns dos requisitos centrais: o mundo feito pelo Criador deve ser um todo perfeito; deve ser único, sem permitir a criação de nenhum outro, e deve ser imune à decadência e à corrupção. "Por isso, ele fez o mundo na forma de um globo, redondo como se feito num torno, tendo seus extremos em todas as direções equidistantes do centro, de todas as figuras, a mais perfeita e mais parecida consigo mesma; pois ele considerou que o parecido é infinitamente mais justo que o diferente."[25] Para os filósofos gregos, a perfeição do mundo celeste deveria refletir-se também na trajetória dos planetas, cada um deles traçando círculos perfeitos e eternos no céu.

Apresentaram-se argumentos semelhantes também para a forma esférica da Terra. O senso comum e a experiência cotidiana pareciam dar suporte a isso: a imagem redonda sobre a Lua durante um eclipse lunar; a observação de um mastro de navio desaparecendo no horizonte; ou até o aparecimento ou desaparecimento das constelações à medida que se movia para o norte ou para o sul ao longo da Terra. O fato de um corpo em queda, digamos, uma maçã de uma árvore, parecer despencar em direção ao centro da Terra sugeria que ela devia representar também o centro do universo. Na época não havia a teoria da gravidade para explicar esse fenômeno; além disso, a noção de que o homem habitava o centro da criação divina tinha um óbvio e longevo apelo religioso e psicológico.[26]

Um Deus todo-poderoso e amoroso decerto não exilaria sua criação suprema em algum cafundó cosmológico.

A colocação da Terra no centro das estrelas e planetas tampouco representava qualquer dificuldade prática para a ciência. Em geral, era possível dar conta dos movimentos observados dos corpos celestes se o Sol fosse visto girando em torno de uma Terra parada na direção oposta uma vez por ano, a um pequeno ângulo do equador, e se se considerasse que a "esfera das estrelas fixas" completavam uma rotação em menos de 24 horas. Em consequência, era possível ter calendários, almanaques e a contagem do tempo com precisão. Ainda hoje, os princípios básicos da navegação e orientação funcionam perfeitamente quando baseados no modelo geocêntrico.

Mas havia uma questão perturbadora, conhecida desde os tempos antigos como "o problema dos planetas", e a luta para resolvê-la estava no centro do desenvolvimento da astronomia matemática. Há muito tempo, o homem havia notado que os planetas – a palavra é derivada do termo grego para "errante" – pareciam romper periodicamente suas órbitas habituais, parar e depois inverter a direção, antes de retornar a sua rota esperada para leste. Esse movimento retrógrado ocorre em Mercúrio a cada 116 dias, enquanto Marte inverte seu curso a cada 780 dias. Eles também derivam levemente para o norte e o sul entre as estrelas fixas, embora permanecendo geralmente dentro do zodíaco. A causa disso, evidentemente, é que os planetas e a própria Terra estão em movimento constante – embora pouquíssimos indivíduos do mundo clássico e medieval estivessem preparados para considerar que a Terra não fosse fixa nem ocupasse o centro de todo o grande esquema universal. Enquanto isso, a Lua apresentava seus próprios problemas: suas órbitas irregulares em torno da Terra, que variavam até sete horas em relação à média, frustravam os astrônomos que queriam confiar nesse corpo celeste altamente visível para ter uma maneira fácil de marcar o tempo.[27]

Uma vez mais, Platão deu o tom, exigindo "movimentos uniformes e ordenados" que salvariam as aparências. Logo foram apresentadas várias soluções envolvendo esferas entrelaçadas girando sobre eixos diferentes em torno da Terra. A vida útil desse modelo foi relativamente breve, ao menos em termos científicos. Um século depois a astronomia matemática já o ultrapassava, mas não antes que ele tivesse ajudado a moldar aquela que pode ser considerada a concepção cosmológica mais duradoura e influente registrada na história, a de Aristóteles. Sua concepção do universo, de que os planetas estão colocados numa série de círculos concêntricos que giram ao redor da Terra, sobreviveu mais ou menos intacta como sistema cosmológico até o início do século XVII.[28] No que dizia respeito aos filósofos, o cosmo era definido por três princípios gerais: consistia de uma série de círculos concêntricos, com a Terra no centro; tinha a forma de um sólido perfeito, a esfera; e seus corpos se moviam em círculos perfeitos. Havia, no entanto, menos unanimidade com relação a um outro preceito da cosmologia de Aristóteles: o de que o mundo era eterno. Essa questão assombraria mais tarde os grandes pensadores monoteístas do judaísmo, cristianismo e islamismo.

Com a obra de Aristóteles, o "problema dos planetas" não desapareceu, ele simplesmente migrou do reino da filosofia e da cosmologia para o domínio menor e mais exclusivo da astronomia matemática. No que poderia ser considerado uma corrida armamentista intelectual, os astrônomos criaram modelos matemáticos cada vez mais sofisticados de movimentos planetários, para logo encontrar novos problemas devidos a novas e melhores observações e mensurações celestes. Duas novas armas foram introduzidas logo no início: o epiciclo e o deferente. Este último foi definido como um círculo que rodava ao redor da Terra, enquanto o primeiro, que carregava o planeta, girava em torno de um ponto na circunferência do deferente. Ajustada corretamente, essa combinação de movimentos podia se aproximar do movimento retrógrado periódico de cada um dos planetas – aquela inversão temporária de direção –, tal como visto da Terra.

As discrepâncias menores que não podiam ser explicadas por essas técnicas eram, às vezes, resolvidas com a mudança do centro do círculo deferente para um ponto distante da Terra. Isso criava a assim chamada órbita excêntrica, que era particularmente útil para o movimento aparentemente errático do Sol. Ao mudar levemente o centro do deferente, por exemplo, os astrônomos podiam dar conta do fato observado de que o Sol demora quase seis dias a mais entre os equinócios de primavera e outono do que entre os de outono e primavera.[29] Uma inovação final completava esse complexo edifício matemático: a teoria do equante. De acordo com essa noção, o movimento uniforme dos planetas, tal como exigido por Platão e seus sucessores, era mantido, às vezes, não em torno do centro do deferente, mas em torno de um lugar deslocado. Vista da Terra, a trajetória dos planetas pareceria instável ou oscilante; vista do ponto equante fora do centro, no entanto, manteria velocidade e distância uniformes, tal como queriam os filósofos.

O matemático alexandrino Ptolomeu assumiu o trabalho final de reunir e refinar essa maquinaria celestial. Ele também foi o arquiteto da teoria do equante. O sistema delineado no *Almagesto* obteve tanto sucesso para explicar e prever os movimentos do Sol, da Lua e dos planetas tal como vistos da Terra que os estudiosos não se referiam mais a obras anteriores sobre o tema, muitas das quais efetivamente desapareceram. Aos poucos, os astrônomos e filósofos árabes começaram a manifestar inquietação em relação ao equante e sua violação do princípio do movimento circular perfeito em torno de um único centro, a Terra. Fizeram-se várias tentativas sérias de revisar o modelo ptolemaico, mas tinham base principalmente teórica, em vez de prática.

Sobre o uso do astrolábio, acompanhado pela anterior *zij al-Sindhind*, estimulou o apetite do Ocidente por astronomia e abriu caminho para a recepção posterior e eventual assimilação do sistema de Ptolomeu. O *Almagesto* foi traduzido do grego original para o latim na Sicília, por volta de 1160, mas foi somente com uma versão do árabe, terminada em 1175, que se tornou conhecido dos cientistas e filósofos ocidentais.[30] O tratado original de Adelardo também ajudou a fazer o astrolábio de bronze entrar na moda na Europa e seu uso foi comum até o século XVII. A grande utilidade do instrumento para fazer horóscopos e outras operações astrológicas, bem como sua conveniência como ferramenta auxiliar de ensino, promoveram a difusão relativamente rápida dessa nova tecnologia. Abelardo e Heloísa, os amantes infelizes mais famosos da Idade Média, consumados eruditos, já haviam dado ao filho de seu amor o nome de Astrolábio. Mais cedo ou mais tarde, todo erudito de respeito produzia seu texto sobre o instrumento; Chaucer deixou um ensaio inacabado sobre o aparelho, dedicado ao seu sobrinho.

Mas *Sobre o uso do astrolábio* contribuiu para um outro importante marco: a primeira e hesitante tentativa de infiltração do pensamento cosmológico pagão grego na consciência ocidental. Tradicionalmente, os primeiros textos latinos sobre o astrolábio centravam-se estritamente em apenas três tópicos: a teoria da projeção estereográfica que projetava o universo tridimensional numa superfície bidimensional (um mapa, uma carta, ou o disco de um astrolábio), o projeto e a construção do instrumento e instruções para seu uso. Em sua inovadora enumeração e descrição das esferas concêntricas do universo, Adelardo introduz pela primeira vez uma adição notável: uma indiscernível camada externa além do firmamento que transmite energia e dá forma às coisas abaixo.[31] Trata-se de uma sombra da noção aristotélica do motor imóvel, que dota a máquina celestial de movimento eterno, mas desconhece os assuntos humanos, uma ideia que cresceria no Ocidente cristão, para desconforto dos teólogos e filósofos tradicionais.

A ORDEM DAS AUTORIDADES RELIGIOSAS da Universidade de Paris era suficiente para congelar o sangue, se não a busca efetiva do novo saber do Oriente: "Que o corpo do Mestre Amauri seja removido do cemitério e jogado em solo não consagrado, e o mesmo seja excomungado por todas as igrejas da província inteira." Além disso, a diretriz de 1210 ordenava que os cadernos de anotações de um certo David de Dinant fossem entregues ao bispo do lugar e queimados imediatamente. Outra seção da mesma ordem dava uma boa ideia da natureza da ofensa deles: "Tampouco os livros de Aristóteles sobre filosofia natural e seus comentários devem ser lidos em Paris, em público ou em segredo, e isso proibimos sob pena de excomunhão. Aquele em cuja posse forem encontrados os escritos de David de Dinant após o Natal será considerado herege."[32]

Cinco anos mais tarde, os novos estatutos da Universidade de Paris, o principal centro de estudos teológicos do Ocidente, repetiram a proibição da filosofia natural de Aristóteles e dos ensinamentos de seus dois discípulos, Amauri de Chartres e David de Dinant. Aparentemente, o primeiro decreto fora geralmente evitado, ou até mesmo ignorado, na faculdade de artes – uma tática que retornaria inúmeras vezes na relação cada vez mais contenciosa entre teólogos e filósofos ao longo do século XIII. A mesma ordem também trazia regras mais mundanas de comportamento para os mestres professores, inclusive uma proibição de excessos no vestir: "nada de sapatos de capas de asperges redondas que sejam ornamentados ou com dedos alongados pontiagudos." Os mestres, no entanto, tinham permissão para convidar amigos e associados a reuniões e recepções da universidade, "mas somente uns poucos".[33]

As autoridades eclesiásticas tinham bons motivos para se preocupar com o ritmo rápido de mudança em Paris e outros centros de conhecimento do Ocidente. Os controles clericais tradicionais começavam a afrouxar conforme o ensino superior se transferia das escolas catedráticas para as universidades que tomavam forma entre os grupos de professores e estudantes nas cidades da Europa. Também estava acabando o monopólio de séculos dos padres da Igreja sobre os ensinamentos filosóficos e teológicos. Santo Agostinho estabelecera as regras básicas no início da Idade Média, quando ensinou que o homem deveria começar com a fé e proceder da revelação para a razão.[34] Isso colocava a teologia no pináculo do pensamento especulativo e reduzia a filosofia, e com ela a ciência natural, ao papel de "criada" dos teólogos – uma abordagem que começava a sofrer a contestação da mudança tecnológica e da tendência concomitante no sentido de um pensamento mais crítico. Mesmo assim, a filosofia natural de Aristóteles – que abrangia teorias da natureza, as origens do universo e tópicos similares – ter sido proibida tão cedo no despertar inspirado pelos árabes representa um certo enigma.

Havia muito tempo que os clérigos europeus veneravam o nome de Aristóteles em associação com sua adorada técnica de argumentação lógica, conhecida como dialética. Desse modo, eles espelhavam o primeiro encontro dos abássidas com o ensinamento do filósofo, que era introduzido em seus sistemas lógicos para uso em debates religiosos contra não muçulmanos. A instrução filosófica existente na Europa do século XII raramente ia além desses métodos de argumentação para abranger a metafísica ou a ciência natural. Quando o fazia, deparava-se frequentemente com textos fragmentários e uma compreensão deficiente. A própria disciplina era praticada primariamente para melhorar a acuidade mental dos estudantes e prepará-los para o estudo mais sério da teologia; não se destinava a difundir informações, como, por exemplo, apresentar uma visão filosófica coerente do cosmo. Em geral, a especulação filosófica, em particular a cosmologia, fora substituída em larga medida, durante quase doze séculos, pela abrangente visão de mundo da Igreja, que oferecia sua explicação para as origens do homem, para seu lugar no universo e para seu destino último.[35]

É verdade que traduções latinas dispersas, especialmente do árabe, das obras importantes de Aristóteles sobre filosofia natural já haviam começado a aparecer algumas décadas antes na Espanha e na Itália, mas não é possível falar de um corpo organizado de pensamento aristotélico disponível em latim. Os membros da faculdade de teologia de Paris, a força propulsora por trás das proibições de 1210 e 1215, quase com certeza ficariam em apuros para nomear qualquer dos textos ofensivos de Aristóteles, ou identificar qualquer dos comentários muçulmanos vitais necessários para compreendê-los.[36] Roger Bacon, ninguém menos, que lecionou em Paris, data de cerca de 1230 a verdadeira chegada ali da autêntica filosofia natural aristotélica, cem anos depois que muitas da ideias e conceitos básicos da ciência natural grega e árabe já haviam entrado em circulação.[37] Anotações subsistentes de aulas de 1245 indicam que o próprio Bacon estava entre os primeiros a ensinar essa filosofia natural na Universidade de Paris, embora tais obras já estivessem sendo debatidas em Oxford.[38]

Então, o que exatamente a Igreja tinha em mente em 1210 quando ordenou uma proibição da ciência natural aristotélica e eliminou os ensinamentos de dois de seus discípulos mais entusiastas, David de Dinant e Amauri de Chartres? Se o pensamento de Aristóteles era desconhecido na época ou, na melhor das hipóteses, malcompreendido, então qual era a ameaça à ortodoxia cristã? E de onde ela vinha?

Aqui, como em relação à introdução do Euclides arábico e das tabelas estelares de al-Khwarizmi, a chave está com Adelardo de Bath e sua busca pelos *studia Arabum*, que o levou à maior autoridade clássica sobre o tema da astrologia: o erudito persa do século IX Abu Mashar al-Balkhi, conhecido pelos latinos pelo nome de Albumazar. Indícios obtidos em manuscritos subsistentes revelam que Adelardo pode ter adquirido *A abreviação da introdução à astrologia*, de Albumazar, quando esteve em Antioquia, junto com seu exemplar da obra de Thabit ibn Qurra sobre talismãs. Sua tradução latina dos dois textos aparece junto com uma coleção parcial de aforismos astrológicos, um indício de que os três podem ter sido terminados por volta da mesma época e lugar.[39]

A obra em si é essencialmente um manual astrológico não particularmente notável. Trata-se, na verdade, de uma versão simplificada e reduzida feita por Albumazar de sua enciclopédica *Introdução à astrologia*, escrita em Bagdá em 848. A ideia do texto resumido, diz o autor, foi levar esse assunto complexo "para mais perto da compreensão".[40] Falta grande parte da rica explicação filosófica e dos detalhes científicos que depois tornaram a obra integral tão popular no Ocidente quanto o fora no Oriente. Ainda assim, ela estabeleceu firmemente a importância do saber astrológico árabe e incitou entre eruditos latinos uma fome profunda por mais que durou pelo menos até as descobertas astronômicas de Galileu e outros, no século XVII.[41]

Há muito tempo que a astrologia está em descrédito, mas ela foi outrora considerada um campo legítimo de estudos que prometia prever os eventos humanos a partir dos movimentos das estrelas e dos planetas. Essa concepção repousava sobre a aceitação ampla da "lei" universal pela qual todo o mundo natural – os assuntos humanos, os ciclos de vida dos animais e das plantas, fenômenos como terremotos, enchentes e o tempo – era dirigido pelos movimentos celestes. Isso oferecia uma teoria coerente da natureza que ligava o homem e o cosmo num todo único e satisfatório. Em seu cerne estava a noção clássica, celebrada no título da obra de Adelardo *Sobre o mesmo e o diferente*, de que os corpos celestes "superiores" eternos, perfeitos e imutáveis, o reino do Mesmo, governava a região "inferior" corruptível, sempre mutável do homem e da Terra, a do Diferente.

Essa astrologia foi durante séculos uma teoria científica perfeitamente legítima. Ela parecia dar conta do mundo observável, tratava das principais questões da época e revelava-se terreno fértil para mais pesquisas e investigações. Apesar de alguns receios de teólogos muçulmanos, cristãos e judeus de que ela colocava em perigo a liberdade do homem de escolher o bem em vez do mal e ameaçava a responsabilidade individual, seus princípios básicos eram aceitos em ampla medida sem contestações sérias. O filósofo Alberto Magno não via nada errado em conciliar o princípio fundamental da astrologia com o relato bíblico do sexto dia da Criação, quando a terra "produziu" as criaturas vivas. "Uma vez que o poder de produzir animais não está na terra, mas, de acordo com os astrônomos, no céu", Alberto conclui em sua *Summa theologiae* que a terra deve ter fornecido o princípio material para os animais, enquanto que a parte ativa residia no céu.[42] Foram necessários mais quatrocentos anos e a lei universal da gravitação de Newton para que a distinção aceita pelos homens cultos entre o céu, de um lado, e o lar terreno dos homens, de outro, começasse a se apagar e finalmente se dissolvesse. Mesmo então, ela persistiu nos campos da biologia e da medicina, até que a teoria da evolução de Darwin, publicada em 1859, acabasse com ela para sempre.[43]

Tendo em vista a importância central da astrologia para os árabes, não surpreende que Adelardo tenha se encarregado do que o Ocidente veio a conhecer como "o julgamento das estrelas" – distinto da astronomia propriamente dita, que tratava dos movimentos regulares e posições dos corpos celestes. "Aqui começa a pequena introdução à ciência das estrelas de Jafar o Astrólogo, tirada do árabe por Adelardo de Bath", diz a primeira linha de sua tradução para o latim de Albumazar, o primeiro manual de astrologia completo árabe a aparecer no Ocidente.[44] Adelardo trata então de apresentar a seus leitores a importância fundamental da astrologia e sua ligação essencial com o domínio das outras ciências. "Quem quer que, buscando a ciência mais alta da filosofia com estudo constante, investigue os admiráveis efeitos dos [seres] celestes sobre o universo sensível – no sentido de que as semelhanças de formas no alto aparecem por certo movimento natural neste mundo mais baixo, e pressagiam o conhecimento antecipado de coisas futuras – dificilmente pode conseguir isso sem o conhecimento dos graus do círculo e dos signos."[45]

O surgimento de *Abreviações da introdução à astrologia* de Adelardo, terminado por volta de 1120, ajudou a transformar Albumazar na autoridade suprema em todos os aspectos da ciência astrológica no Ocidente.[46] Em duas décadas, tradutores que trabalhavam na Espanha finalizaram duas versões latinas diferentes do manual de astrologia completo, mais de seis vezes mais longo que a edição de Adelardo. Esses textos restauraram os fundamentos filosóficos e científicos cortados do texto resumido. Desse modo, o Ocidente passou a contar com uma entrada para a ciência natural do Aristóteles arábico. A intenção de Albumazar era justificar e defender a astrologia em termos de saber científico geral. Na Bagdá do século IX em que ele vivia e trabalhava, isso significava vinculá-la às tradições da ciência física e da metafísica gregas conhecidas como *falsafa*. E isso significava, sobretudo, Aristóteles – pelo menos Aristóteles tal como os árabes o compreendiam. O resultado é uma obra eclética de ideias astrológicas árabes, alexandrinas, persas e hindus, assentada sobre um fundamento relativamente sólido de pensamento científico grego clássico.[47]

A introdução à astrologia propiciou aos filósofos naturais emergentes no mundo de língua latina uma visão convincente e abrangente do cosmo na qual a máquina do universo era governada por leis de movimento e causalidade. Uma outra obra popular de Albumazar, também traduzida para o latim, mostrava como essas mesmas leis podiam ser aplicadas ao curso da história humana. No prefácio dessa segunda obra, o astrólogo árabe deixa explícita a ligação entre a esfera celeste e os acontecimentos na Terra, identificada aqui em termos puramente aristotélicos: "Este é o livro sobre a soma dos indícios dos corpos celestes sobre os eventos terrestres ocorrendo no mundo da geração e da corrupção ... Chama-se *Livro das religiões e dinastias*."[48]

Hoje, o nome de Albumazar praticamente desapareceu de vista, junto com os de muitos outros eruditos árabes cujas obras foram outrora moeda corrente tanto no Oriente como no Ocidente. Essa tendência dos eruditos da Renascença e seus sucessores, do Iluminismo até os tempos modernos, a desprezar as contribuições dos muçulmanos e atribuir uma linhagem grega clássica ao mundo das ideias ocidental levou-os a enfatizar a influência dos escritos astrológicos do astrônomo grego Ptolomeu.[49] Porém, a obra pioneira de Adelardo de Bath e seus sucessores imediatos conferiu a Albumazar séculos de influência como uma das principais autoridades da cristandade medieval em ciência e filosofia. Seus ensinamentos ajudaram a fixar a aceitação quase universal de uma visão do cosmo como dominado por leis compreensíveis.[50]

Com sua fundamentação teórica na concepção grega clássica do universo, *A introdução à astrologia* mostrou-se um veículo ideal para a transmissão da ciência e da filosofia em geral para o mundo latino, pois unia o prestígio de Aristóteles à atração inegável do oculto. A base filosófica da astrologia de Albumazar foi tão influente que serviu para o Ocidente como o primeiro canal da filosofia natural aristotélica.[51] Uma anotação num manuscrito medieval, possivelmente na caligrafia de Roger Bacon, diz que a principal "autoridade na ciência celeste" não é Aristóteles, mas Albumazar.[52]

A primeira reação severa dos teólogos cristãos contra a "nova lógica" – a condenação em Paris de Amauri de Chartres e David de Dinant em 1210 – foi provocada principalmente pela popularidade crescente da astrologia árabe e suas sugestões de filosofia grega pagã. Essas duas tradições intelectuais, a árabe e a grega, representavam desafios profundos à ortodoxia cristã que viriam a ocupar grande parte do debate teológico e filosófico dos séculos XIII e XIV. Eles incluíam questões de importância fundamental para a Igreja: o papel do livre-arbítrio do homem; a imortalidade da alma; o conhecimento de Deus a respeito dos detalhes do comportamento humano, particularmente pertinente uma vez que Ele presidiria o Juízo Final; e, talvez a mais importante para os primórdios da ciência, a questão contenciosa de se a Terra era eterna, tal como afirmava a filosofia natural aristotélica, ou criada "no início", tal como registrado no Gênesis.

Havia uma inquietação geral diante dessa invasão de ideias e pensamentos aparentemente em conflito com a doutrina da Igreja, tal como acontecera duzentos anos antes com o saber de base árabe do papa Silvestre II. Um escriba medieval acrescentou seu comentário sucinto a uma nova cópia manuscrita do grande manual astrológico de Albumazar: "Terminado, com louvor a Deus por sua ajuda e uma maldição a Maomé e seus seguidores."[53] O mundo ocidental não podia simplesmente adotar inalterados alguns dos preceitos fundamentais dessa nova filosofia natural; no entanto, também não podia ignorar mais as riquezas da ciência e de outros conhecimentos avançados que acompanhavam ensinamentos ainda mais suspeitos. Uma revisão da filosofia natural seria essencial antes que a cristandade começasse a aceitar e explorar plenamente a nova ciência que chegava do Oriente.

Mas por enquanto as grandes obras aristotélicas de cosmologia e física, já amplamente lidas em árabe durante séculos, continuavam em larga medida desconhecidas no Ocidente, assim como os comentários penetrantes e provocadores dos filósofos muçulmanos, em particular as obras sem-par de Avicena e seu sucessor racionalista Averróis. Esses textos, que refletiam centenas de anos de debates dentro da tradição islâmica, mas eram desconhecidos no Ocidente, causariam um impacto imediato e poderoso sobre mentes jovens de toda a Europa. Em breve, estariam na moda em Paris, Oxford e outras universidades.

Adelardo de Bath surgiu na paisagem intelectual europeia como um jovem saído diretamente da escola catedrática de Tours, com sua denúncia pública dos ensinamentos dos "modernos" e sua intenção igualmente pública de corrigir o estado vergonhoso do saber ocidental voltando-se para o mundo árabe em busca de iluminação. Os vagos contornos de sua vida e aventuras – até mesmo seu gosto para roupas, ou ao menos para cores – podem ser coligidos em suas traduções e escritos originais. O mesmo não se pode dizer do momento ou lugar de sua morte, que permanecem ocultos à visão moderna.

Porém, talvez seja possível identificar Adelardo com o astrólogo anônimo responsável por uma série de notáveis horóscopos reais produzidos na Inglaterra em meados do século XII. Horóscopos do período normando são extremamente raros. Diz uma estimativa que talvez não haja mais do que quinze exemplos subsistentes de todo o século XII, e havia apenas uns poucos astrólogos ocidentais vivos – talvez apenas dois em toda a Inglaterra na época – capazes de realizar os complexos cálculos e determinações exigidos para efetuar essas leituras politicamente sensíveis para a casa real.[54]

Vários aspectos da coleção sugerem que Adelardo talvez seja o autor de nove dos dez horóscopos preservados juntos num único manuscrito.[55] Em primeiro lugar, eles se baseiam em dados astronômicos similares aos da *zij* de al-Khwarizmi, retificados para a latitude de Córdoba, exatamente o mesmo material que Adelardo traduziu pela primeira vez para o latim e introduziu no Ocidente. Em segundo lugar, a obra exibe um grau considerável de habilidade técnica e experiência, exceto pelo problema um tanto óbvio de que o astrólogo deveria usar dados locais da Inglaterra e não da Espanha. E em terceiro lugar, os horóscopos pressupõem uma posição de confiança dentro da corte, algo de que Adelardo parece ter desfrutado mais tarde em sua vida. O grosso da coleção pode ser datado de 1151, quando ele teria cerca de setenta anos, uma idade considerável para sua época, mas não impossível de ser atingida. Depois disso, a trilha de Adelardo em papel desaparece, sugerindo que o viajado erudito, astrólogo da corte e arabista residente tenha morrido provavelmente não muito depois.

Na volta à Inglaterra, a experiência de Adelardo no mundo da ciência árabe fez dele um erudito e um estadista ancião e intelectual de respeito. Em sua terra natal, inspirou um fluxo constante de brilhantes eruditos aventureiros, alguns dos quais logo seguiram suas pegadas para consultar os árabes sobre tudo, da astrologia à zoologia. Aproveitando-se de sua posição na corte, Adelardo usou uma seção de *Sobre o uso do astrolábio* para propor a Henrique Plantageneta um modelo radical para seu reino. Ele deveria ser governado, diz Adelardo ao futuro rei Henrique II, por um filósofo-rei, pois os filósofos falam a verdade e são orientados pela justiça natural e pela razão. Deveria ser tolerante com todas as religiões e crenças. E deveria reconhecer a autoridade dos árabes – isto é, dos cientistas e pensadores – e não a dos rígidos padres da Igreja.[56]

7. "Os filósofos mais sábios do mundo"

Estimulados pelos exemplos de Adelardo de Bath, Estêvão de Pisa e outros pioneiros dos *studia Arabum*, estudiosos ocidentais aventureiros logo começaram a se espalhar pelas antigas terras muçulmanas da Espanha, Sicília, sul da Itália e o assim chamado Oriente Latino em busca de obras disponíveis de filosofia e das artes e ciências que as acompanhavam. A conquista cristã e, em muito menor medida, o comércio passaram a abrir as enormes bibliotecas árabes aos olhos ocidentais, em particular no território espanhol outrora controlado pelos muçulmanos. Muitos leitores ávidos se apresentaram. Séculos antes que a última fortaleza árabe da região, o reino de Granada, caísse ante os exércitos de Fernando e Isabel, em 1492, os latinos já se ocupavam em estudar minuciosamente as obras inestimáveis deixadas para trás quando os muçulmanos foram forçados a se retirar gradualmente da península Ibérica. Numa espécie de corrida do ouro intelectual, jovens eruditos afluíram ao desconhecido para descobrir textos arábicos e depois traduzi-los para o latim, antes que outros o fizessem.

A partir do segundo quartel do século XII, estudiosos ocidentais se estabeleceram onde quer que encontrassem suprimento confiável de livros árabes e patronos influentes para sustentá-los. Na Espanha – o destino mais popular devido tanto à proximidade quanto a sua enorme riqueza cultural – muitos dos tradutores trabalhavam em equipe, empregando intelectuais judeus locais ou cristãos versados em árabe e no vernáculo como intermediários entre o texto original e a versão latina final. Outros aprendiam árabe e até hebraico, decididos a tirar o máximo do rico ambiente de al-Andalus, onde o saber judaico florescera ao lado do árabe.

Por sua própria natureza, esse movimento espontâneo de tradução fazia com que erros, incompreensões e atribuições equivocadas fossem inevitáveis. O acesso e a brevidade eram com frequência mais importantes do que o conteúdo na seleção dos textos e, em consequência, algumas obras menores ganharam ampla circulação, enquanto livros importantes foram ignorados.[1] Era comum que os primeiros eruditos cristãos achassem que estavam lendo Aristóteles quando o mais provável era que estivessem estudando versões bastardas filtradas pela astrologia árabe. Do mesmo modo, obras atribuídas falsamente a Aristóteles, os assim chamados textos pseudoaristotélicos, circulavam amplamente. Também veio à luz uma quantidade considerável de "traduções" cujos originais árabes e gregos permanecem não identificados, levantando a possibilidade de que alguns eruditos latinos talvez escondessem suas opiniões heterodoxas por trás dessa recente respeitabilidade do saber árabe.[2]

Os tradutores mais do que compensavam essas falhas com uma energia e um entusiasmo que levou os livros árabes a serem traduzidos para o latim em ritmo acelerado. O antigo interesse por astrologia provocou uma demanda pelo entendimento da geometria, matemática e astronomia – todas necessárias para a prática da arte da adivinhação celeste. Influentes escritos árabes sobre a classificação das diferentes ciências estimularam o interesse por uma gama mais ampla de traduções, sobre medicina, farmacologia, óptica, alquimia e maneiras de usar o astrolábio e a *zij*. Na segunda metade do século XII, traduções de importantes obras científicas passaram a ser complementadas pelos ensinamentos dos filósofos árabes.

Esses tesouros que os viajantes ocidentais encontravam à sua espera deviam muito às tradições sociais, culturais e intelectuais estabelecidas durante o reinado do primeiro grande califa da Espanha, Abd al-Rahman, o neto refugiado do décimo califa omíada. Ele havia escapado da revolução abássida e encontrara refúgio junto ao povo berbere de sua mãe, no norte da África. Dali, lançou seu olhar para as riquezas armazenadas na Espanha, que ficava logo do outro lado do estreito. Em poucos anos, montou uma coalizão de berberes, combatentes árabes pró-omíadas e outros grupos insatisfeitos e atravessou para a Europa, no outono de 755.

Uma considerável fatia da península já estava sob controle árabe havia mais de quatro décadas, desde que o general Tariq bin Ziyad, à frente de um exército de cerca de sete mil homens do norte da África, sobretudo berberes, derrotou os visigodos cristãos. O general desembarcou sua força invasora na primavera de 711 e construiu uma fortaleza na montanha de pedra que ainda leva seu nome – Jabal Tariq, ou Gibraltar – antes de avançar para o norte e matar o rei visigodo Roderico. Mas dissensões internas infestaram o novo domínio desde o início e, no verão de 756, Abd al-Rahman explorou essa debilidade para tomar a capital, Córdoba, e proclamar-se senhor da Espanha muçulmana.

Atento às suscetibilidades de seus poderosos rivais abássidas, o novo governante tomou o cuidado de não reivindicar o título ou a autoridade religiosa do califa – um de seus sucessores cuidaria disso quase duzentos anos depois. Ele contentou-se com o título discreto de emir, ou seja, comandante militar. Durante um reinado de mais de três décadas, pôs o território da Espanha muçulmana, sempre em mutação, no caminho para um dia poder rivalizar com as glórias do Império oriental. Os muçulmanos seriam uma presença significativa na Espanha por quase oito séculos.

Tal como o próprio Abd al-Rahman, a matéria-prima para a transformação daquilo que havia sido um lugar atrasado sob o domínio dos visigodos numa indiscutível superpotência cultural europeia devia muito a suas origens no centro do mundo árabe. O emir construiu uma *Villa* nos arredores de Córdoba, batizada de Munya al-Rusafa, mesmo nome da propriedade de seu avô na Síria, de onde o jovem príncipe tivera de fugir para salvar a própria pele. Importações exóticas do Oriente Médio, tais como romãs e pêssegos, logo adornaram aquele oásis artificial. E também a primeira tamareira da Espanha, cuja presença desamparada inspirou Abd al-Rahman a escrever um poema nostálgico em que compara a condição de exilada da planta a sua própria: "Eu disse a ela: 'Como és parecida comigo, distante e exilada, em longa separação de família e amigos. Brotaste de um solo em que és estrangeira e eu, como tu, estou longe de casa.'"[3]

No entanto, essa transposição, fonte da melancolia do emir, não era de forma alguma uma aberração. O gênio dos árabes medievais estava em sua extraordinária receptividade a novas ideias, na capacidade de identificar e adotar o que fosse preciso de outras culturas – primeiro persa e hindu, depois grega – e de modificar e aperfeiçoar essas noções para atender às demandas práticas, intelectuais e, em especial, religiosas de seu tempo. Ibn Khaldun, um magistral observador da condição humana, cuja família fora expulsa de al-Andalus pela conquista cristã, anotou certa vez que seus companheiros árabes simplesmente não conseguiam ficar quietos: "Todas as atividades costumeiras dos árabes os levam a viajar e se movimentar."[4] O resultado era um trânsito quase atordoante de pessoas, artes, tecnologias e até plantas pela enorme região do mundo conhecido que abrangia as terras do islã.

Nem mesmo as profundas divisões políticas no interior de sua comunidade de crentes – fosse a ascensão de al-Andalus no século VIII, a fragmentação posterior do Império abássida ou a eventual dissolução da Espanha muçulmana no século XI em pequenos reinos inimigos – podiam romper os laços fundamentais proporcionados por uma fé, uma língua e um código jurídico comuns, além de outros valores culturais compartilhados. Ao mesmo tempo, a presença do islã em três continentes dava-lhe um alcance extraordinário, que tornava possível descobrir e depois assimilar uma variedade de tradições e culturas que, de outro modo, poderiam ter permanecido isoladas e separadas. Os eruditos árabes desfrutavam efetivamente um monopólio global do conhecimento dos confins do mundo que permaneceu sem rival até a Era dos Descobrimentos europeia. Nesse ambiente, não surpreende que no início do século X o famoso médico e cientista al-Razi, conhecido no Ocidente como Rhazes, pudesse discutir inteligentemente os méritos médicos relativos de diferentes variedades de barrilha encontradas em lugares tão distantes como a Espanha e a Índia.[5]

Ao longo de quatro séculos, inovações de todos os tipos vindas da Índia, da Pérsia e do Iraque deslocaram-se constantemente para oeste, através do Egito, dos muçulmanos do Magreb – essencialmente, os modernos Marrocos, Tunísia e Argélia –, da África ocidental e de al-Andalus, que fazia fronteira com a Europa cristã. Árabes do Iêmen, por exemplo, que se estabeleceram no norte da África e na Espanha, levaram consigo regulamentações de irrigação e procedimentos administrativos, além de novos cultivos, novas tecnologias e novos sistemas para melhorar o uso da terra e aumentar a produção.[6] Com o tempo, essa via deixaria um pouco de ser de mão única, mas naquela época al-Andalus e o resto do mundo muçulmano ocidental seriam os principais beneficiários dessa crescente reserva de inovação, ciência e *know-how* que surgia no Oriente.

Consideremos a berinjela. Originária da Índia, era aparentemente bem conhecida na Pérsia na época da conquista muçulmana e logo estava discutida em detalhes nos livros de receita e manuais de agricultura árabes. Foi até celebrada em verso. A planta foi então levada para o Egito, atravessou o Magreb e chegou a al-Andalus. Um relato medieval descreve quatro variedades diferentes conhecidas na Espanha naquela época: um tipo "local", a cordobesa, a síria e a egípcia.[7] Melancia, espinafre, o trigo duro essencial para a arte italiana do macarrão e muitos outros alimentos hoje comuns nas mesas de jantar ocidental seguiram padrões semelhantes. Ao longo do caminho, esses vegetais importados tinham de ser adaptados a novos climas e condições e sustentados por sistemas muitas vezes complexos de cultivo e irrigação. Muitos produtos andaluzes importantes – arroz, cana-de-açúcar, laranja e outras frutas cítricas, para mencionar apenas alguns – tinham sua origem em climas que não sofriam com as secas de verão típicas do mundo mediterrâneo. Projetos de irrigação, baseados em técnicas avançadas de engenharia e apoiados por complexos procedimentos legais e administrativos para implementá-los, partilhá-los e mantê-los, eram essenciais para o sucesso de longo prazo.

Os agricultores da Espanha muçulmana tornaram-se especialistas no desvio, coleta e distribuição de água para a agricultura, como testemunha o rico legado linguístico árabe para o espanhol contemporâneo: as palavras para represa (*azuda*), canal de irrigação (*acequia*), roda-d'água (*noria*), moinho d'água (*aceña*)* e termos relacionados derivam todos do árabe.[8] Esse mesmo processo de movimento do Oriente para o Ocidente e de

* Em português há os correspondentes açude, acéquia, nora e azenha, todos também vindos do árabe. (N.T.)

adaptação seletiva repetiu-se constantemente, abrangendo de tudo – das últimas modas em música, vestuário e paladar a estudos sofisticados de astronomia, matemática, medicina e filosofia.

Desde sua fundação, a corte árabe em Córdoba começou a importar livros e atrair eruditos do Oriente numa tentativa deliberada de competir com os abássidas. Entre essas obras estava a *zij al-Sindhind* de al-Khwarizmi, que lá chegou não muito depois de terminada em Bagdá. A prolongada luta entre al-Mamun e seu irmão pelo trono abássida no início do século IX deixou inúmeros eruditos, médicos e poetas da corte temporariamente sem patrono ou perspectiva; alguns ficaram mais do que felizes de tentar a sorte em al-Andalus. Mas a Espanha tinha de enfrentar a reputação de posto avançado inculto e provinciano de que gozava nos círculos intelectuais de Bagdá, Cairo e Damasco. Com frequência, era necessária uma ameaça de agitação política ou social no Oriente, ou promessas de recompensa financeira substancial, para convencer os eruditos hesitantes a fazer a viagem.

Um dos que a empreenderam foi o famoso músico Ziryab, que chegou de Bagdá em circunstâncias misteriosas; relatos da época sugerem intriga real e o ciúme venenoso de um rival de menos talento. Ziryab trouxe consigo um repertório de milhares de canções, e seu talento e sua fama logo fizeram dele o principal árbitro de Córdoba no terreno dos modos, do gosto e da cultura popular. Atribui-se a ele a introdução na cidade de refinamentos como a pasta de dentes, o desodorante, as refeições com diferentes pratos sucessivos e a cozinha refinada em geral. Entre as outras figuras que apareceram em cena estava o excêntrico inventor Abbas ibn Firnas, cuja malfadada tentativa de confeccionar asas e depois voar das alturas do palácio do emir terminou em ferimentos graves, mas não num espírito alquebrado; ele depois aperfeiçoou uma técnica de cortar cristal, construiu um planetário dentro de casa e projetou uma complexa clepsidra capaz de marcar aproximadamente a mudança de hora para as cinco orações diárias.[9]

A conquista muçulmana já havia levado a língua árabe ao extremo ocidental da Europa, e logo se tornou o meio aceito da alta cultura e, com frequência, da vida cotidiana no interior das comunidades muçulmanas, judaicas e cristãs de al-Andalus. Já no século IX, o bispo de Córdoba deplorava o fato de a língua árabe estar pondo em perigo a sobrevivência do latim, a língua da Igreja católica. Ele estava horrorizado pelo ritmo alarmante com que os cristãos devoravam livros árabes e "montavam grandes bibliotecas deles a um custo enorme ... Dificilmente alguém consegue escrever uma carta em latim passável para um amigo, mas inumeráveis são aqueles capazes de se expressar em árabe e de escrever poesia nessa língua com mais arte do que os próprios árabes".[10]

Alguns conservadores antiárabes lançaram uma campanha para incitar os cristãos a caluniar o profeta Maomé em público, na esperança de que o tratamento severo dos militantes provocasse uma rebelião. Um pequeno número dos assim chamados Mártires de Córdoba foi de fato executado, mas somente depois que líderes muçulmanos e cristãos tentaram sem sucesso abafar a crise pacificamente. O movimento nunca pegou fogo e as boas relações entre as religiões foram restauradas. Contudo, os temores mais profundos do bispo não eram sem fundamento: o uso disseminado do árabe ajudou a romper a camisa de força do latim sobre o discurso literário e culto da Europa, abrindo o caminho para a ascensão das línguas vernáculas e para as grandes obras dos escritores "nacionais".[11] Nesse rol estão Cervantes, que utiliza o estratagema de um autor "original" árabe perdido, Sidi ben Hamed, para emoldurar sua história de Dom Quixote; Dante, cuja descrição do Paraíso e do Inferno vem quase certamente de modelos islâmicos em circulação na Europa de então; e Shakespeare.

As inovações andaluzas na poesia de amor árabe difundiram-se para a Espanha cristã e para o sul da França por intermédio da diplomacia, do casamento inter-racial, da guerra e de outros contatos através da divisão entre seitas. A instituição da *qiyan*, uma moça cantora não muito diferente da gueixa japonesa, levou adiante a tradição da poesia e da canção lírica árabes nas cortes de al-Andalus. Essas escravas ofereciam a seus senhores e patronos uma imagem da amante caprichosa e frequentemente inacessível, de acordo com a sensibilidade erótica da época: "Pois tanto por treinamento como por instinto natural, sua natureza é a de montar ciladas e armadilhas para suas vítimas", suspira um escritor árabe do século IX ao falar da *qiyan*.[12]

Às vezes, essas cantoras eram dadas a príncipes cristãos como presentes diplomáticos ou parte de um dote matrimonial. Também eram levadas para as batalhas. Em 1064, a tomada aos muçulmanos da cidade de Barbastro por uma força de normandos e cavaleiros do sul da França resultou na captura de centenas dessas escravas altamente instruídas, muitas das quais acabaram como artistas e concubinas nas casas reais da França meridional. Um dos que se beneficiaram disso foi o jovem Guilherme IX de Aquitânia – considerado por muitos o primeiro trovador, ou poeta lírico, a escrever numa língua europeia "moderna" –, que cresceu cercado pelas canções e versos dos árabes.[13] Os leitores da poesia trovadoresca não terão dificuldades para reconhecer os temas recorrentes – a submissão total do amante a sua amada, o uso de sinais secretos e intermediários, o êxtase induzido pelo sofrimento em silêncio e o autodomínio – que aparecem no repertório mais antigo da *qiyan*.[14]

O geógrafo Ibn Hawqal, que visitou Córdoba em 948, declarou que a capital imperial "não tem igual no Magreb e dificilmente no Egito, Síria ou Mesopotâmia, pelo tamanho de sua população, sua extensão, o espaço ocupado por seus mercados, a limpeza de suas ruas, a arquitetura de suas mesquitas, a quantidade de seus banhos e caravançarás".[15] Embora os números variem muito, a população da cidade foi estimada em mais de cem mil pessoas, mais ou menos a mesma de Constantinopla, a capital bizantina, porém muito acima de qualquer outra na Europa cristã de então.

Outros relatos da época dizem que os califas mantinham uma biblioteca cujo catálogo enchia 44 volumes grandes. A coleção era tamanha – usualmente estimada em quatrocentos mil volumes – que foram precisos cinco dias para transportar apenas as obras de poesia em uma das periódicas mudanças da biblioteca real para instalações maiores. Ruas pavimentadas, iluminação e outras comodidades públicas eram abundantes – setecentos anos antes de Londres poder se gabar de alguma forma de iluminação pública. Os cirurgiões da cidade realizavam na mesquita operações de catarata com sucesso, utilizando instrumentos feitos de ossos de peixe afiados.[16]

Havia ao menos dois campos em que os homens de ciência andaluzes às vezes superavam seus colegas do Oriente. O primeiro era o tema prático da agronomia, junto com as disciplinas relacionadas: botânica, farmacologia, astrologia e meteorologia. O segundo era a matéria mais rarefeita da filosofia de Aristóteles, que abrangia cosmologia, metafísica e elementos de teologia.

Vários fatores impulsionaram o que poderia ser chamado de Revolução Verde, levada a cabo pelos muçulmanos na península Ibérica – alguns aparentemente acidentais, outros intimamente ligados à natureza e à experiência dos próprios árabes. Em primeiro lugar, a ciência da agricultura recebeu um grande impulso com o oportuno aparecimento na Espanha de várias obras científicas fundamentais. A súbita chegada, no século X, de uma obra-prima da medicina grega escrita por Dioscórides, um presente diplomático do imperador bizantino, deflagrou um intenso interesse pela botânica e pela farmacologia. Também exerceu influência o *Calendário de Córdoba*, uma obra andaluz extraordinária que combinava a riqueza da tradição astronômica árabe e seus cálculos complexos com informações agrícolas, previsões do tempo e até elementos essenciais do calendário religioso da grande comunidade cristã de língua árabe da Espanha, os moçárabes, palavra derivada do termo árabe [*must'arab*] que significa "arabizado", "aquele que segue os modos árabes". Emblemático da natureza multiconfessional de al-Andalus, onde os governantes muçulmanos eram, em geral, tolerantes para com seus súditos judeus e cristãos, um exemplar subsistente do *Calendário de Córdoba* está escrito em árabe, mas no alfabeto hebraico.[17] Um dos textos, dedicado ao mês de março, inclui o equinócio da primavera, a chegada da Páscoa, fenômenos astronômicos previstos na *zij al-Sindhind* e um alerta de tempestade para o final do mês: "Os ventos que sopram agora danificam, por sua violência, os primeiros figos e a formação de frutos."[18]

Em segundo lugar, havia um desejo difuso da parte dos andaluzes de se equiparar às glórias do centro do mundo muçulmano, e até superá-las. Na arte da culinária, por exemplo, isso significava no mínimo repetir a grande variedade de frutas, legumes, verduras e ervas presentes no repertório clássico árabe desenvolvido no Oriente. E isso exigia avanços significativos na coleta, introdução, aclimatação e cultivo de produtos historicamente desconhecidos na Espanha. Grande parte da pesquisa básica foi ajudada pela moda entre os ricos e poderosos de cultivar jardins experimentais e ornamentais, baseados na Munya al-Rusafa, a propriedade rural do primeiro emir. Nesse tipo de ambiente, os especialistas podiam adaptar plantas importadas às condições locais e aperfeiçoar as variedades existentes por meio de enxertos e outras técnicas.[19]

O número desses jardins reais aumentou substancialmente no início do século XI, quando o califado centralizado entrou em colapso e abriu caminho para dezenas de pequenos reinos espalhados por al-Andalus. A capital imperial nunca se recuperou do que os árabes chamam *fitna*, um estado de caos social. "Chorem pelo esplendor de Córdoba", lamenta o historiador Ibn Idhari. "A fortuna fez dela credora e exigiu pagamento pela dívida."[20] Mas essa dispersão do poder em Estados pequenos, atomizados, criou oportunidades para estudiosos de todos os tipos, pois a nova geração de governantes separados e pequenos príncipes buscou imitar os califas de outrora e, ao mesmo tempo, superar uns aos outros.[21] Com o espaço político e militar de manobra restrito por debilidade interna, bem como por obrigações estabelecidas em tratados entre si e com os cristãos ao norte, esses assim chamados reinos partidários tiveram de lutar na arena cultural. Agrônomos, poetas, filósofos e outros intelectuais da corte eram talvez os únicos em al-Andalus a se beneficiar diretamente da *fitna*.

O encolhimento da geografia da Espanha muçulmana, sob pressão constante do expansionismo cristão, acrescentou mais fluidez a esse jogo de patrocínio real. O governante de Sevilha, por exemplo, tomou avidamente para si uma das maiores autoridades agrícolas de al-Andalus, Ibn Bassal, e nomeou-o diretor do "Jardim do Sultão" depois que a queda de Toledo para os cristãos forçou o especialista e outros membros da elite intelectual muçulmana da cidade-Estado a se dispersar.[22] Sevilha logo se tornou o centro da ciência da agricultura, com grande parte da atividade ligada à obra de Ibn Bassal e seus colegas, no Jardim do Sultão.

Os tratados andaluzes sobre agronomia se iniciam sempre com capítulos sobre os diversos tipos de solo, água e fertilizantes, seguidos por seções sobre ciência veterinária, cultivo de plantas e criação de animais. Muitos incluem horários ou calendários da atividade agrícola, combinados com importantes conselhos meteorológicos e técnicas astronômicas afins, tradições populares e até magia.[23] A obra mais notável da tradição sevilhana que chegou até nós talvez seja o *Botânico anônimo*, do século XII. Esse tratado representa uma tentativa ambiciosa de classificação sistemática do reino vegetal, numa perspectiva visivelmente moderna, muitos séculos antes das obras ocidentais de Cesalpino e Lineu.[24]

Em contraste com a curiosidade intelectual e a receptividade cultural do mundo árabe, o Ocidente cristão demonstrava interesse incrivelmente pequeno por essa Revolução Verde. Nas três regiões de sucessos militares ocidentais contra os muçulmanos nos séculos XI e XII – Espanha, Sicília e os Estados dos cruzados no Oriente Próximo –, a maioria das inovações agrícolas e dos novos cultivos dos árabes desapareceu sob a nova administração europeia da terra. Os camponeses cristãos levados para trabalhar nos territórios conquistados eram incapazes de dominar as habilidades necessárias ao cultivo desses produtos especializados. Isso agravou-se mais com a rigidez do sistema fundiário feudal europeu. O conhecimento de técnicas de irrigação vitais também se perdeu com o recuo dos árabes, e as densidades populacionais menores decorrentes da partida de refugiados muçulmanos reduziram os incentivos econômicos para a agricultura intensiva.[25]

Os cristãos tendiam a confiar em cultivos familiares, mas menos valiosos, principalmente cereais e videiras, que faziam à maneira antiga. Tentativas posteriores de seguir exemplos árabes fracassaram muitas vezes por falta de *know-how* ou de organização adequada, ou então produziram safras inferiores. No início do século XIII, Frederico II da Sicília teve de mandar buscar especialistas árabes do Oriente Médio para ajudá-lo a reviver o que fora, antes de seus ancestrais expulsarem grande parte dos muçulmanos, uma indústria florescente de cana-de-açúcar.[26] Demorou séculos para que a Europa demonstrasse alguma receptividade verdadeira aos novos cultivos, primeiro plantas ornamentais exóticas e depois alimentos e matérias-primas industriais. Ainda na Renascença tardia, muito tempo depois que os últimos muçulmanos haviam sido expulsos ou convertidos à força, as autoridades espanholas tiveram de traduzir um manual de agronomia árabe para extrair o máximo da terra que outrora fora al-Andalus.

Na Espanha, os obstáculos práticos para a adoção efetiva de inovações árabes aumentaram graças a uma barreira ideológica quase insuperável: a ideia de que os cristãos tinham o dever sagrado de expulsar os muçulmanos, extirpar todos os traços de sua fé e cultura e libertar a terra desses invasores estrangeiros. Não se tratava de conquista, mas de "reconquista", um retorno divinamente inspirado à ordem natural das coisas, na qual a Espanha era um país rigorosamente católico, puro de sangue e de coração. Com frequência, esse processo foi chamado de Cruzada, mas os espanhóis preferiam o termo Reconquista.

Levou tempo, mas a Reconquista provou-se uma força militar e política invencível, que ao longo dos séculos foi forçando os muçulmanos a retroceder. No entanto, a Espanha católica, única entre os principais Estados ocidentais, achou quase impossível se beneficiar diretamente das riquezas da ciência árabe deixadas virtualmente na soleira de sua porta. Quando Sevilha foi tomada, em 1248, as forças cristãs da Reconquista não sabiam que o minarete da grande mesquita da cidade-Estado era também o primeiro observatório da Europa, construído sob a supervisão do matemático Jabir ibn Afiah. Sem saber o que fazer com a comprida estrutura, os conquistadores a transformaram num campanário.

Conforme o ritmo do movimento de tradução se acelerava, ajudado pelo patrocínio de alto nível da Igreja e do Estado, os muçulmanos viram-se impossibilitados de impedir a apropriação de sua herança cultural e intelectual. Num sinal da frustração que isso provocava em certos círculos, um clérigo muçulmano de al-Andalus se enfureceu com seus colegas por traficarem textos árabes. Numa época em que a prática moderna da citação acadêmica e outras convenções similares eram desconhecidas, era fácil fazer com que ideias árabes se passassem por inovações ocidentais. "Não deveis vender livros de ciência a judeus e cristãos", advertia Ibn Abdun, "porque acontece que eles traduzem esses livros científicos e os atribuem ao seu próprio povo e aos seus bispos, quando são, na verdade, obras muçulmanas".[27]

Dois dos mais importantes tradutores da época, o inglês Roberto de Ketton e o eslavo Hermano de Caríntia, uniram-se na Espanha para seguir um curso de leituras e estudos que lhes permitisse dominar um dia as complexidades do *Almagesto*. No processo, Hermano traduziu a *Introdução à astrologia* de Albumazar, encarando a versão completa que Adelardo havia deixado de lado em favor da *Abreviação*, mais básica, enquanto Roberto apresentava ao Ocidente a ciência da álgebra de al-Khwarizmi e produzia o primeiro texto em latim sobra a arte árabe da alquimia. O par enviava habitualmente suas traduções a colegas na França, onde os textos enriqueciam os currículos das antigas escolas catedráticas. Os dois sentiam claramente que faziam progressos enquanto abriam caminho com dificuldade através do imponente corpo de saber árabe. A certa altura, Hermano fala dos "atavios e decorações que longas vigílias e o trabalho mais diligente trouxe para [nós] das profundezas dos tesouros dos árabes".[28] Em outro texto, Roberto recomenda que tratem a seguir de um "livro concernente a razões [matemáticas], a fim de que um caminho mais claro para o *Almagesto* (que é o principal objetivo de nosso estudo) possa se abrir para nós".[29]

Mas em 1142 esse idílio intelectual foi perturbado pela chegada inesperada, da França, de Pedro o Venerável, o abade de Cluny, localidade que no seu auge contava com mais de seiscentos mosteiros e cerca de dez mil monges.[30] Pedro fez aos dois eruditos uma encomenda incomum: a primeira tradução latina do Alcorão, bem como de outras obras sobre crenças e práticas muçulmanas. Roberto e Hermano, que trabalhavam juntos em algum lugar nas vizinhanças do rio Ebro, jamais haviam mostrado o menor interesse por questões religiosas. Estavam mais do que contentes em aprender com os cientistas e filósofos muçulmanos e deixar as cruzadas, fossem militares ou literárias, para os outros.

O abade foi forçado a desembolsar uma quantia exorbitante para seduzir os dois homens a trocar a pesquisa científica por essa encomenda religiosa. No entanto, parece que não estava completamente confiante de que estivessem à altura da tarefa. "Encontrei-os na Espanha, perto do Ebro, estudando a arte da astrologia e os trouxe para fazer esse negócio por meio de uma grande remuneração", admite Pedro numa carta a um colega da Igreja. "Para que a tradução não careça de fidelidade completa, nem que alguma coisa retirada escape de nossa atenção, também acrescentei um sarraceno aos tradutores cristãos."[31]

O projeto de Pedro oferece um contraponto intrigante ao firme compromisso da Igreja com a guerra santa, cinquenta anos após o chamamento à Cruzada do papa Urbano II. Pedro perguntava-se por que a Igreja queria tanto matar os muçulmanos, ao invés de salvar suas almas convertendo-os ao cristianismo. Mas, para fazer isso, o Ocidente teria primeiro de resolver sua ignorância lastimável sobre a fé islâmica. "Uma chama acendeu-se em minhas meditações. Eu estava indignado pelo fato de os latinos não saberem a causa de tal perdição, e em virtude dessa ignorância não podiam ser movidos a apresentar qualquer resistência, pois não havia ninguém que respondesse [a ela] porque não havia ninguém que tivesse conhecimento [sobre ela]."[32]

A censura de Pedro à abordagem simplista da Igreja era também uma acusação ao triste estado do conhecimento latino, pois ele culpava o desinteresse geral do Ocidente por línguas e costumes estrangeiros. Ele também observou que os muçulmanos eram "homens inteligentes e cultos" cujas coleções de livros sobre as artes liberais e sobre o estudo da natureza haviam atraído pensadores cristãos para a Espanha.[33] Até que o conhecimento cristão dos muçulmanos melhorasse, qualquer noção de cruzada intelectual era impensável. Não está claro, no entanto, se o dinheiro de Pedro foi bem-gasto. Ao tentar formular um retrato mais correto do islã, para que pudesse converter os muçulmanos a sua fé, Pedro caiu na mesma armadilha que apanharia muitos comentadores cristãos posteriores que careciam dos recursos do abade.

Por exemplo, ele via nas notícias sobre a prática da poligamia pelos muçulmanos pouco mais do que uma tática para atrair seguidores masculinos e satisfazer os desejos carnais do próprio Maomé sob o disfarce de religião. A aprovação islâmica de uma vida sexual ativa entre marido e mulher escandalizava o abade, que via nisso um convite aberto a participar de práticas "antinaturais". No fim, Pedro não conseguiu decidir se os muçulmanos eram hereges ou simplesmente pagãos. Ele ficou particularmente desconcertado pelo fato de que os muçulmanos, tal como os hereges, aceitassem Cristo como profeta, ao mesmo tempo em que, como pagãos, rejeitavam os sacramentos da Igreja. Por fim, concluiu que eram provavelmente hereges, embora não parecesse nada convencido disso.[34] Mas Pedro tinha certeza de que a cristandade devia fazer mais do que apenas empunhar a espada: precisava empunhar também a pena. "Quer chamemos a errada concepção muçulmana com o nome vergonhoso de heresia ou com o nome vil de paganismo, devemos agir contra ela, ou seja, precisamos escrever."[35]

Roberto, que tomou a dianteira na tradução do Alcorão, não tinha o menor entusiasmo pelo projeto. No prefácio, declara-se disposto "a deixar de lado, no entrementes, meu estudo principal de astronomia e geometria", para participar da tradução, mas diz que estava decidido a retornar de imediato ao trabalho de sua vida, que iria "penetrar ... em todas as órbitas celestes e suas quantidades, ordens e hábitos e, especialmente, todas as maneiras de movimento das estrelas, seus efeitos e naturezas".[36] Do mesmo modo, Hermano retomou imediatamente a vida de erudito secular. Mas o dinheiro, o patrocínio e o prestígio ganhos com a tradução do Alcorão, e o apoio que o projeto recebeu da poderosa ordem de Cluny, ajudaram a fazer da tradução de obras árabes um empreendimento digno de patrocínio eclesiástico.[37] Evidências que comprovam tal apoio podem ser vistas na prática comum de dedicar as traduções latinas de ciência e filosofia árabe a clérigos importantes da época.

O fato de Roberto e Hermano terem concebido sua iniciativa de tradução a princípio como uma porta de entrada para o *Almagesto* confirma a enorme atração que essa obra ainda não digerida exercia sobre o pensamento medieval. Era tão grande seu fascínio que o simples rumor da existência de cópias em árabe nas bibliotecas espanholas foi o suficiente para Gerardo de Cremona querer vê-las com os próprios olhos. Tradutor mais prolífico da segunda metade do século XII, Gerardo permaneceu na Espanha a fim de verter para o latim mais de setenta textos árabes. Fez parte de sua produção o objeto original de seu desejo intelectual: uma versão latina do *Almagesto*. Foi de longe a edição mais popular entre os eruditos medievais e a primeira a ser impressa, publicada em Veneza em 1515.[38]

O panegírico de Gerardo feito por seus discípulos reflete a influência da grande obra de Ptolomeu sobre o mestre: "[Ele] foi instruído desde a infância em centros de estudos filosóficos e chegou ao conhecimento de tudo o que era conhecido pelos latinos; mas pelo amor do *Almagesto*, que não conseguia encontrar entre os latinos, foi a Toledo; lá, vendo a abundância de livros em árabe sobre todos os assuntos, e lamentando a pobreza dos latinos nessas coisas, aprendeu a língua árabe a fim de poder traduzir. Desse modo, combinando línguas e ciência, ... ele transmitiu a literatura árabe à maneira do homem sábio que, perambulando por um campo verde, monta uma coroa feita não de quaisquer flores, mas das mais bonitas; até o fim de sua vida, continuou a transmitir ao mundo latino (como se fosse seu amado herdeiro) todos os livros que podia ... da forma mais exata e simples que podia."[39]

Entre as muitas traduções atribuídas a Gerardo e sua equipe estavam textos de medicina e manuais de cirurgia, inclusive o grande *Cânone da medicina*, de Avicena, *O calendário de Córdoba* e tratados variados de alquimia e química, astrologia, astronomia, matemática, óptica e a ciência dos pesos.[40] Num importante afastamento das preocupações puramente técnicas das antigas escolas catedráticas da França que moldaram muitas das primeiras traduções, Gerardo e seus colegas começaram a expandir os horizontes intelectuais do Ocidente mediante a introdução de uma gama mais ampla de filosofia e ciência natural gregas, além dos escritos dos próprios filósofos e cientistas árabes.

Se os processos antigos estavam representados pelas exigências limitadoras do currículo da escola catedrática – baseado nas sete artes liberais, abordagem que não deixava espaço para o estudo do universo natural –, então esse saber inspirado pelos árabes oferecia aos pensadores cristãos novos caminhos para explorar o mundo ao seu redor. Ao apresentar a obra filosófica de Avicena *Sobre a alma*, o erudito judeu e cotradutor Avendauth defendeu esse desvio radical: "Os leitores latinos saberão com certeza alguma coisa até agora desconhecida, a saber, se a alma existe, quais são sua natureza e suas qualidades de acordo com sua essência e sua atividade, e isso será provado por razões verdadeiras ... Aqui, portanto, está um livro traduzido do árabe cujo autor, deveis saber, compilou tudo o que Aristóteles disse em seu livro sobre a alma, a percepção dos sentidos e o sensível, o intelecto e o inteligível."[41]

Embora o fermento intelectual que transbordava de al-Andalus em meados do século XII atraísse muitas das melhores e mais brilhantes mentes da cristandade – homens como Gerardo, Roberto, Hermano e Pedro o Venerável –, parece que a península Ibérica não apresentara nenhuma atração em particular para Adelardo de Bath uma geração antes. Não havendo menção à Espanha em seus escritos subsistentes, é impossível saber com certeza por que Adelardo não foi direto de Laon para lá, em vez de fazer a viagem mais árdua primeiro para a Sicília e de lá para o principado cruzado de Antioquia. Um motivo talvez esteja nos laços estabelecidos entre a comunidade beneditina de Bath com a da Sicília, onde o viajante foi recebido pelo bispo beneditino, e com o bairro pisano de Antioquia.

Em contraste, o jovem erudito Daniel de Morley parece falar por muitos da geração mais nova quando lembra anos depois, ao retornar para casa, como viajou para a Espanha após abandonar seus estudos em Paris, desgostoso com o baixo nível do ensino dos mestres. "Quando, há algum tempo, fui embora da Inglaterra em nome do estudo acadêmico e passei uma temporada em Paris, lá encontrei bestas sentadas em cátedras com grave autoridade ... Esses mestres eram tão ignorantes que ficavam parados como estátuas, fingindo mostrar sabedoria por permanecer em silêncio", escreve Daniel em algum momento depois de 1175. "Mas quando ouvi que a doutrina dos árabes ... era a moda em Toledo naqueles dias, apressei-me a ir para lá o mais rápido possível, para que pudesse ouvir os filósofos mais sábios do mundo."[42]

Após estudar com Gerardo de Cremona e outros, Daniel voltou para a Inglaterra com "uma preciosa multidão" de livros árabes, dando seguimento a uma tradição iniciada por Adelardo de Bath. Em seu retorno, o bispo João de Norwich, ele mesmo estudioso de astronomia, pediu ao viajado erudito que escrevesse um tratado sobre uma *zij* revisada conhecida como Tabelas de Toledo. Em vez de um ensaio sobre as últimas novidades do pensamento astronômico, Daniel produziu uma cosmologia organizada, a primeira do Ocidente a ser totalmente informada pela "doutrina dos árabes", especialmente pela visão do mundo aristotélica do astrólogo Albumazar.[43] Uma versão traz pelo menos uma dúzia de citações da *Introdução à astrologia*, citando Albumazar sobre tudo, da composição dos corpos celestes ao movimento circular perfeito e a fonte da cor.[44] Outras referências são tiradas de diversas obras árabes sobre a filosofia natural de Aristóteles e de uma leitura minuciosa de *Sobre o uso do astrolábio*, de Adelardo.[45]

A partir do início do século IX, os eruditos árabes da Casa da Sabedoria estudaram os clássicos da filosofia e da ciência gregas, lançando sistematicamente os alicerces sólidos para suas pesquisas originais. Trezentos anos depois, o Ocidente não teve acesso a esse luxo; em vez disso, os tradutores começaram a inundar a cristandade com textos antigos e comentários, inovações científicas e avanços filosóficos mais recentes dos árabes. A chegada dessa filosofia pagã, vestida com sedutores trajes árabes temperada com o oculto, arrancou os estudiosos ocidentais de uma visão do mundo estreita e forçou-os a enfrentar questões perturbadoras sobre a natureza do universo, a definição do conhecimento e até a existência de Deus. Os pensadores árabes logo dominaram o ensino em latim. Autoridades cristãs tradicionais, como Agostinho e Bede, foram frequentemente deixadas de lado, e enquanto palavras, vocábulos e expressões árabes – os nomes das estrelas, por exemplo, bem como dezenas de termos técnicos – foram cada vez mais incorporados à literatura erudita ocidental.

Para a nova classe ascendente de eruditos, intelectuais errantes como Daniel de Morley, isso fazia perfeito sentido: "Vamos então tomar emprestado deles e, com a ajuda e o comando de Deus, roubar aos filósofos pagãos sua sabedoria e eloquência. Tomemos dos infiéis para nos enriquecermos fielmente com os despojos."[46] Esse furto intelectual tinha seus problemas práticos: os primeiros tradutores, por exemplo, descobriram que o latim carecia de vocabulário para dar conta da linguagem científica e filosófica árabe.

Adelardo de Bath já havia reconhecido os árabes como seus mestres, tradição adotada por aqueles que vieram depois. Em breve, o tradutor Hugo de Santalla, colega próximo de Roberto e Hermano, instava seus companheiros a seguir a liderança árabe em astronomia: "Convém-nos imitar os árabes especialmente, pois é como se fossem nossos professores e precursores nessa arte."[47] Outro erudito saudava os árabes como o único povo a entender realmente de geometria. Era tal a fama dos muçulmanos na Inglaterra do século XII que os partidários de Henrique II, outrora pupilo de Adelardo, ameaçaram ao papa que seu senhor se converteria ao islamismo a fim de se livrar daquele "padre intrometido", Thomas Becket, o arcebispo da Cantuária.[48] No fim das contas, o assassinato de Becket resolveu o problema.

As explorações intelectuais de Adelardo de Bath ignoraram, em grande medida, os textos filosóficos ou teóricos. Afinal, para sua tradução de Albumazar ele escolheu o texto resumido do autor, sem seu núcleo filosófico fundamental. Sua inclinação para as disciplinas mais técnicas da astronomia e astrologia árabes estabeleceu a direção da primeira onda de traduções latinas realizadas na Espanha. No século XIII, o Ocidente já estava inundado de textos de astronomia concorrentes, o que levou Oliver da Bretanha a queixar-se de que: "um dia mal seria suficiente para contar os inumeráveis livros e autores [de astronomia]."[49]

Mas a crescente sofisticação dos eruditos ocidentais significava que era apenas uma questão de tempo para que eles se aventurassem da matéria levemente problemática da astronomia e da astrologia, com sua ameaça implícita à noção cristã de livre-arbítrio, para o aprendizado perigoso da cosmologia e da metafísica árabes e gregas. Quem estabeleceu a ponte entre as duas foi a eminente figura de Miguel Escoto, que na primeira metade do século XIII definiu o curso da filosofia, da matemática e da ciência mais do que qualquer outro erudito ocidental. Se Adelardo de Bath havia mordiscado os *studia Arabum* cem anos antes, Miguel Escoto devorou o saber muçulmano inteiro – primeiro em Toledo e depois na Sicília, na corte de Frederico II, o sacro imperador romano.

Pouco se sabe sobre o início da vida de Miguel.[50] Ele nasceu em algum lugar da Escócia no final do século XII e seu nome aparece em manuscritos medievais como Mestre Miguel Escoto, sugerindo que havia obtido algum título acadêmico e provavelmente era professor. Essa ideia encontra suporte no delicado didatismo de alguns de seus escritos e traduções. A certa altura, ele promete ao seu patrono real que fará uma obra introdutória à astrologia "em estilo popular primário",[51] embora suas referências literárias, científicas e bíblicas estejam todas de acordo com as convenções universitárias da época. Ele tinha um conhecimento médico considerável, escreveu sobre a influência celeste na saúde humana e talvez tenha tido uma instrução formal em medicina. Uma lista de médicos famosos do século XVI inclui o seguinte item: "Miguel por cognome e *medicus* por profissão, escocês de nação."[52] Um manuscrito latino oferece receitas alquímicas que afirma oriundas do "livro de MS, médico do imperador Frederico".[53]

Ao longo dos séculos, muita fantasia e fábula foi acrescentada à obscura história de vida de Miguel. Conta-se, por exemplo, que sua habilidade de astrólogo permitiu-lhe prever a causa da própria morte – que seria atingido na cabeça por uma pequena pedra. Ele passou a usar um elmo de metal desenhado por ele mesmo, numa tentativa de evitar o inevitável. Uma versão diz que a previsão se confirmou um dia, quando ele tirou o capacete para assistir à missa e um seixo caiu do teto abobadado da igreja e esfolou sua cabeça; Miguel examinou a pedra e o ferimento aparentemente sem importância, foi para casa cuidar de seus assuntos e morreu dentro de dias. Algum tempo antes, havia advertido Frederico, de quem era médico e astrólogo, para que não deixasse seu barbeiro sangrá-lo, um procedimento médico comum na época. O rei ignorou o conselho e quase morreu devido a uma infecção após um estranho acidente.

Dizia-se que as previsões de Miguel sobre os resultados das aventuras militares de Frederico eram muito corretas. O poeta Henrique de Avranches recém-admitido na corte da Sicília registra como Miguel previu o sucesso do imperador numa guerra planejada contra as cidades lombardas, algum tempo antes do início da campanha, em 1236. E apresenta então sua versão da morte do astrólogo:

> E quando ele estava para dizer mais, ficou em silêncio, e,
> Não permitindo que seus segredos fossem divulgados ao mundo,
> Deixou que seu hálito fosse gasto no ar rarefeito.
> Assim o inquisidor dos Destinos submeteu-se ao Destino.[54]

Dante, no *Inferno*, põe Miguel Escoto entre os feiticeiros num dos círculos mais profundos do inferno, dizendo que ele "conhecia verdadeiramente todos os truques da arte da magia", e Shakespeare talvez tenha se baseado nele para criar o personagem de Próspero em *A tempestade*. Duzentos anos depois do Bardo, a epopeia de sir Walter Scott *A balada do último menestrel* ainda celebra a persistente lenda de seu famoso conterrâneo:

> Um mago de tão temível fama
> Que quando, na gruta de Salamanca,
> Agitava sua varinha mágica,
> Os sinos tocavam em Notre-Dame![55]

No decorrer de sua variada e pitoresca carreira, Miguel apareceu como o primeiro verdadeiro especialista em Aristóteles do Ocidente, o tradutor de textos seminais de astronomia e metafísica árabes, o mentor de um dos grandes gênios matemáticos do Ocidente e um autor de obras originais sobre astrologia, anatomia humana, fisiologia e fisiognomonia. Numa época de analfabetismo em massa, esse saber esotérico e a associação com ensinamentos árabes foram suficientes para que ele fosse rotulado de feiticeiro.

Apesar de toda a singular infâmia vinculada ao seu nome, Miguel Escoto era em grande medida um produto das amplas mudanças sociais e econômicas que vinham aos poucos tomando forma em todo o Ocidente mais ou menos desde o século X, principalmente o surgimento de uma economia monetária e a ascensão, a ela associada, de vilas e cidades.[56] A Europa do início da Idade Média não conhecia nada parecido com os grandes centros políticos, culturais e comerciais muçulmanos – Bagdá, Cairo, Damasco e Córdoba. Os árabes revelaram-se grandes construtores de cidades, e esses centros urbanos foram fundamentais para a iniciativa muçulmana. Eles ofereciam lugar de encontro para ideias, de armazenamento de livros, de residência, para os eruditos, além das grandes mesquitas onde estes podiam fazer palestras ou ensinar. Abrigavam os profissionais do fazer intelectual, tais como escribas, fabricantes de papel, bibliotecários e livreiros. Para começar, eram os mercadores e comerciantes urbanos que geravam os excedentes de dinheiro que tornavam possível a vida dos intelectuais. Na divisão do trabalho que caracterizava a vida da cidade árabe, havia bastante espaço para o pensador, o professor e o escritor.

As cidades medievais europeias, por sua vez, eram em sua maioria modestas expansões de acampamentos militares ou centros eclesiásticos, ou haviam crescido gradualmente em torno dos mercados que pontilhavam as rotas tradicionais de comércio. Algumas surgiram a partir de povoamentos que datavam dos tempos romanos. Mas tudo isso mudou quando a ordem feudal no campo começou a se esgarçar e os camponeses fugiram da terra que os mantinha em servidão para levar suas vidas nos centros urbanos. Lá eles se dedicaram ao comércio, aproveitando o crescimento geral da economia europeia, impulsionado, em parte, pela expansão do comércio exterior e o surgimento da vida citadina. As novas comunas urbanas logo se organizaram para defender seus interesses contra a nobreza, a Coroa e a Igreja. Artesãos e outros profissionais fundaram guildas e corporações para regulamentar a participação de seus membros, reduzir a concorrência e proteger seu ganha-pão. Essa é a origem do termo moderno "universidade", que nomeava inicialmente o universo, a totalidade, de membros de uma guilda ou profissão. Alunos e mestres professores que começavam a se encontrar informalmente nas cidades adotaram a instituição da universidade das guildas urbanas; ao longo do tempo, a origem da palavra se obscureceu, deixando-a hoje com o único sentido de instituição de ensino superior.[57]

Os novos intelectuais da Europa distinguiam-se na sociedade medieval por seu alto grau de mobilidade e suas origens urbanas.[58] A amplitude desse movimento pode ser vista na grande varieade de nacionalidades representadas entre os principais tradutores ativos na Espanha: alemães, ingleses, escoceses, franceses, italianos, eslavos e outros. Contudo, eles compartilhavam algumas características importantes: consideravam-se pioneiros, tinham pouco tempo para convenções estabelecidas e estavam dispostos a perambular por toda parte a fim de encontrar os melhores professores e os textos mais recentes, ou a participar dos debates mais acalorados da época. Muitos membros do *establishment* religioso tinham apenas desprezo por esses "estudantes profissionais". Um monge do século XII lamentava: "Eles têm o costume de perambular pelo mundo e visitar todas as cidades, até que tanto aprendizado os deixa loucos, pois em Paris buscam as artes liberais, em Orleans os clássicos, em Salerno a medicina, em Toledo, a magia – mas em nenhum lugar, modos e moral."[59]

Alguns sobreviviam como mendigos ou trabalhavam como criados para colegas melhores de vida. Outros literalmente cantavam para ganhar seu pão. Naquilo que talvez seja uma rara menção autobiográfica, Miguel Escoto examina o valor da habilidade musical para o viajante pobre mas instruído: "Tampouco existe um instrumento musical que possa guiar melhor sua vida em qualquer lugar do que a lira, quem quer que a toque, como fica claro a partir da experiência de quem vai tocando esse instrumento de porta em porta", escreve ele em um manuscrito inédito. "Se tocam bem, isso paga sua ida a qualquer lugar da cristandade."[60]

O movimento de traduções que ajudou a fazer de Miguel Escoto o principal intelectual público de seu tempo era uma indústria de exportação, levada adiante por "trabalhadores do conhecimento" cultos, inquiridores e independentes, atraídos para a Espanha em busca dos *studia Arabum*. Os produtos acabados – traduções, comentários e obras originais – raramente ficavam onde haviam sido criados, destinando-se aos mercados externos de Itália, França e Inglaterra – origem de agrupamentos de eruditos e estudantes que se uniram no início do século XIII para criar as primeiras universidades do Ocidente em Bolonha, Paris e Oxford. Os novos textos árabes que vinham da antiga al-Andalus eram cultos, coerentes e baseados na autoridade de Aristóteles e das ciências avançadas muçulmanas. Eles não eram suscetíveis ao tipo de interpretação alegórica que o mundo latino havia usado no passado para desviar ou absorver perigosas ideias não cristãs.

Em nenhum outro lugar seu efeito foi mais profundo que na Universidade de Paris, já então o principal centro da teologia cristã. Ali, pareciam dizer estudantes e jovens professores, finalmente estava o acesso direto aos ensinamentos de filosofia, sem o estorvo da ortodoxia da Igreja ou da ignorância latina de outrora. Acionada por Adelardo e levada adiante por homens como Miguel Escoto, a força irresistível da nova ciência dirigia-se agora para o objeto imóvel do ensinamento cristão. Alguém teria de ceder.

PARTE IV

Al-asr/Tarde

8. Sobre a Eternidade do Mundo

A REPUTAÇÃO DÚBIA DE MIGUEL ESCOTO, resultado de sua associação com o perigoso saber dos árabes, foi ainda mais anuviada por sua ligação com o sacro imperador romano Frederico II, que governava seus tumultuados domínios a partir da Sicília e do sul da Itália. Neto de Rogério II – o "sultão batizado" original e patrocinador do Mapa do Mundo de al-Idrisi –, Frederico foi excomungado duas vezes pelo papado por desobediência e era visto com desconfiança no Ocidente em virtude de seu amor pelo saber muçulmano, sua profunda ambivalência em relação à guerra santa cristã e sua erudição imoderada. Ele falava seis línguas, seguia um regime escandaloso de banhos e dieta receitado por seus médicos árabes e viajava com seu "dialético" pessoal – nada menos que um muçulmano – para poder dar seguimento a seus estudos de filosofia na estrada.

Sua contínua guerra de palavras com os papas, que às vezes escorregava para o conflito armado, levou a uma campanha de boatos inspirada pela Igreja segundo a qual Frederico era efetivamente o Anticristo, rumor reforçado pelas circunstâncias em torno de seu nascimento. A mãe de Frederico era filha póstuma de Rogério II e dizia-se que ela fora escondida desde tenra idade em um convento em meio a predições de que um dia traria desgraça para sua terra. Aos trinta anos, casou-se com o pai de Frederico, dez anos mais moço do que ela, e o casal ficou sem filhos por quase uma década, até uma gravidez inesperada. Uma superstição popular da época dizia que o Anticristo seria filho de uma freira, e logo muitos dedos apontaram para Frederico.[1]

A boataria também foi alimentada pela bem conhecida afinidade do imperador com o mundo do islã que embaraçava tanto a Igreja como seus súditos cristãos. Um escandalizado europeu da época escreveu: "Quando chegou a hora da oração do meio-dia e ouviu-se o chamado do muezim, todos os seus pajens e valetes se ergueram, bem como seu tutor, um siciliano com quem ele estava lendo a *Lógica* de Aristóteles em todos os seus capítulos, e eles ofereceram a oração canônica, pois todos eram muçulmanos."[2] Já um proeminente embaixador árabe em sua corte tinha uma visão mais apreciativa: "Ele se distinguia entre todos os reis dos francos por seus talentos e seu gosto por filosofia, lógica e medicina; tinha apreço pelos muçulmanos pois fora criado na Sicília, onde a maioria dos habitantes professa o islamismo."[3] A outros comentaristas árabes desagradaram sua baixa estatura, seu rosto corado, a cabeça calva e a visão ruim: "Se fosse um escravo, ninguém daria duzentas dracmas por ele", gracejou um deles.[4]

Ainda assim, Frederico II era objeto de ampla admiração popular; alguns o chamavam de *stupor mundi*, maravilha do mundo. Numa famosa visita à cidade italiana de Ravena, em 1231, Frederico marchou pelas ruas com sua estranha coleção de animais selvagens, muitos deles desconhecidos do lugar. Lá estavam elefantes, camelos, panteras, falcões brancos e a primeira girafa da Europa, presente do sultão egípcio al-Kamil.[5]

No inverno de 1229, o imperador inconformista teve sucesso naquilo em que outros cruzados haviam fracassado: retomou o controle de Jerusalém, tomada aos cristãos havia mais de quatro décadas pelo famoso guerreiro muçulmano Saladino. Frederico havia chegado ao Oriente Latino oito meses antes, depois de muitos adiamentos e numerosos atrasos, mas não seguiu o caminho dos cruzados anteriores para alcançar seu objetivo. Com efeito, não houve nenhum derramamento de sangue. Ao invés disso, Frederico negociou laboriosamente a entrega pacífica de Jerusalém e seus arredores com o sultão al-Kamil, que então controlava a Terra Santa.

Os relatos dizem que as conversações entre os dois lados – realizadas em segredo e sujeitas à boataria desatada das autoridades eclesiásticas ciumentas e temerosas de que Frederico tivesse perdido todo o gosto pela guerra religiosa – se arrastaram por muito tempo. O patriarca de Jerusalém, inimigo feroz do imperador, lamentou-se a certa altura junto aos seus aliados na corte papal de Roma: "É com a maior vergonha e desgraça que vos relatamos que se diz que o sultão, ao saber do gosto do imperador por viver à maneira dos sarracenos, lhe enviou jovens cantoras e malabaristas, pessoas que eram não somente de má reputação, como indignas até mesmo de serem mencionadas entre os cristãos."[6] Um poeta germânico, membro da Cruzada do imperador, comparou al-Kamil e Frederico a um par de sovinas teimosos incapazes de concordar sobre a divisão de três moedas de ouro.[7] Por fim, os dois lados chegaram a um acordo e Frederico, o cruzado relutante, pôde alardear sucesso. O acordo estabelecia o controle formal cristão da cidade, inclusive do lugar histórico do sepultamento de Cristo, mas também garantia aos muçulmanos acesso aos lugares sagrados islâmicos. Estipulava uma cessação de hostilidades por dez anos, para a decepção dos membros belicosos do papado, que não queriam nenhuma participação em qualquer relação diplomática com os infiéis.

Vista de fora da perspectiva estreita da cúria papal, a realização de Frederico foi um triunfo notável – não para os exércitos cristãos, mas para um novo padrão de intercâmbio político, diplomático e intelectual com o mundo árabe. O sacro imperador romano nunca tivera tropas suficientes a sua disposição para tomar Jerusalém pela força. Além disso, os árabes haviam resolvido suas últimas disputas internas e estavam mais fortes que o Exército da Cruz. Não obstante, Frederico estava desesperado por algum tipo de vitória. O conflito com os papas e outras pressões políticas em seu reino exigiam que retornasse à Itália triunfante. Jogando a única carta que realmente tinha, o imperador não cansou de lembrar al-Kamil de que ele viera para a região a pedido dele, a fim de ajudá-lo contra um governante muçulmano rival em Damasco. Era bem verdade que essa disputa talvez tivesse sido resolvida com a morte inesperada do sultão adversário, observou Frederico, mas ele havia partido em boa-fé. Não podia voltar para casa de mãos vazias. "Se não temesse danos a sua honra, não teria pedido sacrifício tão grande ao sultão", escreve o historiador egípcio medieval al-Maqrizi.[8]

De início, o sultão não se impressionou com tais lisonjas. Ele não precisava mais da ajuda do imperador e a entrega de um território muçulmano certamente assustaria seus súditos e irritaria o clero islâmico. Mas Frederico dobrou lentamente o sultão com meses de diplomacia paciente, apoiada por uma ofensiva cultural inteligente. O imperador fechou-se com o enviado especial de al-Kamil, travando com ele, em árabe fluente, discussões divagantes sobre ciência, filosofia e religião. Enviou também quebra-cabeças matemáticos e enigmas filosóficos à corte do sultão no Cairo, onde foram discutidos por importantes eruditos árabes. Aparentemente comovido com a persistência de Frederico e seu conhecimento e respeito pelo saber árabe e pela fé muçulmana, o sultão finalmente cedeu. As bem conhecidas batalhas de Frederico contra os papas talvez tenham desempenhado também um papel: ajudando Frederico, os árabes estariam dando um golpe indireto naqueles "califas cristãos", os principais proponentes das cruzadas antimuçulmanas.

Muita coisa havia mudado desde o tempo de Pedro o Eremita, e a Primeira Cruzada, mais de 125 anos antes. O muçulmano não era mais o inimigo sem rosto da cristandade. O saber islâmico já fizera profundas incursões na consciência europeia. Pedro o Venerável, o poderoso abade que ordenara a tradução do Alcorão para atacar melhor a "heresia" do islamismo, havia admitido publicamente que os árabes eram particularmente hábeis na ciência e na filosofia. O entusiasmo geral pelas Cruzadas também estava em queda junto ao público europeu. Inglaterra e França, outrora fontes confiáveis de fervor cruzado, estavam ocupadas lutando uma contra a outra. Uma expedição recente contra os muçulmanos, comandada, por insistência do papa, por um prelado e não uma figura política ou militar experiente, acabara em desastre. Versos críticos, cantados pelos trovadores, ridicularizavam essa campanha e diminuíam ainda mais o apoio popular ao empreendimento.[9] O próprio Frederico só cedeu diante da pressão incansável dos papas, com os quais ele desejava evitar uma ruptura de relações irreparável e final.

Àquela altura, uma rede crescente de laços comerciais, políticos e intelectuais já começara a ligar Oriente e Ocidente. Conhecido entre os árabes como al-Emberor, Frederico II era um produto dessa Europa emergente – relacionada com o mundo mais amplo, suas ideias e sua cultura. Ao moldar sua corte conforme o modelo de seu avô e os governantes árabes de sua própria época, al-Emberor oferecia generosas recompensas pecuniárias para atrair os talentos intelectuais para seu séquito. Ele sustentava eruditos muçulmanos e europeus e se correspondia com dirigentes e homens cultos do norte da África, al-Andalus e outros centros de ciência árabe. Tampouco seu patrocínio se limitava a cristãos e muçulmanos. Jacob Anatoli, o proeminente tradutor judeu da ciência e da filosofia árabes, recém-chegado da Provença, elogiou o imperador como "amigo da sabedoria e de seus devotos", por seu apoio financeiro.[10] Judah ben Solomon ha-Cohen, um judeu andaluz, autor de uma enciclopédia de filosofia, correspondia-se com a corte e até visitou Frederico no norte da Itália.[11]

A personalidade dominadora e o estilo autocrático de Frederico faziam com que suspeitasse de qualquer instituição que não pudesse controlar completamente. Em seu reino, as universidades se desenvolveram lentamente e jamais chegaram a competir com os primeiros grandes centros de Paris e Oxford. Para ele, a Universidade de Nápoles e a famosa escola de medicina de Salerno eram pouco mais que fontes confiáveis de administradores e cortesãos instruídos, em vez de instituições independentes de ensino.[12] No entanto, como incubadora das artes e das ciências, a corte de Frederico II desempenhou um papel importante na transmissão dos *studia Arabum* ao Ocidente. O grande pensador católico Tomás de Aquino iniciou sua carreira na Universidade de Nápoles – fundada por Frederico em 1224 – antes de se mudar para Paris, então o centro do pensamento filosófico e teológico da Europa. E foi certamente em Nápoles que ele entrou em contato pela primeira vez com a tradição filosófica árabe.

Em 18 de março de 1229, o sacro imperador romano fez sua entrada simbólica em Jerusalém, onde passou uma única noite. Seu único pesar, disse mais tarde, foi que as autoridades muçulmanas locais suspenderam o chamamento à prece por respeito ao monarca cristão; ele queria muito ouvir a convocação do muezim na cidade antiga antes do amanhecer. Esse respeito por al-Emberor não foi compartilhado pelos francos do lugar. Os cidadãos de Acre jogaram-lhe lixo quando embarcou em seu navio para a viagem de volta à Itália. Mesmo depois de seu retorno, Frederico permaneceu em contato com al-Kamil. Os dois continuaram a trocar correspondência e presentes diplomáticos, e o sultão chegou a mandar para o amigo um de seus filósofos mais cultos para ensinar ainda mais aos cristãos.[13]

Miguel Escoto entrou para essa corte arabizada em algum momento da década de 1220, em virtude da reputação adquirida na Espanha. Ele havia chegado a Toledo por volta de 1217 e se dedicara a traduzir um importante tratado árabe sobre o céu e três das obras mais influentes de Aristóteles – *Sobre os animais, Sobre o céu* e *Sobre a alma* – a partir de versões árabes. Na qualidade de conselheiro científico de Frederico e astrólogo da corte, publicou depois uma tradução da obra de Avicena sobre zoologia e escreveu muito sobre astrologia, meteorologia e fisiognomonia – obras todas dedicadas a al-Emberor. Essas obras mostram a familiaridade de Miguel Escoto com medicina, música e alquimia, bem como com a filosofia aristotélica em geral. O papa Honório III disse que Miguel era "singularmente dotado em ciência entre os homens de saber", enquanto outro papa testemunhou sobre sua facilidade com o árabe e o hebraico.[14] A corte papal foi importante para garantir apoio a esse erudito errante e menestrel ocasional na forma de estipêndios da receita das propriedades eclesiásticas. Dizem que ele também tinha um conhecimento respeitável de astronomia árabe e suas aplicações, e que se orgulhava de seus cálculos meticulosos.[15]

Seus laços com Frederico o colocaram no centro intelectual e cultural da nova Europa e depois das dificuldades que tivera de encarar nos tempos de estudante e jovem mestre, estava decidido a tirar o máximo proveito disso. "Quem deseja ter honra entre os povos do mundo a ganhará ou por providência divina, tal como se tornar bispo, abade ou patriarca por perfeita eleição, ou por trabalho perfeito, que é tido por gênio de natureza ou arte, tal como ser um mestre aprovado de alguma faculdade", escreve ele num trecho esclarecedor.[16] Está claro que Miguel havia trocado sua habilidade transitória com o alaúde pela esperança de fama duradoura por intermédio da palavra escrita.

Miguel utilizou a plataforma oferecida pela corte imperial para promover ideias radicais, conhecimentos novos e tecnologias originais. Entre seus protegidos estava Leonardo de Pisa, conhecido também como Fibonacci e considerado atualmente um dos maiores matemáticos de todos os tempos. Tal como Miguel e seu senhor Frederico, Leonardo era produto de uma Europa cada vez mais cosmopolita. Seu pai era um mercador de Pisa no enclave da cidade-Estado no norte da África, situado na atual Argélia, e mandou seu filho aprender com os mercadores muçulmanos do lugar os últimos métodos de aritmética e contabilidade, inclusive a base para a arte italiana da contabilidade com lançamentos duplos.[17] Mais tarde, Leonardo visitou a Sicília, o Egito, o sul da França e Constantinopla, para depois retornar à sua Itália natal. Lá, em 1202, ele terminou *O livro dos cálculos* – a primeira obra abrangente da Europa cristã sobre álgebra e geometria.[18] Fez também o relato em latim mais detalhado até então do trabalho com o sistema de numeração arábico, apresentado pela primeira vez por al-Khwarizmi: "Aqui começa o Primeiro Capítulo", escreve Leonardo. "Os nove algarismos indianos são: 9 8 7 6 5 4 3 2 1. Com esses nove algarismos, e com o sinal 0 que os árabes chamam de zefir (*al-sifr*), escreve-se todo e qualquer número."[19]

A obra de Leonardo chamou a atenção de Miguel Escoto, que enviou ao matemático um comentário detalhado, inclusive com propostas de mudanças e correções. Miguel também obteve para o estudioso italiano o apoio do imperador, que se encantou com a habilidade de Leonardo de resolver quebra-cabeças matemáticos que haviam aturdido alguns especialistas árabes com quem Frederico se correspondia. Uma edição posterior do *Livro dos cálculos* agradece a Miguel por ambos os motivos: "Vós, meu Mestre Miguel Escoto, grande filósofo, escrevestes ao meu Senhor [Frederico II] a respeito do livro sobre números que há algum tempo escrevi e transcrevi para vós; daí que concordando com vossas críticas, vossa circunspeção examinadora mais sutil, para vossa honra e de muitos outros, eu corrigi esta obra com vantagem ... Ademais, se nesta obra se encontrar insuficiência ou defeito, submeto-a a vós para correção."[20]

Leonardo produziu tratados importantes sobre geometria, equações de segundo grau e as necessidades práticas de uma crescente classe mercantil internacional – convertendo múltiplas moedas, alocando cotas em sociedades comerciais, trabalhando com diferentes unidades de medida – e antecipou o uso futuro de frações decimais. Num afastamento incomum das convenções de seu tempo, ele omitia referências à numerologia mística e estava mais do que disposto a reconhecer a contribuição árabe à sua arte.[21] "Na solução de problemas há um certo método chamado 'direto' que é usado pelos árabes, e esse método é um método elogiável e valioso, pois por meio dele resolvem-se muitos problemas."[22] Alguns de seus livros tratam em detalhes de enigmas que Frederico propusera a si mesmo e a outros concorrentes em torneios de matemática patrocinados pela corte, mas nenhum deles desfrutou de algo parecido com a popularidade concedida ao mais derivativo *Livro dos cálculos*.

Leonardo desenvolveu também o que veio a ser conhecido como a sequência Fibonacci, baseada em sua solução de um quebra-cabeça sobre a reprodução de coelhos. *O livro dos cálculos* apresenta o problema da seguinte forma: "Um determinado homem tinha um casal de coelhos juntos num determinado espaço fechado e se quer saber quantos são criados do casal em um ano quando é da natureza deles ter em um único mês outro casal, e no segundo mês, esses nascidos se reproduzem também."[23] Descobriu-se que o padrão de números que Leonardo gerou em sua solução resolve toda uma gama de problemas científicos e matemáticos. Hoje, a aplicação dessa sequência famosa é objeto de uma publicação específica, o *Fibonacci Quarterly*, e é utilizada há décadas por analistas de mercado que negociam com ações, obrigações e outros instrumentos.

O reinado de Frederico II – ele foi coroado em 1198, quando tinha quatro anos, e morreu em 1250 – marcou um momento importante da longa jornada do Ocidente na direção dos grandes avanços científicos do século XVII. Esse segundo dos "sultões batizados" talvez tenha sido único entre os governantes europeus da época a buscar fundamentar sua visão do mundo na razão, uma característica do método científico futuro. Esse ponto de vista estava no cerne da decisão do imperador de abolir o julgamento por suplício – mesmo sistema de justiça ridicularizado por Usama ibn Munqidh, o comentarista sírio das primeiras Cruzadas. Frederico concluiu que se tratava de um método que não conduzia à verdade e não podia ser justificado pela razão.[24]

Num tratado original sobre falcoaria, Frederico vai muito além do estudo um tanto superficial de cem anos antes escrito por Adelardo de Bath ao incorporar materiais de fontes árabes, bem como das últimas traduções de Aristóteles e Avicena sobre zoologia feitas por Miguel Escoto. Ele apresenta ao Ocidente, por exemplo, a prática árabe de encapuzar os falcões e volta-se aos especialistas egípcios para uma tentativa de incubar ovos de avestruz com o calor do Sol.[25] Tal como Adelardo, ele se libertou do "cabresto" da autoridade; al-Emberor estava disposto a corrigir até mesmo uma autoridade como Aristóteles sempre que suas observações pessoais ou sua ampla experiência com falcões exigiam.[26] Frederico escreve com o mesmo tom de autoconfiança intelectual que prevaleceria mais tarde no Ocidente: "Nosso trabalho é apresentar as coisas tal como elas são."[27]

Poucos de seus contemporâneos eram sensíveis a essa inclinação científica e confiança na razão. O papa Gregório IX, que concorria com Frederico por poder e influência a cada momento, acusou o imperador de desconsiderar os ensinamentos da Igreja e, por extensão, a autoridade papal ao aceitar somente aquilo que podia ser provado pelo pensamento racional.[28] Histórias populares – algumas inventadas por seus muitos inimigos, como o monge franciscano do século XIII Salimbene, que detestava o imperador – catalogavam os supostos excessos científicos de Frederico. Uma delas sustentava que o monarca ordenara que crianças fossem criadas em silêncio total, numa tentativa de saber se elas viriam a falar hebraico, língua que na época se julgava ser a "natural" do homem. Em outro episódio, o imperador teria dado ordens para que um homem condenado fosse sufocado num quarto selado, que foi depois aberto cuidadosamente para ver se sua alma havia escapado depois da morte.

Frederico era também um leitor voraz, disposto a tomar o que precisava de eruditos de diferentes tradições ou religiões, fossem muçulmanos, judeus ou cristãos bizantinos, com uma abertura que obviamente chocava os clérigos de Roma. O temor da mudança que durante séculos havia paralisado o intelecto coletivo da Idade Média cristã estava notavelmente ausente da formação de Frederico.[29] De acordo com seu próprio relato, ele tinha avidez por conhecimento desde a infância, "inalando incansavelmente seus doces perfumes". Essa mesma natureza aberta e inquisitiva, matizada por certo entusiasmo incontido e por uma curiosidade ampla e dispersa, deu forma às assim chamadas Questões Sicilianas, uma série desconexa de questionários filosóficos, metafísicos e científicos que Frederico mandou com entusiasmo para sua grande rede de eruditos, em sua maioria árabes, em que perguntava, por exemplo: "Diga-nos ... apenas onde estão o inferno, o purgatório e o paraíso celeste, se abaixo, sobre ou acima da Terra?"[30] Outros temas tinham a ver com óptica – por que um objeto parece "curvo" quando parcialmente imerso na água? – e com o tamanho e a estrutura do universo.

Alguns correspondentes árabes tinham dúvidas sobre a profundidade do conhecimento de Frederico em assuntos filosóficos, mas permanece o fato de que o imperador foi uma figura importante no desenvolvimento científico do Ocidente, no mínimo porque exibia um espírito novo de investigação e receptividade cultural que rompeu com séculos de isolacionismo intelectual autoimposto. Suas Questões Sicilianas prefiguraram um dos maiores campos de batalha para o conflito entre teólogos cristãos tradicionalistas e uma nova geração de filósofos ocidentais, inflamada pelas obras dos pensadores árabes: "Aristóteles, o sábio em todos os seus escritos, declara claramente a existência do mundo por toda a eternidade. Se ele demonstra isso, quais são seus argumentos, e se não, qual é a natureza de seu raciocínio sobre essa questão?"[31]

Anteriormente, Frederico apresentara uma questão similar a Miguel Escoto. Não está claro se al-Emberor ficou satisfeito com as respostas de seu enigmático assessor científico, mas não há dúvidas de que sua intensa curiosidade sobre o tema foi inspirada pelo mais recente pensamento filosófico árabe a chegar a sua corte. Nisso também a mão de Miguel foi fundamental, pois sua reputação com relação à magia negra certamente empalidece diante das ondas de choque profundas e duradouras desencadeadas a partir de suas traduções das obras de Abul-Walid Ibn Rushd, o maior de uma longa linhagem de filósofos árabes medievais. Ibn Rushd era conhecido pelos latinos como Averróis, mas suas explicações da filosofia aristotélica foram tão fundamentais para o entendimento emergente da ciência, da natureza e da metafísica no Ocidente que se referiam a ele simplesmente como o Comentador.

Filho e neto de juristas muçulmanos famosos da capital andaluz de Córdoba, Averróis valeu-se tanto de uma educação árabe de primeira linha – recebeu instrução em medicina, direito religioso e teologia, e até se aventurava na astronomia – como da argúcia política herdada da longa experiência de sua família em altos postos religiosos e administrativos. Apesar da suspeita em relação à filosofia disseminada entre os clérigos locais, está claro que Averróis também recebeu formação competente nessa disciplina, que chegara a al-Andalus vinda das terras muçulmanas orientais. Seguindo a tradição da família, Averróis foi cádi, ou juiz religioso, de Sevilha de 1169 a 1172, quando foi designado presidente do tribunal de Córdoba.

Dante, embora incapaz de abrir as portas do céu para não cristãos, homenageou Averróis colocando-o no limbo, junto com Aristóteles e membros de sua "família filosófica". O poeta e filósofo italiano também fez referências elogiosas àquele "que fez o Grande Comentário". O famoso afresco de Rafael *A Escola de Atenas* deu a Averróis um lar permanente dentro do Palácio Apostólico do Vaticano. Mas foram as traduções de Miguel Escoto, subscritas, transcritas e enviadas às universidades por ordem de Frederico, que, mais do que qualquer outra coisa, levaram as concepções abrangentes do Comentador sobre filosofia (em particular, sua leitura de Aristóteles) a chamar a atenção imediata do mundo de língua latina.

Para os leitores ocidentais de Averróis, que tendiam a levar suas posições frequentemente sutis a conclusões mais extremadas, essas obras foram uma revelação. Entre seus ensinamentos filosóficos mais incendiários estava a ênfase na doutrina da Eternidade do Mundo, em contradição com a ideia tradicional muçulmana, cristã e judaica de que Deus fez o mundo no momento em que quis e então passou a controlar cada um dos fatos ocorridos nele. Afinal, o Gênesis nos diz que "no início, Deus criou o céu e a terra". Para o mundo cristão, seguindo o exemplo dos judeus e sendo seguido, por sua vez, pelos muçulmanos, isso significava que o universo tinha um determinado ponto inicial e fora criado "do nada". Contra essa noção, Averróis apresentava a concepção aristotélica de que tempo e matéria eram eternos e de que o Criador havia simplesmente posto todo o processo em movimento.

Nos ensinamentos dessa tradição filosófica árabe estava implícita a noção de que Deus não se importava com os detalhes da vida cotidiana da humanidade, que ele felizmente ignorava o que os teólogos medievais chamavam de "particulares". Do mesmo modo, Deus era efetivamente retirado – impedido até de participar – da gestão diária do universo. Na verdade, ele confiava no funcionamento eterno das leis universais da natureza que derivavam de sua perfeição. Aos olhos de seus muitos críticos, essas ideias contradiziam a promessa das Escrituras do Dia do Juízo, quando Deus avaliaria pessoalmente a obediência de cada homem ao código moral transmitido pela revelação. Elas também levantavam sérias dúvidas sobre os milagres relatados nas Escrituras. Mas ajudavam a criar a abertura necessária para que o homem buscasse descobrir as leis da existência, conhecidas de outro modo como ciência natural.

Séculos antes, santo Agostinho dissera em tom de gracejo que havia um lugar especial no inferno para quem ousasse perguntar o que fazia Deus antes da Criação.[32] Mas a legião crescente dos seguidores de Averróis no Ocidente não seria dissuadida com tanta facilidade. Adelardo de Bath já dera permissão ao mundo cristão para explorar o universo. Agora, com a ajuda de Miguel Escoto, Averróis abria a porta para um admirável mundo novo. Para esse pensador árabe, assim como para Aristóteles, Deus havia criado o universo, mas depois deixara que o homem abrisse seu próprio caminho nele.

A DOUTRINA DA ETERNIDADE DO MUNDO tem uma longa história no cristianismo. A própria religião nasceu num mundo ainda bastante dominado pela filosofia grega e desfrutou boa parte de seu sucesso inicial dentro da esfera cultural grega. Assim, foi importante para a Igreja primitiva adotar e preservar tanto quanto pudesse essa rica herança clássica, em especial onde ela podia servir de apoio à reivindicação de verdade para a revelação de Cristo. Porém, a questão problemática da Eternidade do Mundo permaneceu dormente durante séculos, obscurecida pela complexidade dos escritos das principais autoridades gregas. Nas ocasiões em que foi examinada, os padres da Igreja e alguns teólogos cristãos posteriores conspiraram efetivamente para afirmar que não havia uma verdadeira contradição entre as Escrituras e a filosofia natural de Aristóteles, apesar das provas em contrário.[33]

A verdadeira investigação do mundo natural só foi possível depois que essa ficção intelectual começou a se desfazer, mas primeiro a cristandade teria de seguir tenazmente a trilha aberta antes pelos pensadores árabes em suas tentativas de harmonizar as exigências da filosofia com as da fé religiosa. Escrevendo no século IX, o filósofo al-Kindi reconhece sua dívida para com os gregos. Mas também deixa claro que os pensadores árabes pretendiam fazer avançar a sabedoria clássica e adaptá-la às necessidades da cultura muçulmana: "É apropriado então permanecer fiel ao princípio que seguimos em todas as nossas obras, que é, em primeiro lugar, registrar em citações completas tudo o que os Antigos disseram sobre o tema, em segundo lugar, completar o que os Antigos não expressaram plenamente, e isso de acordo com o uso de nossa língua árabe, os costumes de nossa época e nossa própria capacidade."

Al-Kindi prossegue dizendo que "pesquisa, lógica, ciências preparatórias e um longo período de instrução" são a única maneira de as pessoas comuns – referindo-se àqueles que não são abençoados por Deus com profecia – alcançarem o conhecimento.[34] Isso mostrou-se de enorme valor para os eruditos latinos da Baixa Idade Média, pois boa parte do debate que se travou depois em Paris, Oxford e outros centros de ensino da Igreja já havia sido bastante ensaiada para eles. Tudo o que tinham de fazer era dominar os textos árabes e segui-los.

Os ensinamentos gregos sobre as origens do universo estão com frequência ocultos sob uma linguagem difícil e não são totalmente isentos de equívocos. Não obstante, alguns trechos das principais obras de Aristóteles deixam claro o que ele tinha em mente. Na *Metafísica*, por exemplo, ele diz: "Há, pois, algo que se move sempre com movimento contínuo, que é o movimento circular. E isso é não somente evidente conforme a razão, mas conforme a coisa em si mesma. De tal modo que o primeiro céu deve ser eterno. Há, portanto, algo que o move. Mas como o que move e é movido é intermediário, existe algo que move sem ser movido, que é eterna substância e ato."[35] Esse é o famoso primeiro motor (ou motor imóvel) de Aristóteles. A totalidade das implicações disso – se é que foram plenamente entendidas na época – ou não penetraram realmente na consciência cristã, ou foram convenientemente ignoradas.[36]

Para Aristóteles, toda a questão da Eternidade do Mundo estava também ligada a suas concepções do infinito e do tempo, este último definido como a medida dos corpos em movimento. Nesse ponto, Agostinho e alguns pensadores cristãos posteriores acharam que tinham espaço de manobra suficiente para absolver Aristóteles de contradizer a palavra de Deus, tal como se manifesta no Gênesis. Eles argumentavam que o universo não era criado "no tempo", mas junto "com o tempo".[37] Antes da Criação, não havia corpos ou qualquer outra coisa para propiciar a mudança e o movimento que a noção aristotélica de tempo exigia. Com a criação dos corpos necessários, no entanto, podia-se dizer que o tempo agora existia, fornecendo o "início" que o livro do Gênesis demandava. Agostinho escreveu nas *Confissões*: "Mas se antes da criação do céu e da terra não havia tempo, para que perguntar o que fazias [Deus] então? Não podia existir um 'então' onde não havia tempo."[38] Agostinho pode ter distorcido o pensamento de Aristóteles, mas conseguiu manter o problema a distância no Ocidente durante oitocentos anos.

Entre as primeiras obras que sacudiram o autocontentamento da cristandade estavam os escritos do prolífico intelectual persa Avicena, que desfrutou enorme popularidade entre os filósofos e teólogos ocidentais durante o século XIII e depois. De particular interesse eram suas discussões sobre metafísica e a noção da alma, extraída de seu abrangente *Kitab al-Shifa*, ou *Livro da cura*, iniciado em 1021.[39] Esses excertos foram traduzidos pela primeira vez para o latim em Toledo, não depois de 1166, mas, como acontecia com a maioria das traduções de textos árabes importantes, demorou bastante até que todo o seu impacto fosse sentido. Mais de cem manuscritos latinos dos escritos filosóficos de Avicena foram copiados depois de 1250 – três vezes mais do que a quantidade em circulação antes dessa data, apesar de uma vantagem competitiva de quase cem anos.[40]

Os ensinamentos de Avicena tinham muito para recomendá-los aos pensadores cristãos. Diante da tarefa desalentadora de analisar a obra de Aristóteles sobre o tema, em particular a notoriamente opaca *Metafísica*, Avicena parecia oferecer uma maneira familiar de entrar em matéria tão complexa. Ele mesmo diz que leu a *Metafísica* quarenta vezes – o suficiente para memorizá-la –, mas só compreendeu a verdadeira intenção do autor depois que descobriu no bazar de livros um breve guia escrito por seu predecessor Abu Nasr al-Farabi. "Voltei para casa e apressei-me a lê-lo, e de imediato os objetivos daquele livro se revelaram para mim porque eu o conhecia de memória. Regozijei-me com isso e no dia seguinte dei muito em esmolas para os pobres em gratidão ao Deus Sublime."[41]

Avicena define o "fruto pleno" da metafísica como o estabelecimento da existência e dos atributos de Deus, uma noção que teria o apoio entusiástico de seus leitores cristãos. Na condição de muçulmano – e, portanto, de monoteísta convicto – Avicena está naturalmente muito mais interessado do que o pagão Aristóteles em vincular a metafísica ao estudo de Deus. Mas graças à ajuda fortuita do manual de al-Farabi, Avicena também amplia essa noção de metafísica para abranger toda a tradição aristotélica, bem como a teologia islâmica.[42] Durante todo o tempo, ele tenta harmonizar a filosofia com suas convicções religiosas fundamentais, crenças que se encaixavam com muitas das preocupações da cristandade medieval. Era, em particular, o caso de seu complexo relato da criação do mundo, destinado a preservar a distinção entre um Deus eterno, perfeito em sua simplicidade, e o mundo transitório e imperfeito das coisas materiais.[43] O fato de essa tentativa ter acabado por provocar tanta oposição no Oriente e no Ocidente não pode obscurecer seu valor inerente ou a considerável influência que teve durante toda a Baixa Idade Média.

Os ensinamentos de Avicena sobre a alma e sobre psicologia em geral também entraram na tradição ocidental por intermédio de seus volumosos estudos de medicina e biologia. Miguel Escoto, que traduziu sua obra *Sobre os animais*, absorveu as concepções do filósofo no contexto de sua obra de médico. Ele adotou livremente as ideias de Avicena sobre as faculdades sensoriais, a distinção entre percepção e movimento, e a diferença entre os intelectos prático e contemplativo do homem.[44] Por sua vez, o abrangente *Cânone da medicina* de Avicena continha contribuições importantes para o método científico, inclusive observações clínicas perspicazes de diversas doenças.[45] Ele também revelava um mundo em que o homem podia entender e até utilizar as leis da natureza em benefício próprio, uma característica fundamental que viria a definir o novo mundo da ciência ocidental.[46] Sua influência foi tão penetrante que *A incoerência dos filósofos*, escrita pelo teólogo Abu Hamid al-Ghazali, o principal ataque a Avicena e talvez a obra mais importante de teologia islâmica medieval, era geralmente vista erroneamente no Ocidente como uma afirmação das concepções filosóficas de Avicena.[47]

Para Avicena, Deus é a única coisa no universo sem uma causa; somente ele é necessário e todo o resto é contingente. A necessidade do próprio Deus põe em movimento uma complexa cadeia de acontecimentos através de uma série de agentes inteligentes que, por sua vez, criam os corpos celestes e o mundo terrestre da melhor e única maneira possível. Essa ideia, que vem dos comentadores gregos tardios do século III d.C. e passa pelos predecessores árabes de Avicena, trazia uma promessa tanto para muçulmanos como para judeus e cristãos: ela atribui tudo que existe no universo a uma única fonte e proporciona uma espécie de marco racional para a Criação.[48] Mas Avicena argumenta também que Deus não seria Deus se não tivesse criado o mundo instantaneamente; não se tratava, como as leituras comuns das Escrituras pareciam sugerir, de um ato de vontade divina no qual a ideia de Criação e sua implementação aconteciam separadamente. Isso produz um universo eterno, mas que foi "criado" no sentido de que depende da primeira causa – aqui sinônimo de Deus.[49]

Al-Ghazal nasceu em 1058, 21 anos depois da morte de Avicena, e sua queixa, em *Incoerência dos filósofos*, de que a doutrina de Avicena sobre a Eternidade do Mundo e questões relacionadas deixa Deus sem quase nada para fazer. Depois que os eventos são postos em movimento, Deus não pode intervir no subsequente desenrolar da própria Criação. Tampouco está a par do pulsar da vida cotidiana dos homens, os assim chamados particulares. E qualquer decisão de criar o universo flui de sua própria natureza e é completamente independente de sua vontade. Al-Ghazali, um brilhante polemista e notável entre os teólogos muçulmanos por sua disposição em enfrentar os filósofos nos termos deles, pergunta se o Deus de Avicena é realmente Deus em algum sentido significativo da palavra.

Sua crítica cortante da Eternidade do Mundo é uma afirmação do poder infinito de Deus contra o que ele considera restrições ímpias de Avicena à liberdade divina de ação. Nesse ponto, os teólogos tradicionais devem ter achado que estavam em terreno escritural sólido, pois podiam se basear numa leitura literal do Livro Sagrado para sustentar seus argumentos em favor do conhecimento absoluto que Deus possuía de todas as coisas. "[Dele] nada escapa, nem mesmo algo do peso de um átomo, quer seja nos céus ou na terra", diz o Alcorão (34,3). Para al-Ghazali, esse conhecimento e seu poder concomitante significam que o mundo está num processo constante de recriação divina, com os átomos que compõem o universo instantaneamente embaralhados de novo repetidas vezes pela mão de Deus. A realidade é, na verdade, uma série contínua de "novas" realidades, cada uma criada deliberadamente por Deus, mas nenhuma delas ditada pela necessidade. Se uma bola de algodão queima quando jogada numa chama, argumenta al-Ghazali, é somente porque Deus quer que ela queime naquele instante e não porque queimar é um resultado necessário e natural da introdução da chama. Nossa noção de causa e efeito, diz, é uma ilusão.

Ele inclui a doutrina da Eternidade do Mundo em uma de suas três alegações de infidelidade contra os filósofos, uma indicação do ataque maciço, sob pretexto de heresia, que seria montado contra a mesma noção no Ocidente cristão, mais de 150 anos depois. Talvez tenha sido ao mesmo tempo a grande sorte e a grande desgraça de al-Ghazali ter vindo depois de seu primeiro grande adversário, na pessoa de Avicena, mas antes do segundo, o racionalista Averróis. Mas em grau notável, a *Incoerência dos filósofos* antecipa muitos dos argumentos que aparecerão nas obras posteriores de Averróis, em particular sua resposta direta a al-Ghazali, intitulada mordazmente *A incoerência da incoerência*.

Frederico II, o *stupor mundi*, não era o único governante medieval atormentado pela Eternidade do Mundo, pois foi uma questão semelhante, formulada cinquenta anos antes pelo líder muçulmano de al-Andalus, que levou aos comentários sobre Aristóteles que um dia sacudiriam os alicerces intelectuais da cristandade. Em algum momento por volta de 1168, Averróis foi levado à presença do sultão Abu Yaqub Yusuf. Alarmado, viu-se arrastado para a discussão do sultão sobre a Criação. Quando jovem, Abu Yaqub fora por algum tempo governador de Sevilha, onde mergulhou nas grandes bibliotecas da cidade e cercou-se de cientistas e filósofos. Havia assumido o sultanato em 1163 e estava agora disposto a se entregar ao seu antigo interesse pessoal de uma maneira um pouco mais pública. Mais tarde, Averróis relembrou: "A primeira coisa que o Príncipe dos Crentes me disse, depois de perguntar meu nome, o nome de meu pai e minha genealogia, foi: 'Qual é a opinião deles sobre os céus' – referindo-se aos filósofos –, 'são eternos ou criados?'"[50]

Tratava-se de um território perigoso. A filosofia, e até mesmo sua *sparring*, a teologia, nunca haviam desfrutado mais do que uma tênue influência na vida intelectual andaluz. Havia muito tempo que a Espanha islâmica estava sob a influência da conservadora escola Maliki de jurisprudência religiosa, cujo fundador havia declarado certa vez que a sabedoria humana não podia ir além dos escritos do Alcorão e dos ensinamentos da suna, o exemplo vivido do Profeta e de seus primeiros companheiros. "O conhecimento tem três aspectos: o claro Livro de Deus, a Tradição do passado e 'eu não sei'."[51] Em consequência, os eruditos agiam em geral com discrição, ou sob a proteção direta dos governantes locais, que os resguardavam da censura das autoridades clericais. Esses juristas conservadores não viam necessidade de teologia, muito menos de filosofia. Até mesmo os livros de al-Ghazali – considerado hoje o grande defensor da ortodoxia teológica muçulmana, contra os filósofos árabes e gregos – eram deixados de lado pela autoridade dos juristas conservadores. O primeiro filósofo realmente andaluz, conhecido em latim como Avempace, comparou-se certa vez a uma erva daninha solitária – indesejada, isolada e desprezada.[52]

As coisas passaram a melhorar um pouco com a chegada do norte da África, em 1146, da dinastia berbere almôade, cujo fundador, Ibn Tumart, começou a afrouxar as rédeas da teologia e até da filosofia. Ibn Tumart acreditava numa leitura estritamente literal do Alcorão e tinha pouco tempo para interpretações formularizadas das escolas jurídicas, como a malikita, que se desenvolvera em torno dos textos religiosos. Para ele, o homem estava dotado de razão, o que lhe permitia entender os ensinamentos religiosos. Ibn Tumart e outros pensadores muçulmanos com ideias similares acreditavam que razão e revelação eram complementares e de forma alguma se opunham. A faculdade da razão estabelecia a base para a crença do homem na revelação. Desse modo, a razão podia estabelecer a existência de Deus.[53] No entanto, o líder almôade e seus sucessores mantinham-se cautelosos em público para não irritar os poderosos juristas religiosos.

Não admira, portanto, que Averróis tenha ficado aterrorizado quando o sultão levantou um tema tabu como a Eternidade do Mundo: "Confusão e medo tomaram conta de mim e comecei a dar desculpas e a negar que um dia tivesse me preocupado com o saber filosófico." Porém, Averróis fora apresentado na corte por seu amigo e mentor Ibn Tufayl, filósofo e médico do sultão, e o governante iniciou então uma discussão sobre o tema, exibindo considerável conhecimento da matéria. "Desse modo, ele foi me deixando à vontade, até que falei, e ele ficou sabendo qual era a minha competência naquele assunto", relata Averróis. "E quando me retirei, ele ordenou que me dessem uma doação em dinheiro, uma magnífica túnica de honra e um corcel."[54]

Quando se encontrou com o sultão, Averróis já havia escrito obras sobre direito religioso e filosofia, bem como um importante manual de medicina que desfrutou popularidade durante séculos entre médicos cristãos, judeus e muçulmanos. Anos depois, ele seria chamado a substituir seu idoso amigo Ibn Tufayl no cargo de médico pessoal do sultão. Mas antes, Abu Yaqub o incumbiu de uma missão fatídica, para a qual Ibn Tufayl serviu de intermediário. Mais tarde, Averróis contou para um de seus alunos: "Ibn Tufayl chamou-me um dia e me disse, 'hoje, escutei o Príncipe dos Crentes [o sultão Abu Yaqub] queixar-se da dificuldade de expressão de Aristóteles e de seus tradutores, e mencionar a obscuridade de seus objetivos, dizendo que se alguém enfrentasse aqueles livros, os resumisse e expusesse seus objetivos, após compreendê-los completamente, seria mais fácil para as pessoas entendê-los'." Ibn Tufayl recomendou de imediato que o sultão atribuísse a tarefa a Averróis, que aproveitou a oferta de patrocínio real para sua obra filosófica. "Foi isso que me levou a resumir os livros do filósofo Aristóteles."[55]

Apesar de seus muitos deveres como jurista, Averróis entregou-se ao projeto. Com o apoio político e financeiro do sultão, produziu três tipos de obras dedicadas a explicar textos aristotélicos específicos para os leitores muçulmanos: os epítomes, que resumiam os pontos centrais do filósofo grego; os assim chamados comentários médios, que parafraseavam e explicavam o material; e os "grandes" comentários, que examinavam o texto linha por linha e utilizavam uma ampla gama de escritos filosóficos árabes e gregos, bem como interpretações próprias. No total, subsistem 38 comentários em latim, árabe ou hebraico que cobrem a maioria das principais obras de Aristóteles.[56] Juntos, representam um esforço notável para revelar o "verdadeiro" Aristóteles, podado de muitos dos acréscimos feitos por comentadores gregos posteriores e das tendências esotéricas de Avicena, bem como para afirmar uma tradição filosófica andaluza, em oposição à do Oriente muçulmano.[57] Isso estava de acordo com as inclinações de Averróis e dos sultões almôades racionalistas, que estavam decididos a estabelecer o lugar da razão ao lado da revelação.

No centro dessa coleção está o Grande Comentário sobre a *Metafísica* de Aristóteles, um estudo exaustivo da ciência do ser e a chave, aos olhos de Averróis, para entender tanto Deus como o mundo natural. Ao escrever sobre a Criação, o filósofo árabe apresenta a concepção aristotélica de que o mundo é eterno e conclui que a concepção aceita por teólogos muçulmanos, cristãos e judeus de que ele foi criado no tempo – e do nada – é absurda. O Comentador rejeita a leitura literal das Escrituras e sustenta que ela impõe limites inaceitáveis para o poder e a perfeição de Deus. O que Deus fazia antes de criar o universo – questiona Averróis, provocando seus leitores –, ficava parado, sem fazer nada? E por que Deus escolheu criar o mundo em um determinado momento e não em outro? Isso sugere o impensável: que Deus, que é a perfeição em si mesmo, ou cometeu um erro ou mudou de ideia.

O Grande Comentário também identifica entre os preceitos mais importantes de Aristóteles a noção de que o caminho para o conhecimento primeiro passa pela compreensão da causalidade.[58] Em outra obra, Averróis apresenta seu argumento de que a aceitação da visão dos filósofos de causa e efeito, sem recurso direto a Deus, proporciona a única base para o conhecimento humano de seu ambiente: "A negação da causa implica negação do conhecimento e a negação do conhecimento implica que nada neste mundo pode ser realmente conhecido."[59]

Essa afirmação põe Averróis em rota de colisão com os teólogos, que afirmam que a concepção dos filósofos da Criação e as ideias correlatas de causa e efeito deixam Deus impotente. Em resposta, Averróis diz que Deus pode apreender nosso mundo inferior de geração e corrupção sem uma mudança no estado de seu conhecimento perfeito. Isso lhe dá acesso aos particulares. O erro fundamental dos teólogos está em confundir homem e Deus e imaginar este último como uma espécie de super-homem. "Quem acredita nisso faz de Deus um homem eterno e do homem um Deus mortal", escreve Averróis em *A incoerência da incoerência*, sua réplica direta a al-Ghazali.[60] "Fica claro que eles [os teólogos] apenas fazem de Deus um homem eterno, pois comparam o mundo com os produtos da arte feitos pela vontade e pelo conhecimento e poder do homem ... mas essa teoria não passa de uma metáfora e uma expressão poética."[61]

A defesa de Averróis de que Deus tem conhecimento dos particulares preserva sua visão da Eternidade do Mundo sem prejudicar os artigos de fé muçulmana relativos ao Dia do Juízo e questões relacionadas. E é essa disputa em andamento quanto à Criação que compõe o grosso do "intercâmbio" entre Averróis e al-Ghazali. Tal como o conflito em relação aos particulares, a batalha pela Eternidade do Mundo resume-se a uma questão de atributos divinos de Deus, principalmente seu conhecimento, poder e vontade. Os teólogos lutam com unhas e dentes para preservar uma leitura maximalista de Deus, enquanto os filósofos liderados por Averróis buscam criar um espaço metafísico para a razão e para um mundo natural governado por leis imutáveis – ambos ingredientes essenciais para uma ciência verdadeira.

No mundo do islã do final do século XII, a política inclinou a balança contra Averróis e a favor dos teólogos. Como os sultões berberes de al-Andalus enfrentavam a ameaça mortal dos exércitos cristãos do norte da Espanha, o palácio buscou arregimentar os clérigos muçulmanos e o povo em geral com manifestações públicas de fervor religioso ortodoxo. Averróis foi repudiado em 1195 e banido para a cidade predominantemente judaica de Lucena, nos arredores de Córdoba. Suas obras filosóficas foram queimadas e o estudo de seus ensinamentos foi proibido por um tribunal composto por seus colegas juízes religiosos.

Seu exílio formal durou apenas dois anos, quando então foi chamado de volta à corte almôade em Marrakesh. Morreu não muito depois, em 9 de dezembro de 1198. Catorze anos mais tarde, o islã espanhol sofreu uma derrota mortal para uma poderosa coalizão cristã, na batalha de Las Navas de Tolosa. A al-Andalus muçulmana nunca se recuperou totalmente. O mesmo não se pode dizer de Averróis. Pouco mais de meio século após sua morte, ele era o astro indiscutível de um drama intelectual representado na rua du Fouarre, em Paris, a lendária rua dos estudantes e eruditos que atravessava o coração teológico da cristandade ocidental.

O esforço hercúleo de Averróis para cumprir a missão encomendada pelo sultão legou à Europa uma abordagem totalmente racionalista da filosofia que mudou para sempre a paisagem do pensamento ocidental. Isso situa Averróis quase cinco séculos à frente de Descartes, cujo racionalismo matemático fez dele o candidato tradicional do Ocidente a fundador da filosofia moderna.[62] Séculos antes, santo Agostinho subordinara a filosofia à teologia. A chegada ao Ocidente dos escritos de Averróis começou a virar esse estado de coisas de cabeça para baixo. Ele toma como ponto de partida a afirmação de que a filosofia aristotélica é uma ciência plenamente demonstrativa capaz de alcançar a verdade absoluta a partir de princípios irrefutáveis. Para Averróis, a filosofia é uma fonte confiável de verdade tanto quanto a revelação, e as duas nunca podem estar em verdadeira oposição. Quando necessário, uma interpretação alegórica das Escrituras pode revelar um sentido interno de acordo com a prova filosófica. Tanto a teologia quanto a filosofia conduzem o homem à mesma verdade.[63]

Havia muito mais em Averróis do que os olhos ocidentais viram inicialmente. Ausente quase por completo das primeiras traduções para o latim estava o devoto pensador muçulmano que escreveu obras persuasivas sobre direito religioso e produziu tratados específicos em que analisava o lugar da filosofia e sua relação com uma grande fé monoteísta como o islamismo. Tomado por um entusiasmo desenfreado pelos comentários sobre Aristóteles, o mundo cristão da época viu pouco ou nenhum valor nas obras de Averróis que tratavam abertamente de temas islâmicos. Em consequência, elas só foram traduzidas para o latim séculos depois, embora pensadores judeus medievais, entre eles o douto Moisés Maimônides, tenham se mostrado muito mais receptivos. Entre esses textos "desconhecidos" estava a afirmação histórica de Averróis do lugar merecido da filosofia dentro de um contexto religioso em *Sobre a harmonia de religião e filosofia*.[64] Ao apresentar sua obra, ele observa: "O objetivo deste tratado é examinar, do ponto de vista do estudo das Leis [divinas], se o estudo da filosofia e da lógica é permitido pelas Leis, ou proibido, ou aconselhado – seja por recomendação ou por obrigação."[65]

Averróis conclui que filosofia e revelação são caminhos diferentes para chegar às mesmas respostas. Examinando os textos sagrados, ele encontra amplo apoio no islamismo para o uso da razão humana e até a considera um dever religioso para aqueles poucos realmente capazes de filosofar.

"Ora, uma vez que essa religião é verdadeira e convoca ao estudo que leva ao conhecimento da Verdade, nós da comunidade muçulmana sabemos definitivamente que o estudo demonstrativo [isto é, a filosofia] não conduz a [conclusões] conflitantes com o que a Escritura nos deu, pois verdade não se opõe a verdade, mas concorda com ela e a confirma."[66] Averróis defende então a superioridade do conhecimento demonstrativo de filósofos qualificados em relação ao conhecimento dialético dos teólogos ou ao conhecimento retórico das massas devotas.

Esse Averróis – que acreditava sinceramente em Deus e defendia a fé muçulmana – era quase invisível para os pensadores ocidentais do século XIII famintos por novas maneiras de ver o mundo. Já o Averróis da imaginação latina era mais um produto de homens como Miguel Escoto e Frederico II do que de sua própria pena. Miguel traduziu quatro dos grandes comentários, inclusive aqueles que tratavam da *Metafísica* e de *Sobre a alma*, dois comentários médios e um epítome.[67] Frederico cuidou para que essas e outras traduções fossem enviadas às universidades italianas, de onde logo chegaram a Paris. Um manuscrito que se encontra na Biblioteca Nacional francesa, datado de 1243, contém quase todas as obras de Averróis conhecidas no Ocidente medieval.[68] Numa carta de apresentação, dirigida a "vós, homens de cultura" de Bolonha, Frederico declara seu desejo de compartilhar esse material inestimável com o mundo. "Não esconderemos aqueles frutos, colhidos com tanto esforço, nem podemos encontrar satisfação em pensar neles como nossa propriedade, a não ser que antes compartilhemos com outros um bem tão grande ... Portanto, dignai-vos a aceitar esses livros como um presente de vosso amigo, o imperador, e, por solicitação dele e por meio da bondade de vossos corações, deixai que ele venha a conhecer o que descobrirdes em consequência de vossa pesquisa."[69]

De início, as reações ao presente de Frederico foram um tanto silenciosas. Parecia que as obras de Averróis entravam naturalmente no debate cristão em andamento sobre a Eternidade do Mundo e a recepção de Aristóteles em geral. Alguns clérigos chegaram mesmo a saudar o Comentador como alguém que poderia lançar luz sobre o complicado mundo do pensamento aristotélico. Mas essa situação estável estava claramente condenada. As universidades europeias, apesar do orgulho de suas origens como corporações semiautônomas, eram no fundo instituições religiosas e tinham de responder às altas autoridades eclesiásticas. Era apenas uma questão de tempo até que os mestres seculares, principalmente os filósofos da Universidade de Paris, percebessem que podiam mobilizar o Averróis latino para sua defesa contra os teólogos. A afirmação de Averróis de que a filosofia, quando corretamente utilizada, era superior à teologia e de que ambas ofereciam caminhos legítimos para as mesmas verdades eternas condenava a noção agostiniana de que os filósofos eram meros criados dos homens de Deus. Em pouco tempo, as forças da fé e da razão estariam às turras, e seria preciso a paciência de um filósofo-santo – neste caso, alguém impregnado pelos ensinamentos de Averróis e sua escola – para estabelecer uma trégua entre os que defendiam os ensinamentos tradicionais da Igreja e as novas gerações dos primeiros cientistas modernos, moldadas pelos árabes.

9. A invenção do Ocidente

Quando Tomás de Aquino, teólogo e futuro santo, chegou a Paris no início de 1269, encontrou a universidade quase paralisada por um problema persistente: o que fazer com os filósofos? Havia muito tempo que os instrutivos textos de Aristóteles sobre lógica, a adorada dialética dos clérigos medievais, tinham sido adotados pelo *establishment* religioso ávido por demonstrar a verdade da revelação cristã. Porém a filosofia natural, tal como explicada e ampliada pelos principais pensadores árabes, era uma questão completamente diferente. A força dos *studia Arabum*, em particular com a chegada das traduções de Miguel Escoto na década de 1230, transformara o que havia sido um cortês cabo de guerra sobre a visão de mundo da cristandade medieval numa briga filosófica, teológica e científica generalizada.

As sete artes liberais haviam recuado facilmente diante da avalanche intelectual árabe, mas a teologia – a rainha das ciências, como era chamada por seus expoentes medievais – ainda mantinha seu domínio sobre a filosofia (a "criada" de santo Agostinho) e as ciências naturais. Enquanto essa nova filosofia não conseguisse apresentar algo parecido com uma metafísica coerente, uma ciência adequada do "ser enquanto ser", haveria poucos pontos de conflito com a fé cristã. Apesar de todas as novidades, como o ábaco, o astrolábio e o alambique, a posição da teologia como o principal caminho para a compreensão do mundo natural parecia segura. Quando os primeiros sinais de uma cosmologia unificada apareceram, a partir de meados do século XII, eles refletiam, em geral, as ideias amistosas de Platão, que a Igreja teve poucas dificuldades para assimilar e assumir como próprias.[1] Tudo isso mudou de modo irreversível com Averróis, cuja defesa categórica do pensamento aristotélico dentro do contexto do monoteísmo dominou totalmente os intelectuais cristãos da época. De repente, a criada se transformou em senhora.

A cristandade já havia detectado a ameaça crescente. Com as primeiras "condenações" na Universidade de Paris, em 1210, a Igreja tentou começar a salvaguardar sua doutrina e isolá-la dos efeitos insidiosos do filosofar desmedido. Ao longo dos séculos XIII e XIV, as autoridades de Paris divulgariam mais de uma dúzia de listas de ideias proibidas, meticulosamente detalhadas num registro oficial de erros. No entanto, a frequência com que essas ordens foram emitidas sugere como devem ter sido ineficazes as condenações para impedir a curiosidade dos eruditos e teólogos.

Tratava-se de uma batalha perdida, como muitos membros da Igreja reconheciam. Entre os primeiros a admitir isso estava a ordem dominicana do próprio Tomás de Aquino, cuja carta de 1228 autorizava seus estudantes a consultar as obras de pagãos e filósofos, embora apenas "brevemente". Era um primeiro reconhecimento de que a ciência havia chegado para ficar e que devia ser dominada, ou ao menos tratada com inteligência.[2] Em breve, pensadores dominicanos procurariam utilizar essas ideias novas para defender e fortalecer a fé. Até mesmo o papado foi obrigado a encontrar uma maneira pela qual a filosofia natural pudesse ser compatibilizada com a doutrina cristã. O papa Gregório IX, apesar de sua contundente censura à confiança de Frederico II na razão, modificou a proibição existente sobre a filosofia de Aristóteles e seus comentadores árabes para permitir a formação de uma comissão especial cuja missão era expurgar os erros das obras em questão.

Escreve o papa: "Mas tendo em vista, como ficamos sabendo, que os livros sobre a natureza que foram proibidos ... contêm matéria tanto útil quanto inútil, para que o útil não seja contaminado pelo inútil, pedimos vosso juízo ... para que, examinando os mesmos livros como é conveniente, de forma sutil e prudente, excluais totalmente o que encontrardes neles de errôneo ou suscetível a provocar escândalo ou ofensa aos leitores, de tal modo que aquilo que é suspeito seja removido e o resto possa ser estudado sem delonga ou ofensa."[3] Em outra concessão, Gregório anulou a excomunhão de qualquer estudioso que tivesse sido apanhado violando a antiga proibição. A prometida comissão papal nunca se reuniu, mas em 1255 todas as obras de filosofia natural disponíveis em latim já faziam parte do currículo oficial de artes da universidade. Uma vez que o título em artes era pré-requisito para estudos mais avançados, isso significava que todos os estudantes universitários medievais, inclusive todos os futuros teólogos, impregnavam-se com o ensino da filosofia natural.

O sucesso extraordinário da filosofia natural e a expansão de sua influência sobre a mente ocidental ao longo do século XIII foram acelerados pela transformação da universidade medieval numa poderosa instituição social, intelectual e cultural por méritos próprios. Ela continuou dentro da órbita geral da Igreja durante séculos, mas foi em primeiro lugar um produto da necessidade crescente de clérigos, advogados, médicos, assim como de funcionários e burocratas instruídos.[4] As riquezas dos *studia Arabum* ofereciam um currículo pronto para ajudar a suprir essa demanda.

É fácil ver por que a filosofia, tal como proposta por gregos e árabes, exercia uma enorme atração na Baixa Idade Média europeia, à medida que ela começava a abandonar seu isolacionismo e enfrentar o mundo natural. A nova ciência empolgava por seu alcance e oferecia uma explicação coerente para praticamente tudo. Ao mesmo tempo em que cobria elementos da visão cristã tradicional que confrontava, continha também muito material novo sobre questões intocadas pelo ensino religioso, como o funcionamento do mundo físico e a mente interior do homem. Ela procedia logicamente de pressupostos básicos e princípios evidentes por si mesmos e prometia ordem num mundo aparentemente caótico.[5] E, o melhor de tudo, trazia a poderosa "marca" Aristóteles, já bem-estabelecida pela prática da dialética e pelos princípios subjacentes da astrologia árabe, popularizada pelas traduções latinas de Albumazar.

Em Paris, principal centro europeu de ensino superior e importante local de estudos religiosos, a faculdade de artes cresceu imensamente até deixar bem para trás as de teologia, direito e medicina. Cem anos depois das traduções de Averróis feitas por Miguel Escoto, o número de mestres de artes era mais de oito vezes maior do que o de professores de todas as outras faculdades juntas.[6] Os dados antigos são pouco precisos, mas estimativas modernas calculam que o total de estudantes que se matricularam nas universidades da Europa entre 1350 e 1500 tenha sido de 750 mil.[7] As excitantes novidades da vida universitária, com suas guildas pouco rígidas de mestres, associações turbulentas de estudantes e rivalidades acaloradas entre professores, desafiavam o monopólio sonolento de que as escolas catedráticas tanto tempo vinham desfrutando e, por extensão, o controle da educação superior pela Igreja.

Esse estado de coisas alarmou muitos teólogos tradicionais que viam na influência crescente dos mestres das artes – agora filósofos profissionais para todos os propósitos práticos – um perigo para a fé e para a posição deles. Munidos de traduções de Averróis e Avicena, esses professores promoviam ativamente várias ideias problemáticas que questionavam a doutrina cristã oficial. Para aumentar o rancor entre as faculdades de artes e a teologia, havia a presença crescente nestas últimas das ordens mendicantes dos dominicanos e franciscanos, suspeitas de pôr a lealdade a Roma acima dos interesses acadêmicos da universidade. As ordens religiosas também não estavam isentas de rivalidades entre si, o que turvava ainda mais o cenário universitário.

À época da chegada de Tomás de Aquino, no final da década de 1260, as coisas em Paris haviam se deteriorado ainda mais. Muitos dos professores de artes afirmavam abertamente seu direito de ir adiante com as especulações filosóficas, independentemente de aonde elas pudessem levá-los. Em geral, isso significava incursões no território que os teólogos guardavam ciosamente para si mesmos, inclusive especulações sobre a Criação, a alma e os atributos de Deus. Em reação, os teólogos, apoiados por eruditos seculares mais cautelosos, foram ao ataque contra essas tendências aristotélicas. A inspiração deles era o franciscano João de Fidanza, depois canonizado como são Boaventura, que lembrava aos rivais que a teologia continuava a ser a rainha das ciências e que o uso da filosofia como preparação para estudos mais avançados garantia uma "queda na escuridão".[8] Ao mesmo tempo, um dos aliados de Boaventura advertia seus colegas teólogos, como Tomás de Aquino, a não se entregar ao filosofar: "Não é conveniente que um teólogo recorra aos erros dos filósofos."[9]

Em seu fervor, essa facção conservadora inflou consideravelmente o perigo de uma leitura maximalista da filosofia árabe, hostil à religião cristã, uma visão que os eruditos ocidentais chamaram depois de "averroísmo latino". De acordo com seus críticos, os filósofos militantes não deixavam papel algum para Deus ou para a revelação, e menosprezavam a teologia em sua defesa do avanço científico. Os teólogos chegavam a acusar esses assim chamados averroístas de esconder suas inclinações secularistas secretas atrás de profissões de fé.

O próprio Averróis certamente não acreditava que essa escamoteação fosse necessária. O Comentador era inequívoco ao afirmar que a verdade dos filósofos e a dos teólogos era a mesma, embora jamais duvidasse de que o pensamento filosófico era superior. Além disso, respeitava a revelação e os profetas Moisés, Jesus e Maomé, que podiam atingir as massas de uma maneira que a filosofia jamais poderia fazer. Mas as verdadeiras concepções de Averróis raramente eram discutidas em detalhe, nem mesmo seus leitores latinos mais fiéis tinham acesso a suas importantes obras sobre as relações entre filosofia e religião. O que contava era o fato de que os dois lados, o clero e os professores de artes de espírito independente, viam Averróis e toda a tradição árabe como o fulcro das lutas entre eles.

Conforme acontecera com os muçulmanos antes, a questão da Eternidade do Mundo propiciou aos cristãos medievais um campo de batalha central. Boaventura utilizou as conferências quaresmais de 1267 e 1268 para denunciar a filosofia não iluminada pela fé e listou a Eternidade do Mundo entre os erros mais perigosos da época. Segundo ele, essa noção era herética e não poderia ser provada pela razão. Boaventura e seus adeptos deram então um passo adiante e afirmaram que poderiam demonstrar, com a ajuda da filosofia, que o mundo havia sido criado "no tempo", de acordo com a leitura do livro do Gênesis. Em dezembro de 1270, o bispo linha-dura de Paris seguiu o exemplo do futuro santo e emitiu uma lista de treze erros condenados que não poderiam ser ensinados ou defendidos de alguma forma. Ganharam atenção especial a Eternidade do Mundo e a indiferença de Deus quanto aos particulares. Tal como condenações anteriores, elas foram geralmente ignoradas tanto nas faculdades de artes como nas de teologia.

Os dominicanos enviaram Tomás de Aquino, seu maior teólogo, de Roma para Paris com a esperança de acabar com as principais fontes de tumulto na universidade. Entre essas figuravam o crescente radicalismo dos averroístas na faculdade de artes e a hostilidade geral dos professores seculares contra as ordens mendicantes. Os dominicanos também viam uma grave ameaça nos conservadores contrários a toda a filosofia natural, que incluía ensinamentos que eles julgavam valiosos no combate a hereges como os albigenses, os quais a Igreja esmagou numa Cruzada sangrenta no sul da França. Antes de entrar para a ordem dominicana, Tomás estudou na Universidade de Nápoles, de Frederico II, onde pela primeira vez encontrou a filosofia natural num ambiente influenciado pelas obras dos pensadores árabes e judeus preferidos do imperador. Entre eles estavam Avicena e Averróis, bem como o judeu Maimônides, que escreveu seus tratados filosóficos em árabe. Um dos primeiros professores de Tomás entrou depois para um círculo de cristãos e judeus que estudavam Maimônides, cujo *Guia dos perplexos* e outras obras talvez tenham sido traduzidas ou resumidas na corte siciliana por Miguel Escoto.[10]

Vários dos primeiros tratados de Tomás de Aquino, escritos na década de 1250, revelam uma relação cuidadosa e atenta com Avicena e Averróis, traço que estaria presente em todos os seus escritos, mesmo quando discordava violentamente de seus predecessores árabes. Na época, Avicena ainda era a principal autoridade para os filósofos ocidentais e a lista de suas ideias que podem ser encontradas nas obras de Tomás é impressionante. Elas incluem duas provas da existência de Deus e a distinção entre conhecimento divino e humano.[11]

Do mesmo modo, a abordagem de Maimônides da Eternidade do Mundo proporcionou um forte ímpeto para o pensamento posterior de Tomás de Aquino sobre a questão e suas implicações mais amplas para a filosofia e a fé. No *Guia dos perplexos*, o filósofo judeu sustenta que se pode aceitar a Criação no tempo pela fé e mesmo assim admitir a existência de causas naturais cognoscíveis. Natural de al-Andalus, como Averróis, Maimônides buscava conciliar razão e revelação argumentando que as leis aristotélicas da natureza valiam somente depois que Deus criara o mundo do nada.[12]

Tomás já se perfilara decisivamente ao lado de seus colegas teólogos – e contra Averróis – numa disputa com os filósofos radicais a respeito da imortalidade da alma, mas sua obra *Sobre a eternidade do mundo*, escrita em 1270, perto do auge dos problemas em Paris, foi uma amarga decepção para muitos membros da faculdade de teologia. Num golpe dirigido diretamente contra Boaventura e seu círculo, Tomás considera "frágil" a concepção aceita pela Igreja de que a razão pode demonstrar com certeza que o mundo foi criado no tempo. Quem o propunha sustentava, por exemplo, que Deus, a causa de todas as coisas, devia vir antes do mundo por Ele criado, estabelecendo desse modo a Criação como um evento temporal específico. Com base na formulação adotada por Averróis em *A incoerência da incoerência*, Tomás de Aquino responde que esses tradicionalistas não entendem que as ações criativas de Deus e sua vontade devem ser consideradas instantâneas.[13]

"Uma vez que as pessoas estão acostumadas a pensar as produções como realizadas por meio de movimento, não compreendem facilmente que uma causa eficiente [isto é, Deus] não tem de preceder seus efeitos na duração. E é por isso que muitos, com suas experiências limitadas, atentam somente para uns poucos aspectos e são precipitados ao manifestar suas opiniões." Ele também desconsidera os temores de que isso privaria Deus de sua vontade, que do mesmo modo não tem de preceder seus efeitos na duração. "O mesmo vale para a pessoa que age por meio de sua vontade, exceto se age após deliberação. Que os céus nos proíbam de atribuir tal procedimento a Deus!"[14]

Esse raciocínio leva Tomás a admitir a possibilidade lógica de que os filósofos árabes estivessem corretos: o mundo é ao mesmo tempo eterno e criado por Deus. Além disso, essa concepção evita o perigo de tornar o mundo coeterno com Deus – noção que judeus, cristãos e muçulmanos abominariam por considerá-la politeísta. Evidentemente, Tomás observa já no início de *Sobre a eternidade do mundo* que é um ponto absoluto da fé católica que o mundo foi criado por Deus num momento específico, mas ele conclui de forma um tanto irritada que os fastidiosos argumentos filosóficos dos tradicionalistas não honram a causa: "Alguns deles são tão frágeis que a própria fragilidade parece emprestar probabilidade ao lado oposto."[15]

Tomás de Aquino voltou várias vezes à questão da Eternidade do Mundo ao longo de sua vida, tendo tratado do tema em pelo menos seis obras diferentes.[16] Somente uma contestação filosófica à teoria da criação eterna, investigada pela primeira vez por al-Ghazali no século XI, parecia dar sempre o que pensar a Tomás: se o mundo sempre existiu, então o número de almas deixadas para trás pelos mortos seria de magnitude infinita, algo que os pensadores medievais consideravam uma impossibilidade lógica. Tomás admite que a questão é, de fato, "difícil", mas então deixa-a de lado sugerindo que Deus talvez tenha feito os homens algum tempo depois da criação de um mundo eterno. "Ademais, ainda não foi apresentada uma demonstração de que Deus não pode produzir uma multidão que seja realmente infinita."[17]

O debate sobre a criação eterna serviu de plataforma para o indiscutível virtuosismo escolástico de Tomás de Aquino, mas também foi ao cerne de uma das questões mais prementes do fim da Idade Média: a relação entre revelação e razão. Para os teólogos e filósofos de Paris, isso significava efetivamente a relação entre os poderes de um Deus onipotente, tal como apresentado nas Escrituras, e as leis da natureza, tal como catalogadas pelos novos homens de ciência. Figuras tão díspares quanto al-Ghazali e Boaventura, um teólogo muçulmano reverenciado e um santo cristão, não admitiam nenhuma distância real entre Deus e o mundo natural. Para eles, o que a ciência percebia como leis naturais eram na verdade os poderes criativos contínuos de Deus, processos que podiam ser interrompidos e até revertidos a qualquer momento, sem nenhum aviso.

Tomás de Aquino, ao contrário, concedia aos filósofos naturais muito mais liberdade, numa abordagem que, ao mesmo tempo, estreitava o campo da teologia. Isso talvez refletisse um respeito duradouro pelos grandes filósofos gregos, árabes e judeus que datava de seus dias na Universidade de Nápoles.[18] Em *Sobre a eternidade do mundo*, ele destaca com certa satisfação que nenhum desses grandes pensadores via qualquer contradição na ideia de um universo eterno criado por Deus. Com sarcasmo característico, ele não demonstra o mesmo respeito por seus rivais contemporâneos: "Desse modo, somente aqueles que detectaram de modo tão brilhante essa inconsistência são homens com quem a sabedoria nasceu!"[19]

Contudo Tomás também reconhecia astutamente a necessidade premente de ultimar um acordo intelectual e teológico que defendesse a doutrina fundamental da Igreja, mas ao mesmo tempo abrisse espaço para a ciência desencadeada pelos árabes. Qualquer outra coisa condenaria a Igreja a uma luta debilitadora e possivelmente fatal contra as forças da razão. Designado em 1271 pelo superior da ordem dominicana para decidir sobre um conjunto de questões doutrinárias e cosmológicas, Tomás foi cauteloso em sua resposta: "Vários desses artigos dizem mais respeito à filosofia do que à fé. Prestamos um grande desserviço [à doutrina sagrada] ... quando afirmamos ou reprovamos em seu nome coisas que não pertencem a ela."[20] Do mesmo modo, diz ele, não concerne à fé doutrinária a forma como alguém interpreta Aristóteles.[21]

Para Tomás, poucas áreas estavam fora dos limites da filosofia, e isso porque o homem não poderia penetrar nos mistérios da vontade divina. Ele encontrou apenas três artigos de fé que não podiam ser provados pela razão e que tinham simplesmente de ser aceitos por todos os cristãos: a criação do mundo por Deus num momento específico; a Trindade; e o papel de Jesus na salvação da humanidade.[22] Por conseguinte, praticamente todo o mundo natural e até o que pareciam ser questões teológicas tradicionais – concernentes por exemplo à existência de Deus – eram temas apropriados para os filósofos e podiam ser adjudicados pela razão. Para Tomás, assim como para Averróis, filosofia e religião jamais poderiam se contradizer verdadeiramente.

Na *Summa Theologiae*, sua obra-prima inacabada, ele retorna à Eternidade do Mundo para sustentar que a preservação dos reinos separados da ciência e da revelação é imperativa para proteger a fé cristã: "Que o mundo tenha um começo ... é um objeto de fé, mas não de demonstração ou ciência. E fazemos bem em não esquecer isso, pois, se presunçosamente resolvemos demonstrar o que é de fé, podemos introduzir argumentos que não são rigorosamente conclusivos; e isso daria aos infiéis uma ocasião para zombar, pois eles pensariam que assentamos as verdades da fé em tais fundamentos."[23]

Na época da morte de Tomás de Aquino, em março de 1274, nada indicava que seu esforço monumental de harmonizar fé e razão – esforço guiado pelo espírito de Averróis, moderado pela tradição cristã – sobreviveria àquela década tumultuada, muito menos que viria a ser a doutrina oficial da Igreja católica. Muitos de seus colegas teólogos estavam horrorizados diante dessa "teologia natural". Os mais prescientes reconheciam que Tomás havia aberto o caminho para a especulação filosófica quase desenfreada e temiam profundamente o que poderia vir depois.

Os franciscanos, sem dúvida levados tanto por convicção como por sua rivalidade histórica com os dominicanos, lideraram um ataque furioso a Tomás de Aquino. Eles ajudaram a maquinar uma nova rodada de condenações – a mais feroz até então – no terceiro aniversário de sua morte, que tinha por alvo as ideias de Tomás, embora não seu nome. Eles produziram também uma polêmica *Correção do irmão Tomás*, e a incluíram no currículo da ordem. Em Paris e em Oxford, uma cidadela franciscana, vários mestres simpáticos às concepções de Tomás de Aquino foram perseguidos ou afastados do ensino. Os dominicanos também dispararam um tratado em defesa de seu confrade, cuja obra passou a fazer parte do currículo deles. Porém as ideias de Tomás de Aquino foram prevalecendo gradualmente na alta hierarquia da Igreja, e ele foi canonizado em 1323. Dois anos depois, as autoridades eclesiásticas de Paris inocentaram são Tomás de qualquer heresia em conexão com as condenações.

A BATALHA INTERNA em relação ao legado de Tomás de Aquino, embora encarniçada, não era a única preocupação para a Igreja. A época assistira também ao surgimento, em Paris, de uma nova e forte geração de intelectuais seculares, liderada por Sigério (ou Siger) de Brabante, um lutador de rua que se transformou em metafísico. Quando jovem estudante, ele foi o líder da nação dos picardos, uma associação estudantil que literalmente lutava pelos interesses dos nativos dos Países Baixos. Enfrentamentos com os gendarmes reais e com membros das três outras "nações" – os franceses, os normandos e os ingleses, que incluíam o grande contingente alemão – eram comuns na vida estudantil na rua Du Fouarre, e Sigério teve papel decisivo em algumas das piores lutas. A certa altura, esteve à beira de ser expulso por sua participação no sequestro de um rival francês. Não obstante, conseguiu obter seu mestrado em artes em 1265 e se tornou instrutor na faculdade de artes.

Sigério voltou imediatamente seu espírito combativo, bem como seu potente intelecto, contra os colegas mais ortodoxos de seu departamento e contra a faculdade de teologia. Tal como Averróis, ele e seus adeptos consideravam que a busca da verdade filosófica era o supremo empenho humano. Mas os membros desse círculo, embora todos cristãos devotos, eram indiferentes às implicações religiosas de seu filosofar. Ao contrário, decidiram estabelecer uma firme distinção entre filosofia e teologia, cada uma com seus métodos e objetivos.

Aos olhos dos conservadores de Paris, fartos desses averroístas pretensiosos e já desconfiados da direção em que Tomás de Aquino buscava levar a Igreja, essa independência de pensamento era o maior pecado dos professores de artes. As treze condenações de 1270 haviam sido uma advertência em resposta à militância de Sigério, o qual tinha agora um número significativo de adeptos entre os estudantes de artes, mas, tal como as proibições anteriores, causaram pouco efeito. No ano seguinte, Sigério liderou uma facção de mestres que se recusaram a aceitar a derrota nas eleições para reitor da faculdade de artes. Os dissidentes criaram efetivamente um departamento paralelo, nomearam seu reitor e concederam seus diplomas em artes.[24] Enquanto isso, a maioria ortodoxa da faculdade de artes fazia o juramento de não discutir questões teológicas em suas aulas. O núncio, representante pessoal do papa em Paris, interveio finalmente em 1275 para confirmar o reitor eleito, e Sigério deixou a universidade para sempre. Em breve o ensino privado de qualquer coisa que não fosse gramática e lógica também foi proibido, sugerindo que houvera um aumento do estudo discreto de material ilícito.

As medidas da Igreja em relação aos rebeldes ainda não haviam acabado. Em 18 de janeiro de 1277, Sigério e dois colegas foram convocados a comparecer perante a Inquisição para encarar acusações de heresia. Porém, não há registro de condenações, sugerindo que os três foram absolvidos no fim. Três meses depois, o bispo de Paris publicou sua infame lista das 219 proposições condenadas, a mesma compilação que havia implicado indiretamente Tomás de Aquino. Entre as alegações contra os professores de artes estava a adesão à Dupla Verdade: "Pois eles dizem que as coisas são verdadeiras de acordo com a filosofia, mas não de acordo com a fé católica, como se houvesse duas verdades contrárias e como se a verdade das Escrituras Sagradas fosse contradita pela verdade dos ditados dos malditos pagãos."[25]

Essas condenações de 1277, redigidas por uma comissão de burocratas da Igreja, traçam um retrato curioso e, com frequência, distorcido da cena intelectual de Paris. Contudo, revelam o nervosismo dos eclesiásticos por estarem perdendo terreno intelectual para os filósofos seculares e seus mentores árabes. Na lista do bispo, quase uma dúzia de "erros" diz respeito às ideias dos árabes sobre a Eternidade do Mundo, e os autores da proibição enfatizam também, contra as ideias de Tomás de Aquino, que a Criação no tempo pode ser provada pela razão. Vários itens refletem a profunda preocupação da Igreja com o determinismo inerente à ligação da astrologia árabe entre atividade celestial e acontecimentos terrestres. Outros condenam posições cristãs aceitas, ou deformam as controvérsias da época de tal modo que elas ficam irreconhecíveis. Em certos trechos, as proposições banidas parecem provocações entre rivais num pátio de escola. Por exemplo, os professores são especificamente proibidos de afirmar que "não há estado mais excelente do que o estudo da filosofia" ou que "os únicos homens sábios do mundo são os filósofos".[26]

O trágico e talentoso Sigério – um de seus alunos o chamou de "o mais eminente professor de filosofia"[27] – jamais retornou à sala de aula. Na verdade, suas ideias nunca se afastaram muito das de Tomás de Aquino, a quem ele obviamente lera e admirava, mas sua insistência inflexível para que os filósofos fossem até onde a razão os levasse, numa defesa precoce da liberdade intelectual, custou-lhe a carreira e possivelmente a vida. Uma crônica de sua região natal, o Brabante, conta que ele morreu nas mãos de um clérigo alucinado. "Este Sigério, um brabantino de nascimento, em consequência de ter certas opiniões contra a fé, não pôde mais permanecer em Paris e foi para a corte romana, onde depois de pouco tempo morreu esfaqueado por seu secretário semienlouquecido." Seu assassinato ocorreu em algum momento anterior a novembro de 1284, quando uma carta do arcebispo da Cantuária menciona sua morte.[28]

As condenações de 1277 amorteceram o entusiasmo em Paris pela especulação racionalista e pela filosofia natural, mas não conseguiram erradicar a influência de Tomás de Aquino, ou a de Averróis e seu beligerante acólito Sigério de Brabante. Em muitos casos, o *locus* da atividade científica e filosófica simplesmente mudou, e a influência da tendência averroísta firmou-se em lugares tão distantes quanto a Inglaterra e a Polônia. Historicamente, a teologia desfrutou pouco prestígio ou influência em universidades italianas como as de Pádua e Bolonha, enquanto as ideias de Averróis floresceram nelas até o século XVII. Mesmo em Paris, não demorou para que essas questões voltassem a ser lidas e debatidas. Os homens de ciência haviam chegado para ficar.

É tentador atribuir o sucesso deles ao poder bruto da filosofia natural e à incapacidade da Igreja de liquidar com essa "teoria de tudo" concorrente do mesmo modo como havia destruído a heresia albigense. No entanto, isso significaria ignorar o papel fundamental dos árabes como mestres arquitetos – e não simplesmente parteiros – da cosmovisão ocidental emergente. Não se tratava de uma mera "recuperação" da sabedoria clássica pelos latinos medievais, em que os árabes desempenhariam o papel de guardiões benevolentes, como a maioria das histórias ocidentais sobre o período nos conta. Mais corretamente, tratou-se de uma enorme transferência – seria possível falar até em furto cultural – de inestimáveis conhecimentos e tecnologias árabes diretamente para o Ocidente cristão.

O caso da filosofia natural de Aristóteles é apenas um exemplo proeminente da influência árabe em ação. O grande filósofo nunca teve muito tempo para Deus e certamente não concebia uma divindade como a que governava as religiões monoteístas do judaísmo, cristianismo e islamismo. O mesmo não se pode dizer dos filósofos árabes medievais, de al-Kindi a Averróis, que submeteram cuidadosamente o pensamento aristotélico às exigências de sua crença em um único Deus verdadeiro. E foi mais esse "Aristóteles árabe" do que o pensador pagão da Grécia clássica que acabou triunfando no Ocidente. Uma vez estabelecida, grande parte dessa visão do mundo aristotélica – em particular sua concepção rígida e até doutrinária do cosmo – enfrentaria séculos de estudos críticos de eruditos cristãos, uma reavaliação que levaria, no fim, a algo parecido com a ciência moderna.

Havia muito tempo que um processo similar estava em andamento nas terras do islã.

Assim como Avicena e Averróis "corrigiram" a metafísica aristotélica a fim de abrir lugar para Deus, a partir do século XI os cientistas árabes – os sucessores da Casa da Sabedoria de Bagdá – reuniram suas respostas críticas à astronomia e à cosmologia gregas. O resultado foi um ataque teórico e prático à arquitetura então aceita do universo, codificada por Ptolomeu no segundo século depois de Cristo. Aos poucos, abriu-se caminho para a derrubada completa desse sistema, que seria proposta pelo astrônomo polonês Nicolau Copérnico em meados do século XVI e completada por Isaac Newton 150 anos depois. Essa revolução celestial pôs o Sol, em vez da Terra, no centro do universo e afirmou a posição predominante da ciência na sociedade ocidental.[29] A alteração do lugar do homem nos céus – de centro da atenção a apenas um entre muitos – exigia não somente uma profunda mudança psicológica, mas também uma inovação científica de alta potência. Nisso também o Ocidente obteve uma ajuda vital dos árabes.

Especificamente, os únicos teoremas "originais" na obra monumental de Copérnico *Das revoluções dos orbes celestes*, publicada em 1543, quando o cientista e clérigo jazia em seu leito de morte, remontavam diretamente ao trabalho anterior de sofisticados cientistas árabes altamente insatisfeitos com os ensinamentos do *Almagesto* de Ptolomeu. Nos primeiros anos da ciência árabe, estudiosos abássidas editaram e revisaram cuidadosamente essa obra clássica. Com o apoio de al-Mamun e de outros califas, esses astrônomos corrigiram o cálculo de Ptolomeu da duração do mês solar e aperfeiçoaram muito sua mensuração do ângulo da trajetória do Sol em torno da Terra, conhecida como eclíptica. Essas mudanças iniciais, importantes mas não fundamentais para a teoria subjacente da obra original, foram, de modo geral, incorporadas às traduções árabes atualizadas do texto grego.[30]

Outros aperfeiçoamentos do *Almagesto* foram mais significativos, como a introdução das funções trigonométricas árabes para substituir ou suplementar as complicadas cordas usadas na tradição grega. "Uma vez que o método dos modernos, que usa os senos neste ponto em vez de cordas, é mais fácil de usar, como explicarei adiante, quero me referir a ele também", escreve o astrônomo Nasir al-Din Tusi em sua *Redação do Almagesto*, em 1241.[31] A importância desse processo era tamanha que os tradutores medievais para o latim obtinham resultados melhores trabalhando com edições em árabe do *Almagesto* do que se começassem tudo de novo com o texto grego original sem edição.

Essa abordagem gradualista ganhou a companhia de esforços mais ambiciosos para avaliar os fundamentos teóricos do modelo ptolemaico do universo. Nesse terreno, o principal ponto de atrito era a facilidade com que o *Almagesto* violava, quando necessário, uma das regras cardeais da filosofia natural, tal como ensinada por Aristóteles e aceita por Ptolomeu e seus sucessores, inclusive árabes: a de que os objetos celestes se moviam todos em movimentos circulares uniformes, com a Terra em seu centro. Ptolomeu já havia tentado dar conta do movimento irregular dos corpos celestes com seu famoso ponto equante, mas em seguida ele mudou esse eixo teórico de rotação para longe do centro da Terra – e, portanto, do centro do universo – a fim de refletir séculos de dados de observação sobre como os planetas realmente se moviam quando vistos da Terra. Ao sugerir que algumas dessas órbitas giravam efetivamente em torno de um eixo que não passava pelo centro do universo, o *Almagesto* introduzia um movimento planetário que não era perfeito nem uniforme.

Para os primeiros críticos árabes, isso significava que a descrição dos movimentos planetários de Ptolomeu era "falsa", dando origem à literatura teórica conhecida como *shukuk*, "objeções".[32] A mais antiga crítica detalhada data de meados do século XI, cem anos antes de Hermano de Caríntia e Roberto de Ketton lutarem com vigor na Espanha para ao menos compreender a ciência do *Almagesto* o suficiente para traduzi-lo para o latim.

A crítica da astronomia grega não demorou a sair do reino da ciência para o da filosofia natural. Avicena notou as deficiências teóricas de Ptolomeu, e o mesmo fizeram Averróis e Maimônides. Esses filósofos posteriores, ao lado do mentor de Averróis, Ibn Tufayl, e de outros, faziam parte de uma tradição crítica centrada em al-Andalus que buscava substituir o modelo do *Almagesto* por um conjunto de esferas vazias centradas todas na Terra.[33] A tentativa fracassou – embora Avicena sugerisse que havia encontrado uma maneira diferente de salvar o modelo eliminando o ponto equante, uma alegação que até seu aluno mais fiel rejeitou[34] –, mas, de qualquer modo, ela revela em que grau os árabes exigiam que a ciência não apenas desse conta dos fenômenos observados, como também concordasse com seu próprio entendimento da realidade. Em outras palavras, a ciência tinha de ser ao mesmo tempo preditiva e consistente – princípios básicos do método científico moderno. "A ciência da astronomia de nosso tempo não contém nada existente; ao contrário, a astronomia de nosso tempo está de acordo somente com a computação e não com a existência", reclama Averróis.[35]

Astrônomos ligados ao Observatório de Maragha, no nordeste do atual Irã, produziram algumas inovações significativas para resolver as deficiências encontradas na astronomia clássica. Esse centro de pesquisa foi construído em 1259 por ordem do neto de Genghis Khan, Hulegu, que um ano antes havia comandado as forças mongólicas no saque a Bagdá e na execução do último dos califas abássidas. Havia muito tempo que a autoridade de Bagdá declinara e os califas, cuja significação religiosa continuava importante, haviam sido reduzidos a pouco mais que testas de ferro dos senhores de guerra mamelucos que outrora os haviam servido.

Mas o fim do império não extinguiu as tradições científicas criadas pelos primeiros abássidas. Tal como aconteceu com a difusão do conhecimento erudito pelas cortes muçulmanas dispersas depois do colapso do governo central de al-Andalus, outros centros do Oriente exibiram uma notável atividade intelectual após a perda de Bagdá. Entre esses centros estavam Diyarbakir, no sul da Turquia, assim como Isfahan, Damasco e Cairo.[36] Foi também o caso de Maragha, que reuniu um grupo extraordinário de astrônomos, engenheiros e outros especialistas e formou uma excelente biblioteca de ciências.

Nasir al-Din Tusi, então diretor do observatório e assessor científico de Hulegu, já havia concebido uma abordagem engenhosa para o problema do equante, a qual gerava movimento linear das rotações uniformes, em direções opostas, de duas esferas. Estudiosos modernos apelidaram isso de Par de Tusi. Esse método não só resolveu uma grande deficiência da astronomia ptolemaica, como ajudou cientistas árabes e ocidentais posteriores a estruturar contestações sérias da física aristotélica.[37] Enquanto isso, o assistente de Tusi e projetista dos instrumentos especializados do observatório resolvia o mesmo problema de uma maneira diferente. Ao longo do tempo, os teoremas criados por Tusi e seu colega foram introduzidos em diversos modelos planetários pelos astrônomos árabes e, de forma mais elegante, por Ibn al-Shatir, contador oficial do tempo na mesquita omíada de Damasco, que os utilizou para calcular os movimentos da Lua, dos assim chamados planetas superiores e do planeta inferior, Mercúrio.

Ibn al-Shatir morreu em 1375, mas 168 anos depois seu uso dos teoremas dos astrônomos de Maragha aparece na obra inovadora de Copérnico, sugerindo que o astrônomo polonês devia conhecer a obra de seus predecessores árabes.[38] Ainda não se estabeleceu um caminho de transmissão direta e não há provas de que Copérnico soubesse árabe ou de que esses teoremas tenham sido publicados alguma vez em latim. Existem apenas indícios indiretos: de 1496 a 1503 ele estudou na Itália, onde a ciência e a filosofia árabes haviam escapado ao recuo sofrido em Paris; em sua época, havia vários arabistas ocidentais capazes de explicar obras avançadas para cientistas latinos; e Copérnico, que havia estudado grego, talvez tenha tido acesso a empréstimos bizantinos posteriores da astronomia árabe. Para aumentar o mistério, a prova de Tusi para seu par, que data de c.11260, e a prova incluída por Copérnico em sua obra *Das revoluções*... três séculos depois utilizam designações idênticas para os mesmos pontos geométricos, uma indicação para os estudiosos modernos de que o polonês teve acesso à obra de Tusi.[39]

Ibn al-Shatir e Tusi nunca sugeriram algo tão radical como transpor o modelo ptolemaico para colocar seu centro no Sol ou perto dele – a característica definidora do que ficou conhecido como revolução copernicana, embora alguns eruditos gregos e árabes já tivessem pensado nisso. Os enormes obstáculos enfrentados por uma teoria heliocêntrica do universo – doutrinas religiosas e tradições filosóficas estabelecidas, senso comum e experiência humana diária e a falta de uma teoria gravitacional para fazer a coisa toda funcionar – são testemunhas da genialidade do *insight* de Copérnico e do brilho dos homens de ciência ocidentais que depois aperfeiçoaram sua obra. Contudo, vale a pena observar que Ibn al-Shatir já havia imposto o movimento circular uniforme ao modelo de Ptolomeu de modo que todos os movimentos planetários giravam agora em torno de um único ponto: a Terra. Isso facilitou a inovação conceitual de Copérnico, pois ele pôde mudar o centro para o Sol sem ter de reinventar um modelo inteiro dos céus a partir do nada.[40]

As lutas científicas, filosóficas e teológicas em torno da proposta copernicana de um universo heliocêntrico, enterrada sob uma montanha de cálculos matemáticos complexos em seu tratado notoriamente difícil, prolongaram-se por muitos anos.[41] Entre as dores do parto do novo mundo da ciência independente figuraram a condenação por heresia de Galileu, em 1633, por seu apoio a Copérnico; a anterior morte na fogueira do filósofo livre-pensador Giordano Bruno; e a perseguição de incontáveis outros pela Igreja católica, a um custo desastroso e duradouro para sua reputação e autoridade.

Não obstante, os temíveis inquisidores jamais conseguiram pôr o gênio da ciência árabe de volta na garrafa. As descobertas de Johannes Kepler das órbitas elípticas dos planetas e a posterior teoria da gravitação de Newton, publicada em 1687, completaram definitivamente a obra de Copérnico e ajudaram a garantir o sucesso da revolução científica. A Igreja foi forçada a se submeter ao veredicto da filosofia natural, sua antiga criada, e a aceitar que a Terra de fato girava em torno do Sol. Galileu foi finalmente reabilitado e, em 1979, o papa João Paulo II manifestou pesar pelos maus-tratos ao grande cientista e inventor italiano nas mãos da Igreja.

O veredicto da história sobre todo esse episódio foi severo, e com razão. Ainda mais porque a Igreja ignorou obstinadamente as prescrições de seu próprio são Tomás – e por intermédio dele, as de Averróis – para a coexistência pacífica e produtiva de fé e razão. Sob a influência direta dos aristotélicos árabes, Tomás de Aquino havia forjado uma trégua entre a doutrina tradicional da Igreja e as descobertas das gerações emergentes de cientistas ocidentais modernos. Esse consenso define até hoje as regras de combate entre fé e razão. E baliza a reivindicação dos árabes como inventores do Ocidente, uma dívida que Adelardo de Bath identificou há muitos séculos, ao voltar de Antioquia: "Evidentemente, Deus governa o universo", ele assegura aos seus leitores. "Mas nós podemos e devemos investigar o mundo natural. Os árabes nos ensinam isso."[42]

Notas

Prólogo: *Al-maghrib*/Entardecer (p.15 a 21)

1. Thomas S. Asbridge e Susan B. Edington (orgs.), *Walter the Chancellor's "The Antiochene Wars": A Translation and Commentary*, Brookfield, VT, Ashgate, 1999, p.78.
2. Ibid., p.79.
3. Ibid., p.80-1.
4. Charles Burnett (org.), *Adelard of Bath, Conversations with his Nephew: On the Same and the Different, Questions on Natural Science and on Birds*, Cambridge, Cambridge University Press, 1998, p.69-71.
5. Steven Runciman, *The First Crusade*, Cambridge, Cambridge University Press, 1980, p.157.
6. Ibn al-Qalanisi, *The Damascus Chronicle of the Crusades*, H.A.R. Gibb (org.), Mineola, NY, Dover Publications, 2002, p.89.
7. Geneive Abdo, "America's Muslims aren't as assimilated as you think", *Washington Post*, 27 ago 2006.
8. Aziz S. Atiya, *Crusade, Commerce and Culture*, Bloomington, Indiana University Press, 1962, p.220.
9. Roger Bacon, *Opus Majus*, trad. Robert Belle Burke, Filadélfia, University of Pennsylvania Press, 1927, p.815.
10. Brian Stock, "Science, technology, and economic progress in the Early Middle Ages", in David C. Lindberg (org.), *Science in the Middle Ages*, Chicago, University of Chicago Press, 1978, p.12.
11. Francesco Petrarca, *Letters of Old Age*, trad. Aldo S. Bernard, Saul Levin e Reta A. Bernard, Baltimore, Johns Hopkins University Press, 1992, p.2: 472.
12. Nessa visão, importantes fatores geopolíticos, ambientais e econômicos geralmente são ignorados. Para uma análise atenta do declínio da ciência e da inovação muçulmanas, ver Ahmad Y. al-Hassan, "Factors behind the decline of islamic science after the Sixteenth Century", in Sharifah Shifa Al-Attas (org.), *Islam and the Challenge of Modernity: Historical and Contemporary Contexts*, Kuala Lumpur, International Institute of Islamic Thought and Civilisation, 1996, p.351-89. A noção de que a fé era, em última análise, antitética à ciência passou a sofrer ataques constantes de historiadores da ciência islâmica. Ver as obras de George Saliba (seu título mais recente é *Islamic Science and the Making of the European Renaissance*, Cambridge, MA, MIT Press, 2007), Roshdi Rashed, A.I. Sabra e Ahmad Dallal.

1. Os guerreiros de Deus (p.25 a 47)

1. Ana Comnena, *The Alexiad*, citado em August C. Krey (org.), *The First Crusades: The Accounts of Eyewitnesses and Participants*, Princeton, NJ, Princeton University Press, 1921, p.70.
2. Alberto de Aix, "Historia hierosolymita", in *First Crusades,* Krey, p.48.
3. Guiberto de Nogent, "Gesta dei per francos", in Dana C. Munro (org.), *Translations and Reprints from the Original Sources of European History*, vol.I, Filadélfia, University of Pennsylvania Press, 1895, p.20.
4. O texto original do discurso de Urbano em Clermont não chegou até nós. Porém, várias crônicas medievais contêm relatos, inclusive alguns recolhidos de pessoas que estavam presentes. Esta versão é de Foucher de Chartres, "Gesta francorum Jerusalem expugnantium", in J. Thatcher e Edgar Holmes McNeal (orgs.), *A Source Book for Medieval History*, Nova York, Scribners, 1905, p.517. Ver também *Fulcher of Chartres: Chronicle of the First Crusade*, trad. Martha Evelyn McGinty, Filadélfia, University of Pennsylvania Press, 1941, p.16.
5. Christopher Tyerman, *God's War: A New History of the Crusades*, Cambridge, MA, Harvard University Press, 2006, p.77-8.
6. Ibid., p.47-8.
7. Jonathan Riley-Smith, *The First Crusade and the Idea of Crusading*, Filadélfia, University of Pennsylvania Press, 1986, p.4-5.
8. Ibid., p.7.
9. Ana Comnena, *The Alexiad*, citado em E.O. Blake e C. Morris, "A Hermit goes to war: Peter and the origins of the First Crusade", *Studies in Church History* 22, 1985, p.90.
10. "Le chanson d'Antioch", in Edward Peters (org.), *First Crusade: The Chronicle of Fulcher of Chartres and Other Source Materials*, Filadélfia, University of Pennsylvania Press, 1998, p.302-6.
11. *Annales Rosenvaldenses*, citado em Blake e Morris, "Hermit goes to war", p.93.
12. Guiberto de Nogent, in *Translations and Reprints*, Munro, p.20.
13. Alberto de Aix, *Historia hierosolymita*, in *First Crusades,* Krey, p.56.
14. Alberto de Aix, *Historia hierosolymita*, in Norman Daniel, *The Arabs and Medieval Europe*, Londres, Longman, 1979, p.123.
15. *The Chronicle of Solomon bar Simson*, in Shlomo Eidelberg (org.), *The Jews and the Crusaders: The Hebrew Chronicles of the First and Second Crusades*, Madison, University of Wisconsin Press, 1977, p.21.
16. Eidelberg, *The Jews*, p.4.
17. Anônimo de Mainz, in Eidelberg, *The Jews*, p.110.
18. Eidelberg, *The Jews*, p.5-6.
19. *Solomon bar Simson*, in Eidelberg, *The Jews*, p.30.
20. Atiya, *Crusade*, 58 (ver Prólogo, n.8).
21. Ana Comnena, *The Alexiad*, in Krey, *First Crusades*, p.70.
22. Carole Hillenbrand, *The Crusades: Islamic Perspectives*, Chicago, Fitzroy Dearborn, 1999, p.270.

23. A. al-Azmeh, "Barbarians in arab eyes", *Past and Present* 134 (1992), p.7.
24. Al-Masudi, *Kitab al-Tanbih wa'l-ishraf*, in Bernard Lewis (org.), *Islam from the Prophet Muhammad to the Capture of Constantinople*, Nova York, Oxford University Press, 1987, vol.2, p.122.
25. Runciman, *The First Crusade*, p.139-49 (ver Prólogo, n.5).
26. E.S. Bouchier, *A Short History of Antioch*, Oxford, Basil Blackwell, 1921, p.231-2.
27. Raimundo de Aguilers, *Historia francorum qui ceperint Jerusalem*, citado em R.B. Yewdale, *Bohemond I, Prince of Antioch*, Amsterdã, Adolf M. Hakkert, 1970, p.53.
28. *Fulcher of Chartres*, p.43-4.
29. Thomas S. Asbridge, *The Creation of the Principality of Antioch, 1098-1130*, Woodbridge, Boydell Press, 2000, p.48.
30. Abu Saad al-Harawi, citado em Amin Maalouf, *The Crusades through Arab Eyes*, trad. Jon Rothschild, Nova York, Schocken Books, 1984, p.xiii. [Ed. bras.: *As Cruzadas vistas pelos árabes*, São Paulo, Brasiliense, 1988.] Maalouf observa que nem todos os historiadores árabes atribuem essas palavras exatas ao próprio al-Harawi. Ibn al-Athir, por exemplo, as atribui a um poeta inspirado pelo lamento do juiz.
31. Usama ibn Munqidh, *The Book of Contemplation: Islam and the Crusades*, trad. Paul M. Cobb, Harmondsworth, Penguin Classics, 2008, p.144.
32. Maalouf, *Crusades through Arab Eyes*, p.39-40.
33. Ibid., p.39-40.
34. Hillenbrand, *Crusades*, p.260.
35. Ibn Munqidh, *Book of Contemplation*, p.146.
36. Ibid., p.144.
37. Ibid., p.153.
38. Hillenbrand, *Crusades*, p.258.
39. Ibn al-Arabi, citado em Hillenbrand, *Crusades*, p.49. Trata-se de um intelectual religioso de al-Andalus e não do místico muçulmano mais famoso de mesmo nome.
40. Raimundo de Aguilers, "Historia Francorum", in *First Crusades*, Krey, p.261.
41. *First Crusade*, Peters, p.14-5.
42. *Crónica de Alfonso III*, citado em Phillip F. Kennedy, "Christian-Muslim Frontier in al-Andalus", in Dionisius A. Agius e Richard Hitchcock (orgs.), *The Arab Influence in Medieval Europe*, Reading, Ithaca Press, 1994, p.86.
43. Norman Daniel, *Islam and the West: The Making of an Image*, Oxford, One World, 1993, p.135-6.
44. Ibid., p.133.
45. Raimundo de Aguilers, "Historia Francorum", in *First Crusades*, Krey, p.260.
46. "Le Chanson d'Antioch", in *First Crusade*, Peters, p.305.
47. Nikita Elisseeff, "The reaction of the Syrian Muslims after the foundation of the First Latin Kingdom of Jerusalem", in Maya Shatzmiller (org.), *Crusaders and Muslims in Twelfth-Century Syria*, Leiden, E.J. Brill, 1993, p.163.
48. Hillenbrand, *Crusades*, p.72.
49. Ibid., p.73-4.

50. Daniel, *Islam and the West*, p.137.
51. Atiya, *Crusade*, p.171 (ver Prólogo, n.8).
52. David Abulafia, "The role of trade in Muslim-Christian contact during the Middle Ages", in *Arab Influence*, Agius e Hitchcock, p.1.
53. Ibid., p.10.

2. A Terra é como uma roda (p.48 a 76)

1. *Adelard of Bath*, Burnett, 3 (ver Prólogo, n.4).
2. Riley-Smith, *First Crusade*, 8 (ver Capítulo 1, n.7).
3. A.C. Crombie, *Augustine to Galileo*, Cambridge, MA, Harvard University Press, 1979, I, p.32.
4. Louise Cochrane, *Adelard of Bath: The First English Scientist*, Londres, British Museum Press, 1994, p.24.
5. As oito orações tal como definidas pela regra de são Bento são as seguintes: matinas ou vigília, laudes, prima, terça, sexta, noa, vésperas e completas. Ver Gerhard Dohrn-van Rossum, *History of the Hour: Clocks and Modern Temporal Orders*, trad. Thomas Dunlap, Chicago, University of Chicago Press, 1996, p.35.
6. Kenneth F. Welch, *Time Measurement: An Introductory History*, Londres, G. Bell and Sons, 1924, p.17.
7. Stephen C. McCluskey, *Astronomies and Cultures in Early Medieval Europe*, Nova York, Cambridge University Press, 1998, p.105-8.
8. Idem.
9. Welch, *Time Measurement*, p.15.
10. McCluskey, *Astronomies and Cultures*, p.112.
11. Ibid., p.111.
12. Para uma discussão do impacto da contagem do tempo monástica na criação da sociedade capitalista moderna, ver Lewis Mumford, *Technics and Civilization*, Nova York, Harcourt, Brace and World, 1963, p.12-7.
13. McCluskey, *Astronomies and Cultures*, p.85.
14. G.R. Evans, *Fifty Key Medieval Thinkers*, Londres, Routledge, 2002, p.42.
15. McCluskey, *Astronomies and Cultures*, p.115.
16. David C. Lindberg, *The Beginnings of Western Science: The European Scientific Tradition in Philosophical, Religious, and Institutional Context, 660 B.C. to A.D. 1450*, Chicago, University of Chicago Press, 1992, p.39.
17. Notker o Gago, *Notatio*, citado em Michael Idomir Allen, "Bede and Frechulf at Medieval St Gallen", in L.A.J.R. Houwen e A.A. MacDonald (orgs.), *Bela Venerabilis: Historian, Monk & Northumbrian*, Groningen, E. Forsten, 1996, p.65.
18. Charles Burnett, *The Introduction of Arabic Learning into England*, Londres, British Library, 1997, p.17.
19. Cochrane, *Adelard of Bath*, p.5-6.

20. Burnett, *Introduction of Arabic Learning*, p.13.
21. Ibid., p.13-7.
22. Ibid., p.3.
23. Donald R. Hill, *Studies in Medieval Islamic Technology*, Brookfield, VT, Ashgate, 1998, p.22.
24. Burnett, *Introduction of Arabic Learning*, p.12-3.
25. Gerberto de Aurillac, *The letters of Gerbert, with His Papal Privileges as Sylvesler II*, trad. Harriet Pratt Lattin, Nova York, Columbia University Press, 1959, p.37.
26. Emilie Savage-Smith, "Celestial mapping", in J.B. Harley e David Woodward (orgs.), *The History of Cartography*, vol.2, liv. 1, *Cartography in the Traditional Islamic and South Asian Societies*, Chicago, University of Chicago Press, 1987, p.24-5.
27. Escola de Gerberto, *De utilitatibus astrolabii*, citado em McCluskey, *Astronomies and Cultures*, p.165. Como mostra McCluskey, essa obra foi atribuída tanto a Gerberto como a um de seus estudantes, entre vários outros.
28. Bruce Dickey, "Adelard of Bath: An examination based on Heretofore Unexamined manuscripts", dissertação de Ph.D., Universidade de Toronto, 1982, p.25.
29. Foucher de Chartres, *The Letters and Poems of Fulbert of Chartres*, trad. Frederick Behrends, Oxford, Clarendon Press, 1976, p.261. Ver também McCluskey, *Astronomies and Cultures*, p.177, n.34. Sobre o uso mais antigo de palavras árabes, ver Burnett, *Introduction of Arabic Learning*, p.5.
30. McCluskey, *Astronomies and Cultures*, p.177.
31. Cochrane, *Adelard of Bath*, p.6.
32. Guilherme de Malmesbury, *History of the Kings of England*, trad. John Sharpe, Londres, Longman, Hurst, Rees, Orme, and Brown, 1815, p.199.
33. Citado em Bumett, *Introduction of Arabic Learning*, p.16.
34. Miguel Escoto, *Liber introductorius*, citado em Lynn Thorndike, *Michael Scot*, Londres, Thomas Nelson and Sons, 1965, p.93-4.
35. Richard Erdoes, *A.D. 1000: Living* on *the Brink of the Apocalypse*, Nova York, Harper and Row, 1988, p.90.
36. McCluskey, *Astronomies and Cultures*, p.177-8.
37. Cochrane, *Adelard of Bath*, p.3.
38. Ibid., p.3-5.
39. *Adelard of Bath*, Burnett, p.xvii-xviii (ver Prólogo, n.4).
40. Ibid., p.71.
41. Ibid.
42. Ibid., p.73.
43. Crombie, *Augustine to Galileo*, p.35.
44. Eugen Weber, *Apocalypses: Prophecies, Cults, and Millennial Beliefs Through the Ages*, Cambridge, MA, Harvard University Press, 1999, p.34-45. [Ed. bras.: *Após o Apocalipse: crenças de fim (e recomeço) de mundo*, São Paulo, Mercuryo, 2000.]
45. *The Confessions of St. Augustine*, trad. F.J. Sheed, Nova York, Sheed and Ward, 1942, p.247. [Ed. bras.: *Confissões*, Petrópolis, Vozes, 2002.]

46. Ibid., p.247-8.
47. Thomas of Chobham, MS Cambridge, Corpus Christi College 455, fs. 81-82, citado em D.L. d'Avray. *The Preaching of the Friars: Sermons Diffused from Paris Before 1300*, Oxford, Clarendon Press, 1985, p.232-3.
48. Debra Hassig, *Medieval Bestiaries: Text, Image, Ideology*, Cambridge, Cambridge University Press, 1995, p.xvii.
49. Ibid., p.40s.
50. Arthur Koestler, *The Sleepwalkers: A History of Man's Changing Vision of the Universe*, Londres, Arkana, 1989, p.89. [Ed. bras.: *O homem e o universo: os sonâmbulos*, São Paulo, Ibrasa, 1989.]
51. Cosmas Indicopleustes, *The Christian Topography*, trad. J.W. McCrindle, Londres, Haklyut Society, 1887, p.6. Ver também Koestler, *Sleepwalker*, p.93.
52. Isidoro de Sevilha, *The Etymologies*, trad. Stephen A. Barney, W.J. Lewis, J.A. Beach e Oliver Berghof, Cambridge, Cambridge University Press, 2006, p.286.
53. Ibid.
54. Koestler, *Sleepwalkers*, p.105.
55. Ibid., p.101-2.
56. René Girard, *The Girard Reader*, James G. Williams (org.), Nova York, Herder and Herder, 2004, p.100.
57. Guillaume de Machaut, *Judgment of the King of Navarre*, citado em Girard, *Girard Reader*, p.100.
58. Samuel K. Cohn Jr., "The black death and the burning of jews", *Past and Present*, 196, 2007, p.8-9.
59. Erdoes, *A.D. 1000*, p.1-7.
60. Ibid., p.8.
61. Cochrane, *Adelard of Bath*, p.11.
62. Ibid., p.11-2.
63. Crombie, *Augustine to Galileo*, p.33-4.
64. Para uma discussão do que ele chama "duplo pensamento" medieval, ver Koestler, *Sleepwalkers*, p.97-106.
65. J.A. Giles (org.), *The Venerable Bede's Ecclesiastical History of the English People*, Londres, Henry G. Bohn, 1847, p.291.
66. Maxime Rodinson, *Europe and the Mystique of Islam*, trad. Roger Veinus, Seattle, University of Washington Press, 1987, p.4.
67. David R. Blanks, "Islam and the West in the Age of the Pilgrim", in Michael Frassetto (org.), *The Year 1000: Religious and Social Response to the Turning of the First Millennium*, Nova York, Palgrave Macmillan, 2002, p.259.
68. Ibid., p.260-1.
69. Rodinson, *Europe and the Mystique*, p.7.
70. Norman Daniel, "Crusade Propaganda", in Harry W. Hazard e Norman P. Zacour (org.), *A History of the Crusades*, vol.6, *The Impact of the Crusades on Europe*, Madison, University of Wisconsin Press, 1989, p.54-5.

71. Allison Drew, "The De Eodem et Diverso", in Charles Burnett (org.), *Adelard of Bath: An English Scientist and Arabist of the Early Twelfth Century*, Londres, Warburg Institute, 1987, p.17-23.
72. *Adelard of Bath*, Burnett, p.91.

3. A Casa da Sabedoria (p.79 a 106)

1. Ibn al-Nadim, *The Fihrist of al-Nadim*, trad. Bayard Dodge, Nova York, Columbia University Press, 1970, p.650.
2. Pier Giovanni Donini, *Arab Travelers and Geographers*, Londres, Immel, 1991, p.21.
3. Al-Yaqubi, *Le Pays*, trad. Gaston Wiet, Cairo, L'Institut Français d'Archéologie Orientale, 1937, p.10.
4. Dimitri Gutas, *Greek Thought, Arabic Culture: The Graeco-Arabic Translation Movement in Baghdad and Early Abbasid Society*, Londres, Routledge, 1998, p.19.
5. Ibid., p.13-4.
6. Atiya, *Crusade*, 209 (ver Prólogo, n.8).
7. Jonathan Bloom, *Paper Before Print: The History and Impact of Paper in the Islamic World*, New Haven, CT, Yale University Press, 2001, p.48-51. Sobre a primeira fábrica de papel da cidade, ver Gaston Wiet, *Baghdad: Metropolis of tbe Abbasid Caliphate*, trad. Seymour Feiler, Norman, University of Oklahoma Press, 1971, p.70.
8. Johannes Pedersen, *The Arabic Book*, trad. Geoffrey French, Princeton, NJ, Princeton University Press, 1984, p.116-7.
9. Ibid., p.115-6.
10. Ruth S. Mackensen, "Four great libraries of Medieval Baghdad", *Library Quarterly* 2, 1932, p.280.
11. Pedersen, *Arabic Book*, p.52.
12. Saleh Ahmad El-Ali, "The foundation of Baghdad", in A.H. Hourani e S.M. Stern (org.), *The Islamic City*, Oxford, Bruno Cassirer, 1970, p.89-90.
13. Guy Le Strange, *Baghdad During the Abbasid Caliphate*, Westport, CT, Greenwood Press, 1983, p.17.
14. El-Ali, "Foundation of Baghdad", p.93-4.
15. Ibid., p.94.
16. Sayyid Maqbal Ahmad, *A History of Arab-Islamic Geography*, Amã, Al al-Bayt University, 1995, p.25.
17. Michael Cooperson, *Al Ma'mun*, Oxford, Oneworld, 2005, p.19-21.
18. Al-Yaqubi, *Le Pays*, p.4.
19. Ibid., p.5-6.
20. Citado em El-Ali, "Foundation of Baghdad", p.96-7.
21. Gutas, *Greek Thought, Arabic Culture*, p.33-46.
22. Ibid., p.43.
23. lbn Khaldun, *The Muqaddimah: An Introduction* to *History*, trad. Franz Rosenthal, Princeton, NJ, Princeton University Press, 1967, 3: 113-4.

24. Said al-Andalusi, *Science in the Medieval World: "Book of the Categories of Nations"*, trad. Semaan I. Salem e Alok Kumar, Austin, University of Texas Press, 1991, p.44.
25. Al-Masudi, *The Meadows of Gold*, trad. Paul Lunde e Caroline Stone, Londres, Kegan Paul, 1989, p.388.
26. Aydin Sayili, *The Observatory in Islam*, Ancara, Turk Tarih Kurumu Basimevi, 1960, p.53.
27. Hunayn ibn Ishaq, *Risalat*, citado em Max Meyerhof, "New light on Humain ibn Ishaq and his period", *Isis* 8, n.4, 1926, p.690.
28. Gutas, *Greek Thought, Arabic Culture*, p.2.
29. Para uma discussão detalhada do impacto profundo e duradouro dessa competição, ver Saliba, *Islamic Science*, p.27-72 (ver Prólogo, n.12).
30. Pedersen, *Arabic Book*, p.21-2.
31. Al-Biruni, *The Determination of the Coordinates of Cities: Al-Biruni's Tahid al-Amakin*, trad. Jamil Ali, Beirute, Centennial Publications, 1967, p.191.
32. Gutas, *Greek Thought, Arabic Culture*, p.137.
33. J.H. Kramers, "The language of the Koran", in *Analecta Orientalia*, vol.2, Leiden, Holanda, E.J. Brill, 1954, p.164-5.
34. Gutas, *Greek Thought, Arabic Culture*, p.65-9.
35. Pedersen, *Arabic Book*, p.28.
36. Al-Masudi, citado em Cooperson, *Al Ma'mun*, p.22.
37. Ibn al-Nadim, *Fihrist of al-Nadim*, p.254.
38. Abu Qurra, citado em Mark N. Swanson, "The Christian al-Mamun tradition", in David Thomas (org.), *Christians at the Heart of Islamic Rule*, Leiden, E.J. Brill, 2003, p.67.
39. Gutas, *Greek Thought, Arabic Culture*, p.108-9.
40. Lynn Thorndike, "The true place of astrology in the History of Science", *Isis* 46, n.145, 1955, p.277.
41. Abu-Sahl, *Kitab an-Nahmutan*, in Gutas, *Greek Thought, Arabic Culture*, p.46.
42. Cooperson, *Al Ma'mun*, p.1-4 e 111-2.
43. Sayili, *Observatory in Islam*, p.4-7.
44. Habash al-Hasib, citado em David A. King, "Too many cooks... A newly rediscovered account of the First Islamic Geodetic measurements", *Suhayl-Journal for the History of the Exact and Natural Sciences in Islamic Civilisation* I, 2000, p.217.
45. Al-Biruni, *Determination of the Coordinates*, p.183.
46. Bernard R. Goldstein, "The making of astronomy in Early Islam", *Nuncius: Annali di Storia Della Scienza* 1, 1986, p.87.
47. Habash al-Hasib, citado em Sayili, *Observatory in Islam*, p.56-7.
48. Sayili, *Observatory in Islam*, p.57.
49. Arin era a designação árabe, aparentemente baseada numa transliteração errada de textos hindus. Está associada à cidade indiana de Ujjain, no estado de Madhya Pradesh.
50. Bernard R. Goldstein (org.), *Ibn al-Muthanna's Commentary on the Astronomical Tables of al-Khwarizmi*, New Haven, CT, Yale University Press, 1967, p.3-4.

51. D.A. King e J. Samsó, "Astronomical handbooks and tables from the Islamic World (750-1900): An interim report", *Suhayl-Journal for the History of the Exact and Natural Sciences in Islamic Civilisation* 2, 2001, p.31.
52. David Eugene Smith e Louis Charles Karpinski, *The Hindu-Arabic Numerals*, Boston, Ginn and Co., 1911, p.6.
53. Georges Ifrah. *The Universal History of Numbers: From Prehistory to the Invention of the Computer*, trad. David Bellos, E.F. Harding, Sophie Wood e Ian Monk, Nova York, John Wiley, 2000, p.529. [Ed. bras.: *Os números: a história de uma grande invenção*, São Paulo, Globo, 1992.]
54. Owen Gingerich, "Islamic astronomy", *Scientific American* 254, abr 1986, p.70A.
55. *Ibn al-Muthanna*, Goldstein, p.4.
56. Ibn al-Nadim, *Fihrist of al-Nadim*, p.625.
57. King e Samsó, "Astronomical handbooks and tables", p.14.
58. Bernard R. Goldstein e David Pingree, "The astronomical tables of al-Khwarizmi in a 19th Century Egyptian Text", *Journal of the American Oriental Society* 98, n.1, 1978, p.96-9.
59. Smith e Karpinski, *Hindu-Arabic Numerals*, p.92.
60. Al-Khwarizmi, *Kitab al jam wa'l tafriq bi hisab al hind*, citado em Ifrah, *Universal History of Numbers*, p.364-5.
61. J.J. Berggren, *Episodes in the Mathematics of Medieval Islam*, Nova York, Springer-Verlag, 2003, p.7.
62. Al-Khwarizmi, *The Algebra of Mohammad ben Musa*, trad. Frederic Rosen, Hildesheim, Alemanha, George Olms Verlag, 1986, p.3.
63. Berggren, *Episodes in the Mathematics*, p.63-4.
64. Ibid., p.7.
65. Roshdi Rashed, *The Development of Arabic Mathematics: Between Arithmetic and Algebra*, trad. A.F.W. Armstrong, Dordrecht, Kluwer Academic Publishers, 1994, p.14.
66. O. Neugebauer, "The astronomical tables of Al-Khwarizmi", *Det Kongelige Danske Videnskabernes Selskaber Historisk-Filosofiske Skrifter* 4, n.2, 1962, p.46.
67. Ibid., p.23.
68. James Evans, *The History and Practice of Ancient Astronomy*, Nova York, Oxford University Press, 1998, p.23-34.
69. Goldstein, "The making of astronomy", p.86-7.
70. Gutas, *Greek Thought, Arabic Culture*, p.75-85.
71. Ibid., p.88.
72. Al-Masudi. *Muruj al-dahab*, citado em Gutas, *Greek Thought, Arabic Culture*, p.89.
73. Ibn al-Nadim, *Fihrist of al-Nadim*, p.583-4.

4. **Mapeando o mundo** (p.107 a 132)

1. Para o Alcorão, o autor utilizou a tradução para o inglês de Marmaduke Pickthall, *The Meaning of the Glorious Koran: An Explanatory Translation*, Nova York, Alfred A. Knopf,

1909, eventualmente modernizando o uso um tanto arcaico do idioma por parte de Pickthall. [Em português, com a mesma ressalva, utilizou-se a tradução de Samir El-Hayek acessível no site www.islam.com.br/quoran/traducao/index.htm.]

2. J.H. Kramers, *Analecta Orientalia: Posthumous Writings and Selected Minor Works*, Leiden, Holanda, E.J. Brill, 1954, vol.2, p.235-8.
3. Alfred T. Welch, "Muhammad: Life of the prophet", *Oxford Encyclopedia of the Modem Islamic World*, Nova York, Oxford University Press, 1995, vol.3, p.159.
4. W. Montgomery Watt, *Muhammad at Medina*, Londres, Oxford University Press, 1956, p.195.
5. Ibid., p.198-201.
6. Watt, *Muhammad at Medina*, p.205.
7. Ibid., p.202.
8. Ibn Yunis, de uma tradução em prosa de um poema em David A. King, *In Synchrony with the Heavens: Studies in Astronomical Timekeeping and Instrumentation in Medieval Islamic Civilization*, Leiden, E.J. Brill, 2004, p.215. King observa que o poema foi atribuído tanto a Ibn Yunis como ao famoso erudito jurídico al-Shafi, mas ele justifica sua preferência pela primeira hipótese com base numa análise de seu conteúdo.
9. King, *In Synchrony*, p.547.
10. Ibid., p.xvii.
11. Ibn al-Ukhuwwa, *Ma'alim al-qurba*, citado em King, *In Synchrony*, p.637-8.
12. Zayn al-Din al-Dimyati, Oxford, Bodleian Library MS March 592, citado em David A. King e Richard P. Lorch, "Qibla charts, Qibla maps, and related instruments", in *The History of Cartography*, vol.2, livro I, J.B. Harley e David Woodward (orgs.), *Cartography in the Traditional Islamic and South Asian Societies*, Chicago, University of Chicago Press, 1987, p.190.
13. King e Lorch, "Qibla charts, Qibla maps", p.189, n.3.
14. A.J. Wensinck, "Kibla", in *The Encyclopedia of Islam*, vol.5, Leiden, E.J. Brill, 1960, p.87.
15. Ibid., p.189-93.
16. David A. King, "The sacred direction in Islam: A study of the interaction of religion and science in the Middle Ages", *Interdisciplinary Science Reviews* 10 (1985), p.321.
17. Suliman Bashear, "Qibla Mushartiqa and Early Muslim prayer in churches", *The Muslim World* 81, n.3-4, 1991, p.268.
18. A.J. Wensinck, "Kibla", in *The Encyclopedia of Islam*, vol.5, Leiden, E.J. Brill, 1960, p.87.
19. David A. King, *Astronomy in the Service of Islam*, Brookfield, VT, Variorum, 1993, p.257.
20. Carl Schoy, "The geography of the Muslims of the Middle Ages", *Geographical Review* 14, n.2, 1924, p.261.
21. Fuat Sezgin, *Mathematical Geography and Cartography in Islam and their Continuation on the Occident*, Frankfurt am Main, Institute for the History of Arabic-Islamic Science, 2005, I, p.159-60.
22. Peter J. Lu e Paul K. Steinhardt, "Decagonal and Quasi-Crystalline Tilings in medieval islamic architecture", *Science* 315, 2007, p.1:106.

23. Donald R. Hill, "Arabic fine technology and its influence on European Mechanical Engineering", in *Arab Influence*, Agius e Hitchcock, p.29-30 (ver Capítulo 1, n.42).
24. Ibid., p.27.
25. A. Jon Kimerling, "Cartographic methods for determining the Qibla", *Journal of Geography* 101, 2002, p.20-2.
26. Al-Masudi, *Muruj al-dahab*, citado em Donini, *Arab Travelers and Geographers*, p.24 (ver Capítulo 3, n.2).
27. Donini, *Arab Travelers and Geographers*, p.30.
28. Ibid., p.31.
29. Al-Masudi, *Kitab al-Tanbih wa'l-israf*, citado em Sezgin, *Mathematical Geography*, p.78.
30. Abu Abdallah al-Zuhri, *Kitab al-gughrafiyah*, citado em Sezgin, *Mathematical Geography*, p.79.
31. Donini, *Arab Travelers and Geographers*, p.36.
32. Sezgin, *Mathematical Geography*, p.99.
33. Nafis Ahmad, *Muslims and the Science of Geography*, Dacca University Press, 1980, p.4.
34. Al-Muqaddasi, *The Best Divisions for Knowledge of the Regions*, trad. Basil Anthony Collins, Reading, Garnet Publishing, 1994, p.3.
35. Ibid., p.xxv.
36. Ibid., p.45.
37. Sayyid Maqbul Ahmad estima o peso do mapa planisférico de prata com base no relato do próprio al-Idrisi. Ver Ahmad, "Cartography of al-Sharif al-Idrisi", in *History of Cartography*, vol.2, livro I, p.159, n.32.
38. Ibn Jubayr, *The Travels of Ibn Jubayr*, trad. R.J.C. Broadhurst, Londres, J. Cape, 1952, p.348.
39. Hiroshi Takayama, "Law and monarchy in the South", in David Abulafia (org.), *Italy in the Central Middle Ages, 1000-1300*, Oxford, Oxford University Press, 2004, p.64-7.
40. Hubert Houben, *Roger II of Sicily: A Ruler Between East and West*, trad. Graham A. Lound e Diane Milburn, Cambridge, Cambridge University Press, 2002, p.18.
41. Edmund Curtis, *Roger of Sicily and the Normans in Lower Italy, 1016-1154*, Nova York, G.P. Putnam's Sons, 1912, p.308.
42. David Abulafia, "The crown and the economy under Roger II and his successors", *Dumbarton Oaks Papers* 37, 1993, p.8.
43. Houben, *Roger II of Sicily*, p.107.
44. Curtis, *Roger of Sicily*, p.297.
45. J.F.P. Hopkins, "Geographical and navigational literature", in M.J.L. Young, J.D. Latham e R.B. Serjeant (orgs.), *Religion, Learning and Science in the Abbasid Period*, Cambridge, Cambridge University Press, 1990, p.318.
46. Al-Safadi, citado em Sayyid Maqbal Ahmad, *History of Arab-Islamic Geography*, p.163.
47. Al-Idrisi, *Opus geographicum*, citado em Ahmad, "Cartography of al-Sharif al-Idrisi", p.163.
48. Ahmad, "Cartography of al-Sharif al-Idrisi", p.167-9.

49. George H.T. Kimble, *Geography in the Middle Ages*, Londres, Methuen and Co., 1938, p.57.
50. Curtis, *Roger of Sicily*, p.316.
51. "The horizons of al-Idrisi in the Eleventh Century", in Tabish Khair et alii (orgs.), *Other Routes: 1500 Years of African and Asian Travel Writing*, Bloomington, Indiana University Press, 2005, p.86.
52. Sezgin, *Mathematical Geography*, p.342.
53. Ibid., p.541-2.
54. Idem.
55. Ibid., p.309. Detalhes do relato de Vasco da Gama sobre sua viagem à Índia podem ser encontrados em João de Barros, *Ásia*, Lisboa, Imprensa Nacional-Casa da Moeda, 1988, p.152.
56. Para uma discussão da influência árabe sobre Colombo, ver J.H. Kramers, "Geography and commerce", in *Religion, Learning and Science*, p.93-4. Ver também Donini, *Arab Travelers and Geographers*, p.37.
57. Smith e Karpinski, *Hindu-Arabic Numerals*, p.139 (ver Capítulo 3, n.52).
58. Curtis, *Roger of Sicily*, p.309.
59. Houben, *Roger II of Sicily*, p.179.
60. Al-Idrisi, *Opus geographicum*, citado em Karla Mallette, *The Kingdom of Sicily, 1100-1250: A Literary History*, Filadélfia, University of Pennsylvania Press, 2005, p.146.
61. Al-Idrisi, *Opus geographicum*, citado em Ahmad, "Cartography of al-Sharif al-Idrisi", p.159.
62. Ibid., p.163.
63. Kent Ljungquist, "Poe's Nubian geographer", *American Literature* 48, n.1, 1976, p.73.
64. Kramers, "Geography and commerce", p.82.
65. Houben, *Roger II of Sicily*, p.179.
66. Romualdo de Salerno, ibid., p.179.

5. O primeiro homem de ciência (p.135-60)

1. Allison Drew, "De Eodem et Diverso", p.20 (ver Capítulo 2, n.71).
2. Estêvão de Pisa, *Haly filius abbas*, citado em Charles Burnett, "Antioch as a link between arabic and latin culture in the Twelfth and Thirteenth Centuries", in Isabelle Draelants et alii (orgs.), *L'Occident et le Proch-Oriente au temps des crusades: actes du colloque de Louvain-la-Neuve, 24 et 25 mars 1997*, Louvain-la-Neuve, Bélgica, Brepols, 2000, p.6.
3. Estêvão de Pisa, *Haly filius abbas*, citado em Charles Homer Haskins, *Studies in the History of Mediaeval Science*, Cambridge, MA, Harvard University Press, 1927, p.135.
4. Burnett, "Antioch as a link", p.6.
5. Burnett, *Adelard of Bath*, p.83 (ver Prólogo, n.4).

6. Ibid., p.91.
7. Charles Burnett, "Talismans: Magic as science? Necromancy among the seven liberal arts", in *Magic and Divination in the Middle Ages: Texts and Techniques in the Islamic and Christian Worlds*, Aldershot, Variorum, 1996, p.7.
8. Para um texto completo em inglês e latim, ver Charles Burnett, "Magister Iohannes Hispalensis et Limiensis and Qusta ibn Luqa's *'De differentia spiritus et animae'*: A portuguese contribution to the arts curriculum?", in *Mediaevalia, textos e estudos* 7-8 (1995), p.252-5. Como Burnett observa, Richard Joseph Lemay foi o primeiro a identificar esse "certo antioquiano" com Adelardo de Bath. Ver Lemay, "The true place of astrology in medieval science and philosophy: Towards a definition", in Patrick Curry (org.), *Astrology, Science, and Society: Historical Essays*, Woodbridge, Boydell Press, 1987, p.70.
9. Burnett, "Talismans: Magic as science?", p.13.
10. Lynn Thorndike, "Traditional medieval tracts concerning engraved images", in *Mélanges Auguste Pelzer*, Louvain, Bibliothèque de l'Université, 1947, p.231.
11. Adelardo de Bath, *Liber prestigiorum*, citado em Burnett, *Introduction of Arabic Learning*, p.41 (ver Capítulo 2, n.18).
12. Emilie Savage-Smith (org.), *Magic and Divination in Early Islam*, Burlington, VT, Ashgate, 2004, p.xxiii.
13. Adelardo de Bath, *Liber prestigiorum*, citado em Burnett, "Talismans: Magic as science", p.10.
14. S.J. Tester, *A History of Western Astrology*, Woodbridge, Boydell Press, 1987, p.23.
15. Richard Kieckhefer, *Magic in the Middle Ages*, Cambridge, Cambridge University Press, 1990, p.122.
16. Cyril Stanley Smith e John G. Hawthorne (orgs.), *Mappae Clavicula: A Little Key to the World of Medieval Techniques*, Filadélfia, American Philosophical Society, 1974, p.9.
17. Cochrane, *Adelard of Bath*, p.37 (ver Capítulo 2, n.4).
18. Charles Burnett e Louise Cochrane, "Adelard and the *Mappae Clavicula*", in *Adelard of Bath: An English Scientist and Arabist of the Early Twelfth Century*, Londres, Warburg Institute, 1987, p.29-31. Ver também Cochrane, *Adelard of Bath*, p.36-9.
19. Cochrane, *Adelard of Bath*, p.36-7.
20. Bruce T. Moran, *Distilling Knowledge: Alchemy, Chemistry, and the Scientific Revolution*, Cambridge, MA, Harvard University Press, 2005, p.11-2.
21. Para uma discussão dos aspectos religiosos da alquimia islâmica e suas relações com a química moderna, ver Seyyed Hossein Nasr, "Islamic alchemy and the birth of chemistry", *Journal for the History of Arabic Science* 3, n.1, 1979, p.40-5.
22. Nasr, "Islamic Alchemy", p.40-5.
23. Roger Bacon, *Opus Tertium*, citado em Crombie, *Augustine to Galileo*, p.69 (ver Capítulo 2, n.3).
24. Moran, *Distilling Knowledge*, p.33.
25. Ibid., p.32-3.
26. Smith e Hawthorne, *Mappae Clavicula*, p.4.

27. Roberto de Ketton, *The Book of the Composition of Alchemy*, citado em Eric John Holmyard, *Makers of Chemistry*, Oxford, Clarendon Press, 1931, p.86. Roberto era também conhecido como Roberto de Chester, entre outros nomes.
28. William R. Newman (org.), *The* Summa perfectionis *of Pseudo-Geber: A Critical Edition, Translation and Study*, Leiden, E.J. Brill, 1991, p.5.
29. Moran, *Distilling Knowledge*, p.9.
30. Lindberg, *Beginnings of Western Science*, p.87 (ver Capítulo 2, n.16).
31. Thomas L. Heath, *A History of Greek Mathematics*, Oxford, Clarendon Press, 1921, I, p.365.
32. Jeremy Gray, "Geometry", in *New Dictionary of the History of Ideas*, Detroit, Thomson Gale, 2005, 3, p.92.
33. H.L.L. Busard, *The First Latin Translation of Euclid's Elements Commonly Ascribed to Adelard of Bath*, Toronto, Pontifical Institute of Mediaeval Studies, 1983, p.3.
34. Gutas, *Greek Thought, Arabic Culture*, p.120.
35. Estudiosos da ciência medieval identificaram pelo menos três textos primeiros de Euclides, conhecidos por convenção como *Adelard I*, *Adelard II* e *Adelard III*. Análise textual, referências cruzadas e outras pistas alimentaram um debate animado que continua em andamento. Marshall Clagett foi o primeiro a estabelecer a abordagem básica. Ver Clagett, "The medieval latin translations from the arabic of the *Elements* of Euclid, with special emphasis on the versions of Adelard of Bath", *Isis* 44, 1953, p.16-42. Para outros estudos e opiniões contrastantes, ver Busard, *First Latin Translation*; Richard Lorch, "Some remarks on the Arabic-Latin Euclid", e Menso Folkerts, "Adelard's version of Euclid's *Elements*", ambos em *Adelard of Bath: An English Scientist*, p.45-54; e Busard e Folkerts, *Robert of Chester's* (?) *Redaction of Euclid's* Elements, *the So-called Adelard II Version*, 2 vols., Basileia, Birkhauser Cerlag, 1992.
36. Clagett, "Medieval latin translations", p.23.
37. Haskins, *Studies*, p.25.
38. Jean Jolivet, "The arabic inheritance", in Peter Dronke (org.), *A History of Twelfth-Century Western Philosophy*, Cambridge, Cambridge University Press, 1988, p.122.
39. Para uma lista comparativa do uso de terminologia técnica, ver Busard, *First Latin Translation*, p.391-6.
40. Burnett, *Introduction of Arabic Learning*, p.42.
41. Folkerts, "Adelard's version", p.58-9.
42. A.C. Crombie, "Science", in Austin Lane Poole (org.), *Medieval England*, Oxford, Clarendon Press, 1958, p.580.
43. *Adelard of Bath*, Burnett, p.xi (ver Prólogo, n.4).
44. Hermano o Alemão, citado em F.M. Powicke, "Robert Grosseteste and the Nichmachean ethics", *Proceedings of the British Academy* 16, 1930, p.88. Ver também Roger French e Andrew Cunningham, *Before Science: The Invention of the Friars' Natural Philosophy*, Aldershot, Scolar Press, 1996, p.231.
45. French e Cunningham, *Before Science*, p.232. Os autores sustentam que o interesse de Roberto pela geometria no que diz respeito à natureza não é o de medir e calcular,

mas o de estender sua concepção neoplatônica da natureza. Não obstante, a introdução da geometria nas discussões sobre o tema marcou um avanço importante no surgimento do pensamento científico. Para saber mais sobre as inovações de Roberto no método científico primitivo, ver A.C. Crombie, *Robert Grosseteste and the Origins of Experimental Science, 1100-1700*, Oxford, Clarendon Press, 1971.

46. Jeremiah M. Hackett, "Adelard of Bath and Roger Bacon: Early english natural philosophers and scientists", *Endeavour* 26, n.2, 2002, p.73.

47. Cochrane, *Adelard of Bath*, p.65-6.

48. John H. Harvey, *The Medieval Architect*, Londres, Wayland, 1972, p.96.

49. John H. Harvey, "Geometry and gothic design", *Transactions of the Ancient Monuments Society* 30, 1986, p.47-8.

50. E.H. Gombrich, *The Story of Art*, Englewood Cliffs, NJ, Prentice Hall, 1995, p.185-6.

51. Ivor Bulmer-Thomas, "Euclid and medieval architecture", *Archaeological Journal* 136, 1979, p.141-4.

52. Cooke MS, British Museum MS 23198, 145-7, citado em Bulmer-Thomas, "Euclid and medieval architecture", p.145.

53. Jean Gimpel, *The Cathedral Builders*, trad. Teresa Waugh, Nova York, Grove Press, 1983, p.82-4.

54. Cochrane, *Adelard of Bath*, p.81.

55. Raymond Mercier, "Astronomical tables in the 12th Century", in *Adelard of Bath: An English Scientist and Arabist of the Early Twelfth Century*, p.87.

56. Margaret Gibson, "Adelard of Bath", in *Adelard of Bath: An English Scientist and Arabist of the Early Twelfth Century*, p.14.

57. Mercier, "Astronomical tables", p.88.

58. Ibid. Ver também Burnett, *Introduction of Arabic Learning*, p.3.

59. Burnett, *Introduction of Arabic Learning*, p.2.

60. Al-Andalusi, *Science*, 64 (ver Capítulo 3, n.24).

61. *Adelard of Bath*, Burnett, p.69.

62. Idem.

63. Mercier, "Astronomical tables", p.99-100.

64. João de Worcester, *Chronicon Iohannis Wigornensis*, trad. Patrick McGurk, Oxford, Clarendon Press, 1998, 3, p.259-60.

65. João de Salisbury, *Policraticus*, p.2, citado em Gibson, "Adelard of Bath", p.16.

66. Adelardo de Bath, *Questions on Natural Science*, p.99.

67. Ibid., p.225.

68. Ibid., p.227.

69. Ibid., p.91.

70. Ibid., p.227.

71. *Adelard of Bath*, Burnett, p.xxxi-xxxii.

72. Mercier, "Astronomical tables", p.89.

73. Charles Burnett sugeriu que o conhecimento de árabe de Adelardo talvez fosse muito pouco ou praticamente nulo e que ele se baseou em informantes e profes-

sores árabes em vez de em textos arábicos. Isso é difícil de conciliar com algumas das traduções atribuídas a ele, que Burnett e outros geralmente aceitam, embora pudessem ser possíveis com a ajuda de intermediários de confiança. Mesmo assim, o argumento "contra" Adelardo baseia-se fortemente na ausência de material escrito em árabe em algumas de suas obras subsistentes. Seu papel crucial de transmissor do saber arábico e sua postura revolucionária quanto à importância da experiência direta e da razão em relação à autoridade escrita permanecem intocados por qualquer debate sobre seu grau de proficiência linguística. Ver Burnett, "Adelard of Bath and the arabs", in *Rencontres de cultures dans la philosophie medievale*, Louvain-la-Neuve, Cassino, 1990, p.89-107. Para uma opinião contrária, ver a obra clássica de Haskins, *Studies*, p.5-42.

74. Adelardo de Bath, *Questions on Natural Science*, p.105.
75. Ibid., p.83.
76. Idem.
77. Ibid., p.103.
78. Adelardo de Bath, *Questions on Natural Science*, citado em Cochrane, *Adelard of Bath*, p.45.

6. "O que é dito da esfera..." (p.161-179)

1. Charles Homer Haskins, "The reception of arabic science in England", *English Historical Review* 30, n.117, 1915, p.56-7.
2. Richard W. Southern, *Medieval Humanism*, Nova York, Harper and Row, 1970, p.167, n.1.
3. Walcher of Malvern, Oxford, Bodleian Library MS Auct. F.I. 9, f.90, citado em Southern, *Medieval Humanism*, p.167.
4. Southern, *Medieval Humanism*, p.163-4.
5. Burnett, *Introduction of Arabic Learning*, p.15-6 (ver Capítulo 2, n.18).
6. Southern, *Medieval Humanism*, p.169.
7. Mercier, "Astronomical tables", p.99-100.
8. María Rosa Menocal, *The Ornament of the World: How Muslims, Jews, and Christians Created a Culture of Tolerance in Medieval Spain*, Boston, Little, Brown, 2002, p.151. [Ed. bras.: *O ornamento do mundo: como muçulmanos, judeus e cristãos criaram uma cultura de tolerância na Espanha medieval*, Rio de Janeiro, Record, 2004.]
9. Por exemplo, ver Bernard Septimus, "Petrus Alfonsi on the cult at Mecca", *Speculum* 56, n.3, 1981, p.517-33.
10. Paul Kunitzsch, "Al-Khwarizmi as a source for the Sententie astrolabii", in David A. King e George Saliba (orgs.), *From Deferent to Equant*, Nova York, New York Academy of Sciences, 1987, p.227-36.
11. Burnett, *Introduction of Arabic Learning*, p.16.
12. McCluskey, *Astronomies and Cultures*, p.186-7 (ver Capítulo 2, n.7).

13. Haskins, "Reception of arabic science", p.58.
14. McCluskey, *Astronomies and Cultures*, p.180.
15. Ibid., p.180-3.
16. Tem havido um considerável debate acadêmico sobre a data de *Sobre o uso do astrolábio*. Sua dedicatória ao príncipe Henrique Plantageneta, futuro Henrique II, na "idade do juízo" indicaria que Henrique tinha cerca de 16 anos na época. Isso colocaria a obra em torno de 1149 ou 1150. Para essa opinião, ver Dickey, "Adelard of Bath", p.64-70 (ver Capítulo 2, n.28). Charles Homer Haskins prefere uma data um pouco anterior, 1142-1146. Ver Haskins, *Studies*, p.28-9 (ver Capítulo 5, n.3). Foi certamente uma das últimas obras de Adelardo, pois se refere a vários de seus textos anteriores e pressupõe que o leitor está familiarizado com eles.
17. Adelardo de Bath, *Sobre o uso do astrolábio*, citado em Cochrane, *Adelard of Bath*, p.98 (ver Capítulo 2, n.4).
18. Adelardo de Bath, *Sobre o uso do astrolábio*, citado em Dickey, "Adelard of Bath", p.11-2.
19. Dickey, "Adelard of Bath", p.8.
20. Haskins, *Studies*, p.28.
21. Dickey, "Adelard of Bath", p.27.
22. Ibid., p.13.
23. Cochrane, *Adelard of Bath*, p.98.
24. Dickey, "Adelard of Bath", p.19-20.
25. Platão, *Timaeus*, in Benjamin Jowett (org.), *The Dialogues of Plato*, Oxford, Oxford University Press, 1953, 3, p.719.
26. Thomas S. Kuhn, *The Copernican Revolution: Planetary Astronomy in the Development if Western Thought*, Cambridge, MA, Harvard University Press, 1957, p.29-38.
27. Ibid., p.45-8.
28. Ibid., p.55-9.
29. Ibid., p.70.
30. Tester, *Western Astrology*, p.153 (ver Capítulo 5, n.14).
31. Emmanuel Poulle, "Le traite de l'Astrolabe d'Adelard de Bath", in *Adelard of Bath: An English Scientist*, p.121.
32. *Chartularium universitatis Parisiensis*, citado em Lynn Thorndike, *University Records and Life in the Middle Ages*, Nova York, W.W. Norton, 1975, p.26-7.
33. Ibid., p.78-9.
34. Etienne Gilson, *Reason and Revelation in the Middle Ages*, Nova York, Charles Scribner's Sons, 1938, p.17.
35. Fernand van Steenberghen, *Aristotle in the West: The Origins of Latin Aristotelianism*, trad. Leonard Johnston, Louvain, E. Nauwelaerts, 1955, p.32-9.
36. Para uma discussão do impacto limitado da filosofia natural aristotélica no início do século XII, ver John Marenbon, *Later Medieval Philosophy (1150-1350)*, Londres, Routledge and Kegan Paul, 1987, p.54-6.
37. Roger Bacon, *Opus Majus*, p.63 (ver Prólogo, n.9).
38. Van Steenberghen, *Aristotle in the West*, p.109.

39. Burnett, "Antioch as a link", p.3-4 (ver Capítulo 5, n.2).
40. Abu Mashar, *The Abbreviation of the Introduction to Astrology: Together with the Medieval Translation of Adelard of Bath*, trad. Charles Burnett, Keiji Yamamoto e Michio Yano, Leiden, E.J. Brill, 1994, p.13.
41. Richard Joseph Lemay, *Abu Mashar and Latin Aristotelianism in the 12th Century*, Beirute, American University of Beirut Press, 1962, p.xxxvii.
42. Alberto Magno, *De vegetabilis et plantis*, citado em Thorndike, "True place of astrology", p.275 (ver Capítulo 3, n.40).
43. Thorndike, "True place of astrology", p.277.
44. Adelardo de Bath, citado em *Abbreviation of the Introduction*, p.15.
45. Idem.
46. Lemay, *Abu Mashar*, p.3-4.
47. Lemay, "True place of astrology", p.68 (ver Capítulo 5, n.8).
48. *Abu Mashar on Historical Astrology: The Book of Religions and Dynasties (On the Great Conjunctions)*, trad. Keiji Yamamoto e Charles Burnett. Leiden, E.J. Brill, 2000, p.3.
49. Lemay, "True place of astrology", p.57.
50. Ibid., p.58-9.
51. Edward Grant, *God and Reason in the Middle Ages*, Cambridge, Cambridge University Press, 2001, p.89.
52. Lemay, "True place of astrology", p.58-9.
53. Tester, *Western Astrology*, p.153.
54. J.D. Lipton, "The rational evaluation of astrology in the period of the arabo-latin translations, ca. 1126-1187 A.D.", diss. de Ph.D., Universidade da Califórnia, Los Angeles, 1978, p.211-7. Ver também J.D. North, "Some norman horoscopes", in *Adelard of Bath: An English Scientist and Arabist of the Early Twelfth Century*, p.149.
55. Para uma análise detalhada dos horóscopos e estimativas de suas datas e locais, ver North, "Some norman horoscopes" (p.147-61), no qual esse relato se baseia. North propõe Roberto de Ketton, o proeminente tradutor e cientista, como o único outro candidato possível, mas logo o descarta por sua falta de conexões conhecidas com o trono.
56. Burnett, *Introduction of Arabic Learning*, p.46.

7. "Os filósofos mais sábios do mundo" (p.180-203)

1. Edward Grant, *The Foundations of Modern Science in the Middle Ages*, Cambridge, Cambridge University Press, 1996, p.24.
2. Anthony Pym, *Negotiating the Frontier: Translators and Intercultures in Hispanic History*, Manchester, St. Jerome Publishing, 2000, p.48.
3. Abd al-Rahman, "The palm tree", trad. D. Fairchild Ruggles, *Gardens, Landscape, and Vision in the Palaces of Islamic Spain*, University Park, Pennsylvania State University Press, 2000, p.42.

4. Ibn Khaldun, *The Muqaddimah, An Introduction to History*, trad. Franz Rosenthal, Princeton, Princeton University Press, 1967, 1, p.303.
5. Andrew M. Watson, *Agricultural Innovation in the Early Islamic World: The Diffusion of Crops and Farming Techniques, 700-1100*, Cambridge, Cambridge University Press, 1983, p.92.
6. Ibid., p.80-4.
7. Ibid., p.70-1.
8. Os respectivos termos são *asdad*, *saqiya*, *naura*, e *saniya*. Ver Expiración García Sánchez, "Agriculture in Muslim Spain", in Salma Khadra Jayyusi (org.), *The Legacy of Muslim Spain*, Leiden, E.J. Brill, 1994, p.996.
9. J. Vernet, "Natural and technical sciences in al-Andalus", in *Legacy of Muslim Spain*, p.939.
10. Alvaro, citado em Robert Hillenbrand, "The ornament of the world: Medieval Cordoba as a cultural center", in *Legacy of Muslim Spain*, p.115.
11. Menocal, *Ornament of the World*, p.42-3 (ver Capítulo 6, n.8).
12. Al-Jahiz, "Epistle on singing girls", citado em Roger Boase, "Arab influences on European love poetry", in *Legacy of Muslim Spain*, p.466.
13. Menocal, *Ornament of the World*, p.124-5.
14. Roger Boase, "Arab influences", p.466-73. Para uma análise detalhada do grau da influência árabe nos trovadores, que continua controvertida nos círculos acadêmicos, ver também María Rosa Menocal, *The Arabic Role in Medieval Literary History: A Forgotten Heritage*, Filadélfia, University of Pennsylvania Press, 1987.
15. Ibn Hawqal, citado em Richard Fletcher, *Moorish Spain*, Nova York, Henry Holt, 1992, p.65.
16. Luce López-Baralt, "The legacy of Islam in Spanish literature", in *Legacy of Muslim Spain*, p.511-2.
17. Miquel Forcada, "Books of Anwa in al-Andalus", trad. Michael Kennedy, in Maribel Fierro e Julio Samsó (orgs.), *The Formation of al-Andalus: Language, Religion, Culture and the Sciences*, Aldershot, Ashgate, 1998, p.311.
18. *Calendar of Cordoba*, citado em McCluskey, *Astronomies and Cultures*, p.166-8 (ver Capítulo 2, n.7).
19. García Sánchez, "Agriculture in Muslim Spain", in *Legacy of Muslim Spain*, p.997.
20. Ibn Idhari, *al-Bayan al-mughrib*, citado em Robert Hillenbrand, "Ornament of the world", p.127.
21. W. Montgomery Watt, *A History of Islamic Spain*, Edimburgo, Edinburgh University Press, 1965, p.92.
22. García Sánchez, "Agriculture in Muslim Spain", p.990.
23. Ibid., p.992-3.
24. Rafael Valencia, "Islamic Seville", in *Legacy of Muslim Spain*, p.145. Ver também García Sánchez, "Agriculture in Muslim Spain", p.997.
25. Watson, *Agricultural Innovation*, p.82-3.
26. Ibid., p.83.

27. Marie-Thérèse d'Alverny, "Translations and translators", in Robert L. Benson e Giles Constable (orgs.), *Renaissance and Renewal in the Twelfth Century*, Cambridge, MA: Harvard University Press, 1982, p.440.
28. Hermano de Caríntia, *De essentiis*, trad. Charles Burnett, Leiden, E.J. Brill, 1982, p.70.
29. Roberto de Ketton, citado em Charles Burnett, "A group of arabic-latin translators working in Northern Spain in the Mid-Twelfth Century", *Journal of the Royal Asiatic Society* 63, n.14, 1977, p.63, n.14. O original latino está em Haskins, *Studies*, p.121 (ver Capítulo 5, n.3).
30. James Kritzeck, *Peter the Venerable and Islam*, Princeton, Princeton University Press, 1964, p.3.
31. Pedro o Venerável, *Patrologia Latina*, p.671c, citado em James Kritzeck, "Peter the Venerable and the Toledan collection", in Giles Constable e James Kritzeck (orgs.), *Petrus Venerabilis 1156-1956: Studies and Texts Commemorating the Eighth Centenary of his Death*, Roma, Herder, 1956, p.180. Para um estudo mais recente, ver Thomas E. Burman, *Reading the Qur'an in Latin Christendom, 1140-1560*, Filadélfia, University of Pennsylvania Press, 2007.
32. Ibid., p.177.
33. Pedro o Venerável, *Liber contra sectum sive haeresim saracenorum*, citado em Jolivet, "Arabic Inheritance", p.113 (ver Capítulo 5, n.38).
34. Kritzeck, *Peter the Venerable*, p.137-44.
35. Jacques Le Goff, *Intellectuals in the Middle Ages*, trad. Teresa Lavender Fagan, Cambridge. MA: Blackwell, 1993, p.16. [Ed. bras.: *Os intelectuais na Idade Média*, Rio de Janeiro, José Olympio, 2003.]
36. Roberto de Ketton, citado em Kritzeck, *Peter the Venerable*, p.62.
37. Pym, *Negotiating the Frontier*, p.52.
38. *Ptolemy's Almagest*, trad. G.J. Toomer, Nova York, Springer-Verlag, 1984, p.3.
39. Panegírico citado em David C. Lindberg, "Transmission of greek and arabic learning", in Lindberg (org.), *Science in the Middle Ages*, Chicago, University of Chicago Press, 1978, p.66, n.61. O panegírico foi anexado à tradução feita por Gerardo de *Tegni*, de Galeno. Para seu texto completo, ver Edward Grant (org.), *A Source Book in Medieval Science*. Cambridge, MA, Harvard University Press, 1974, p.35.
40. D'Alverny, "Translations and translators", p.453.
41. Avendauth, *De anima*, citado em Jolivet, "Arabic inheritance", p.141.
42. Daniel de Morley, *Philosophia*, citado em Pym, *Negotiating the Frontier*, p.41.
43. Theodore Silverstein, "Daniel of Morley, english cosmologist and student of arabic science", *Mediaeval Studies* 10, 1948, p.179.
44. Ibid., p.185-9.
45. Burnett, *Introduction of Arabic Learning*, p.63 (ver Capítulo 2, n.18).
46. Daniel de Morley, *Philosophia*, citado em Pym, *Negotiating the Frontier*, p.52.
47. Hugo de Santalla, citado em Burnett, "Group of arabic-latin translators", p.90.
48. Burnett, *Introduction of Arabic Learning*, p.60.
49. Oliverus Brito, *Philosophia*, citado em McCluskey, *Astronomies and Cultures*, p.191.

50. Para os poucos detalhes esquemáticos da vida de Miguel Escoto, ver Haskins, *Studies*, p.272-3, e Lynn Thorndike, *Michael Scot*, p.11-2 (ver Capítulo 2, n.34).
51. Miguel Escoto, *Liber particularis*, citado em Thorndike, *Michael Scot*, p.15.
52. Thorndike, *Michael Scot*, p.72.
53. J. Wood Brown, *An Enquiry into the Life and Legend of Michael Scot*, Edimburgo, D. Douglas, 1897, p.154.
54. Thorndike, *Michael Scot*, p.39.
55. Sir Walter Scott, *The Lay of the Last Minstrel*, Nova York, C.S. Francis and Co., 1845, p.68.
56. Grant, *Foundations of Modern Science*, p.34.
57. Charles Homer Haskins, *The Rise of Universities*, Ithaca, NY, Cornell Paperbacks, 1957, p.9. Ver também Grant, *Foundations of Modern Science*, p.34.
58. Le Goff, *Intellectuals*, p.5-6.
59. Haskins, *Rise of Universities*, p.82-3.
60. Thorndike, *Michael Scot*, p.12.

8. Sobre a Eternidade do Mundo (p.207-31)

1. Ernst Kantorowicz, *Frederick the Second: 1194-1250*, trad. E.O. Lorimer, Londres, Constable and Co., 1931, p.4-5.
2. Menocal, *Ornament of the World*, p.192 (ver Capítulo 6, n.8).
3. Thomas Curtis van Cleve, *The Emperor Frederick II of Hohenstaufen:* Immutator Mundi, Oxford, Clarendon Press, 1972, p.225.
4. Ibid., p.224-5.
5. Charles Homer Haskins, "Science at the court of the Emperor Frederick II", *American Historical Review* 27, n.4, 1922, p.680.
6. Citado em Van Cleve, *Emperor Frederick II*, p.xxx.
7. Van Cleve, *Emperor Frederick II*, p.217.
8. Al-Maqrizi, citado em Van Cleve, *Emperor Frederick II*, p.219.
9. Van Cleve, *Emperor Frederick II*, p.158-60.
10. Haskins, *Studies*, p.251 (ver Capítulo 5, n.3).
11. David Abulafia, *Frederick II: A Medieval Emperor*, Londres, Allen Lane, 1988, p.257.
12. Ibid., p.263.
13. Haskins, "Science at the court", p.672.
14. Thorndike, *Michael Scot*, p.1 e 28 (ver Capítulo 2, n.34).
15. Haskins, "Science at the court", p.672.
16. Miguel Escoto, *Secrets of Nature*, citado em Thorndike, *Michael Scot*, p.3.
17. Frank J. Swetz, *Capitalism and Arithmetic: The New Mathematics of the 15th Century*, La Salle, IL, Open Court, 1987, p.12-3.
18. Charles King, "Leonardo Fibonacci", in Frank J. Swetz (org.), *From Five Fingers to Infinity: A Journey Through the History of Mathematics*, Chicago, Open Court, 1994,

p.252. Ver também R.B. McClenan, "Leonardo of Pisa and his *Liber quadratorium*", in *From Five Fingers*, Swetz, p.255.

19. *Fibonacci's Liber Abaci: A Translation into Modern English of Leonardo Pisano's Book of Calculation*, trad. L.E. Sigler, Nova York, Springer, 2002, p.17.
20. Ibid., p.15.
21. Ver King, "Leonardo Fibonacci", p.252-4, e Swetz, *Capitalism and Arithmetic*, p.234.
22. *Fibonacci's Liber Abaci*, p.291.
23. Ibid., p.404-5.
24. Haskins, *Studies*, p.268.
25. Charles Homer Haskins, "The 'De arte venandi cum avibus' of the Emperor Frederick II", *English Historical Review* 36, n.143, 1921, p.342.
26. Charles Homer Haskins, "Some early treatises on Falconry", *Romanic Review* 13, n.1, 1922, p.18-22.
27. Van Cleve, *Emperor Frederick II*, p.304.
28. Kantorowicz, *Frederick the Second*, p.69.
29. Haskins, *Studies*, p.268.
30. Miguel Escoto, *Liber particularis*, citado em Haskins, *Studies*, p.266.
31. Haskins, "Science at the court", p.688.
32. *Confessions of St. Augustine*, p.241 (ver Capítulo 2, n.45).
33. Richard C. Dales, *Medieval Discussions of the Eternity of the World*, Leiden, E.J. Brill, 1990, p.18.
34. Al-Kindi, *Metaphysics*, citado em Richard Walzer, "Arabic transmission of greek thought to Medieval Europe", *Bulletin of the John Rylands Library* 29 (1945-46, p.175-6.
35. Aristóteles, *Metaphysics*, trad. Thomas Taylor, Frome, Prometheus Trust, 2003, p.238. [Ed. bras.: *Metafísica*, São Paulo, Edipro, 2006.]
36. Dales, *Medieval Discussions*, p.35-6.
37. Richard C. Dales, "The origin of the doctrine of the double truth", *Viator* 15, 1984, p.170.
38. *Confessions of St. Augustine*, p.242.
39. Dag Nikolaus Hasse, *Avicenna's* De Anima *in the Latin West: The Formation of a Peripatetic Philosophy of the Soul, 1160-1300*, Londres, Warburg Institute, 2000, p.1.
40. Marenbon, *Later Medieval Philosophy*, p.57 (ver Capítulo 6, n.36).
41. Avicena, "The autobiography", in Dimitri Gutas (org.), *Avicenna and the Aristotelian Tradition: Introduction* to *Reading Avicenna's Philosophical Works*, Leiden, E.J. Brill, 1988, p.28.
42. Avicena, "The autobiography", *Avicenna*, p.252.
43. Oliver Leaman, *An Introduction* to *Medieval Islamic Philosophy*, Cambridge, Cambridge University Press, 1985, p.34.
44. Hasse, *Avicenna's* De Anima, p.29.
45. A.C. Crombie, *Science, Optics and Music in Medieval and Early Modern Thought*, Londres, Hambledon Press, 1990, p.100-3.

46. Ibid., p.92-3.
47. Marenbon, *Later Medieval Philosophy*, p.60-2.
48. Oliver Leaman, *A Brief Introduction to Islamic Philosophy*, Cambridge, Polity Press, 1999, p.4.
49. Dales, *Medieval Discussions*, p.43.
50. *Averroes: On the Harmony of Religion and Philosophy*, trad. George F. Hourani, Londres, Luzac, 1967, p.12.
51. Ibid., p.7.
52. Ibid., p.9.
53. Leaman, *Brief Introduction*, p.21. Ver também Majid Fakhry, *Averroes (Ibn Rushd): His Life, Works and Influence*, Oxford, Oneworld, 2001, p.xii-xiv.
54. Averróis, *On the Harmony*, p.13.
55. Idem.
56. Harry A. Wolfson, "Revised plan for publication of a Corpus Conmentariorum Averrois in Aristotelem", *Speculum* 38, 1963, p.90s.
57. Leaman, *Brief Introduction*, p.154-5.
58. Alfred L. Ivry, "Averroes and the west", in Ruth Link-Salinger et alii (orgs.), *A Straight Path: Studies in Medieval Philosophy and Culture*, Washington, DC, Catholic University of America Press, 1988, p.153.
59. Averróis, *The Incoherence of the Incoherence*, trad. Simon van den Bergh, Londres, Luzac, 1964, p.319.
60. Ibid., p.468.
61. Ibid., p.425.
62. Fakhry, *Averroes*, p.xvi.
63. Averróis, *On the Harmony*, p.23.
64. O título árabe inteiro foi traduzido por *O livro da decisão [ou distinção] do discurso, e uma determinação do que existe de conexão entre religião e filosofia*. Ver Averróis, *On the Harmony*, p.1.
65. Averróis, *On the Harmony*, p.44.
66. Ibid., p.22.
67. Marenbon, *Later Medieval Philosophy*, p.52.
68. Van Steenberghen, *Aristotle in the West*, p.82 (ver Capítulo 6, n.35).
69. Frederico II, citado em Van Cleve, *Emperor Frederick II*, p.303. Alguns estudiosos atribuíram essa carta a Manfredo, filho de Frederico. Para a opinião de que a carta foi quase com certeza escrita por Frederico, ver Van Cleve, p.303, n.2.

9. A invenção do Ocidente (p.232-50)

1. Edward Grant, "Science and theology in the Middle Ages", in David C. Lindberg e Ronald L. Numbers (orgs.), *God and Nature: Historical Essays on the Encounter Between Christianity and Science*, Berkeley, University of California Press, 1986, p.49-53.

2. Van Steenberghen, *Aristotle in the West*, p.79-80 (ver Capítulo 6, n.35).
3. *Chartularium universitatis Parisiensis*, in Thorndike, *University Records*, p.34 (ver Capítulo 6, n.32).
4. French e Cunningham, *Before Science*, p.63 (ver Capítulo 5, n.44).
5. Grant, *Foundations of Modern Science*, p.54 (ver Capítulo 7, n.1). Ver também Marenbon, *Later Medieval Philosophy*, p.64 (ver Capítulo 6, n.36).
6. Friedrich Heer, *The Medieval World: Europe, 1100-1350*, trad. Janet Sondheimer, Nova York, World Publishing Company, 1961, p.200.
7. Grant, *Foundations of Modern Science*, p.37.
8. João de Fidanza, *Collationes de septem donis Spiritus Sancti*, citado em Tony Dodd, *The Life and Thought of Siger of Brabant, Twelfth-century Parisian Philosopher*, Lewiston, Edwin Mellen Press, 1998, p.71.
9. Guilherme de Baglione, *De Aeternitate Mundi*, citado em Dales, *Medieval Discussions*, p.112 (ver Capítulo 8, n.33).
10. Sobre o professor de Tomás, ver Jean-Pierre Tarrell, *Saint Thomas Aquinas: The Person and His Work*, trad. Robert Royal, Washington, DC, Catholic University of America, 1996, p.7. Sobre as traduções de Miguel Escoto, ver Thorndike, *Michael Scot*, p.28 (ver Capítulo 2, n.34).
11. Marcia L. Colish, "Avicenna's theory of efficient causation and its influence on Thomas Aquinas", in *Studies in Scholasticism*, Burlington, Ashgate, 2006, p.2-3.
12. Barry S. Kogan, "The problem of creation in Late Medieval Jewish Philosophy", in *A Straight Path*, p.161 (ver Capítulo 8, n.58). Ver também Dales, *Medieval Discussions*, p.45-7 (ver Capítulo 8, n.33).
13. Averróis, *Incoherence of the Incoherence*, p.65 (ver Capítulo 8, n.59).
14. Tomás de Aquino, *De aeternitate mundi*, in São Tomás de Aquino, Sigério de Brabante e são Boaventura, *On the Eternity of the World*, trad. Cyril Vollert, Lottie H. Kendzierski e Paul M. Byrne, Milwaukee, Marquette University Press, 1964, p.21.
15. Ibid., p.22.
16. Vollert, Kendzierski e Byrne, *On the Eternity*, p.14.
17. Tomás de Aquino, *De aeternitate mundi*, in *On the Eternity*, p.25.
18. Fernand van Steenberghen, *Thomas Aquinas and Radical Aristotelianism*, Washington, DC, Catholic University of America Press, 1978, p.22.
19. Tomás de Aquino, *De aeternitate mundi*, in Mary T. Clark (org.), *Aquinas Reader*, Nova York, Fordham University Press, 1972, p.181.
20. Tomás de Aquino, *Responsio de 43 articulis*, citado em Tarrell, *Saint Thomas Aquinas*, p.169.
21. Ibid.
22. Richard E. Rubenstein, *Aristotle's Children: How Christians, Muslims and Jews Rediscovered Ancient Wisdom and Illuminated the Dark Ages*, Orlando, Harcourt, 2003, p.198.
23. Tomás de Aquino, *Summa theologiae*, citado em On *the Eternity*, p.66.
24. Dodd, *Life and Thought*, p.73-6.

25. "Condemnations of 219 propositions", in Ralph Lerner e Muhsin Mahdi (org.), *Medieval Political Philosophy: A Sourcebook*, Nova York, Free Press of Glencoe, 1963, p.337.
26. Ibid., p.338.
27. Mary M. McLaughlin, "Paris masters of the Thirteenth and Fourteenth Centuries and ideas of intellectual freedom", *Church History* 24, n.3, 1955, p.196.
28. Dodd, *Life and Thought*, p.361.
29. Thomas S. Kuhn, *Copernican Revolution*, p.2-3 (ver Capítulo 6, n.26).
30. Saliba, *Islamic Science*, p.78-84 (ver Prólogo, n.12).
31. Ibid., p.88.
32. A.I. Sabra, "The andalusian revolt against ptolemaic astronomy: Averroes and al-Bitruj", in Everett Mendelsohn (org.), *Transformation and Tradition in the Sciences*, Londres, Cambridge University Press, 1984, p.133-4.
33. Ibid., p.135-7.
34. Saliba, *Islamic Science*, p.95.
35. Averróis, *Tafsir ma ba'd al-tabia*, citado em Saliba, *Islamic Science*, p.179.
36. Saliba, *Islamic Science*, p.236.
37. Ibid., p.183.
38. E.S. Kennedy e Victor Roberts, "The planetary theory of Ibn al-Shatir", *Isis* 50, n.3, 1959, p.227-35.
39. Ver Will Hartner, "Copernicus, the man, the work, and its history", *Proceedings of the American Philosophical Society* 117, n.3, 1973, p.413-22.
40. Saliba, *Islamic Science*, p.164.
41. Arthur Koestler referiu-se certa vez à obra de Copérnico como "o livro que ninguém leu". Para uma resposta enérgica, mas completamente séria, ver Owen Gingrich, *The Book Nobody Read: Chasing the Revolutions of Nicolaus Copernicus*, Nova York, Walker and Co., 2004. [Ed. bras.: *O livro que ninguém leu*, Rio de Janeiro, Record, 2008.]
42. Adelardo de Bath, *Questions of Natural Science*, citado em Gibson, "Adelard of Bath", 16 (ver Capítulo 5, n.56).

Bibliografia selecionada

A bibliografia a seguir destina-se aos leitores que desejem explorar mais profundamente os temas, eventos e personalidades apresentados nesta obra. Fez-se um esforço especial para incluir vozes e perspectivas, em particular do mundo árabe, que raramente são ouvidas na típica narrativa ocidental da história das ideias. Fontes mais detalhadas e literatura especializada encontram-se nas notas a cada capítulo.

Abdo, Geneive. *No God but God: Egypt and the Triumph of Islam*. Nova York, Oxford University Press, 2001.

Abdo, Geneive e Jonathan Lyons. *Answering Only* to *God: Faith and Freedom in Twenty-first Century Iran*. Nova York, Henry Holt, 2003.

Abulafia, David. *Frederick II: A Medieval Emperor*. Londres, Allen Lane, 1988.

Adelardo de Bath. *Adelard of Bath, Conversations with His Nephew: On the Same and the Different, Questions on Natural Science and On Birds*. Trad. e org. por Charles Burnett. Cambridge, Cambridge University Press, 1998.

Agius, Dionisius A. e Richard Hitchcock (orgs.), *The Arab Influence in Medieval Europe*. Reading, lthaca Press, 1994.

Ahmad, Nafis. *Muslims and the Science of Geography*. Dacca University Press, 1980.

Al-Andalusi, Said. *Science in the Medieval World: "Book of the Categories of Nations"*. Trad. e org. por Semaan I. Salem e Alok Kumar. Austin, University of Texas Press, 1991.

Atiya, Aziz S. *Crusade, Commerce, and Culture*. Bloomington, Indiana University Press, 1962.

Attiyeh, George N. (org.). *The Book in the Islamic World: The Written Word and Communication in the Middle East*. Nova York, New York University Press, 1995.

Averróis. *Averroes: On the Harmony of Religion and Philosophy*. Trad. e org. por George F. Hourani. Londres, Luzac, 1967.

________. *Averroes' Tahafut al-Tahafut*. Trad. e org. por Simon van den Bergh. 2 vols., Oxford, Oxford University Press, 1954.

Aziz, Ahmad. *A History of Islamic Sicily*. Nova York, Columbia University Press, 1979.

Al-Azmeh, A. "Barbarians in arab eyes". *Past and Present* 134, 1992, p.3-18.

Bello, Iysa A. *The Medieval Islamic Controversy Between Philosophy and Orthodoxy*. Leiden, E.J. Brill, 1989.

Benson, Robert L. e Giles Constable (orgs.). *Renaissance and Renewal in the Twelfth Century*. Cambridge, MA, Harvard University Press, 1982.

Berggren, J.J. *Episodes in the Mathematics of Medieval Islam*. Nova York, Springer-Verlag, 2003.

Al-Biruni. *The Determination of the Coordinates of Cities: Al-Biruni's* Tahid al-Amakin. Trad. e org. por Jamil Ali. Beirute, Centennial Publications, 1967.

Bloom, Jonathan. *Paper Before Print: The History and Impact of Paper in the Islamic World.* New Haven, Yale University Press, 2001.

Bulmer-Thomas, Ivor. "Euclid and medieval architecture". *Archaeological Journal* 136, 1979, p.136-50.

Burnett, Charles (org.). *Adelard of Bath: An English Scientist and Arabist of the Early Twelfth Century.* Londres, Warburg Institute, 1987.

________. *The Introduction of Arabic Learning into England.* Londres, British Library, 1997.

Butterworth, Charles E. e Blake Andree Kessel (orgs.). *The Introduction of Arabic Philosophy into Europe.* Leiden, E.J. Brill, 1994.

Cochrane, Louise. *Adelard of Bath: The First English Scientist.* Londres, British Museum Press, 1994.

Cooperson, Michael. *Al Ma'mun.* Oxford, Oneworld, 2005.

Crombie, A.C. *Augustine to Galileo.* Cambridge, MA, Harvard University Press, 1979.

________. *Science, Optics and Music in Medieval and Early Modern Thought.* Londres, Hambledon Press, 1990.

Crossley, John N. e Alan S. Henry. "Thus Spake al-Khwarizmi: A translation of the text of Cambridge University Library Ms. Ii.vi.5". *Historia Mathematica* 17, 1990, p.103-31.

Curry, Patrick (org.). *Astrology, Science, and Society: Historical Essays.* Woodbridge, Boydell Press, 1987.

Dales, Richard C. *Medieval Discussions of the Eternity of the World.* Leiden, E.J. Brill, 1990.

Daniel, Norman. *The Arabs and Medieval Europe.* Londres, Longman, 1979.

________. "Crusade Propaganda", in Harry W. Hazard e Norman P. Zacour (orgs.), *A History of the Crusades*, vol.6, *The Impact of the Crusades on Europe*, Madison, University of Wisconsin Press, 1989, p.39-97.

________. *Islam and the West: The Making of an Image.* Oxford, Oneworld, 1993.

Dohrn-van Rossum, Gerhard. *History of the Hour: Clocks and Modern Temporal Orders.* Trad. Thomas Dunlap. Chicago, University of Chicago Press, 1996.

Donini, Pier Giovanni. *Arab Travelers and Geographers.* Londres, Immel, 1991.

Dronke, Peter (org.). *A History of Twelfth-Century Western Philosophy.* Cambridge, Cambridge University Press, 1988.

Eidelberg, Shlomo (org.). *The Jews and the Crusaders: The Hebrew Chronicles of the First and Second Crusades.* Madison, University of Wisconsin Press, 1977.

Evans, James. *The History and Practice of Ancient Astronomy.* Nova York, Oxford University Press, 1998.

Fakhry, Majid. *Averroes, Aquinas and the Rediscovery of Aristotle in Western Europe.* Washington, DC, Center for Muslim-Christian Understanding, Georgetown University, 1997.

_______. *Averroes (lbn Rushd): His Life, Works and Influence*. Oxford, Oneworld, 2001.

_______. *A History of Islamic Philosophy*. Nova York, Columbia University Press, 2004.

Fletcher, Richard. *Moorish Spain*. Nova York, Henry Holt, 1992.

Gabrieli, Francesco. *Arab Historians of the Crusades*. Trad. E.J. Costello. Londres, Routledge and Kegan Paul, 1969.

Gilson, Etienne. *Reason and Revelation in the Middle Ages*. Nova York, Charles Scribner's Sons, 1938.

Gingerich, Owen. "Islamic astronomy". *Scientific American* 254, abr 1986, p.68-75.

Goldstein, Bernard R. "The making of astronomy in early Islam". *Nuncius: Annali di Storia Della Scienza* I, 1986, p.79-92.

Goss, Vladimir P. (org.). *The Meeting of Two Worlds: Cultural Exchange Between East and West During the Period of The Crusades*. Kalamazoo, Medieval Institute Publications, Western Michigan University, 1986.

Gutas, Dimitri. *Avicenna and the Aristotelian Tradition: Introduction to Reading Avicenna's Philosophical Works*. Leiden, E.J. Brill, 1988.

_______. *Greek Thought, Arabic Culture: The Graeco-Arabic Translation Movement in Baghdad and Early Abbasid Society*. Londres, Routledge, 1998.

Harvey, John H. "Geometry and gothic design." *Transactions of the Ancient Monuments Society* 30, 1986, p.43-56.

_______. *The Medieval Architect*. Londres, Wayland, 1972.

Haskins, Charles Homer. "Michael Scot and Frederick II". *Isis* 4, n.2, 1921, p.250-75.

_______. *The Rise of Universities*. Ithaca, NY, Cornell Paperbacks, 1957.

_______. *Studies in the History of Mediaeval Science*. Cambridge, MA, Harvard University Press, 1927.

Al-Hassan, Ahmad Y. "Factors behind the decline of islamic science after the Sixteenth Century", in Sharifah Shifa Al-Attas (org.), *Islam and the Challenge of Modernity: Historical and Contemporary Contexts*. Kuala Lumpur, International Institute of Islamic Thought and Civilisation, 1996, p.351-89.

Hasse, Dag Nikolaus. *Avicenna's* De Anima *in the Latin West: The Formation of a Peripatetic Philosophy of the Soul, 1160-1300*. Londres, Warburg Institute, 2000.

Hill, Donald R. *Studies in Medieval Islamic Technology*. Brookfield, VT, Ashgate, 1998.

Hillenbrand, Carole. *The Crusades: Islamic Perspectives*. Chicago, Fitzroy Dearborn, 1999.

Houben, Hubert. *Roger II of Sicily: A Ruler Between East and West*. Trad. Graham A. Lound e Diane Milburn. Cambridge, Cambridge University Press, 2002.

Hourani, George F. *Arab Seafaring in the Indian Ocean in Ancient and Early Medieval Times*. Princeton, NJ, Princeton University Press, 1995.

Huff, Toby. *The Rise of Early Modern Science: Islam, China, and The West*. Cambridge, Cambridge University Press, 1993.

Ibn Jubayr. *The Travels of Ibn Jubayr*. Trad. R.J.C. Broadhurst. Londres, J. Cape, 1952.

Ibn Khaldun. *The Muqaddimah: An Introduction to History*. Trad. e org. por Franz Rosenthal. 3 vols., Princeton, NJ, Princeton University Press, 1967.

Ibn Munqidh, Usama. *The Book of Contemplation: Islam and the Crusades*. Trad. Paul M. Cobb. Hardmondsworth, Penguin Classics, 2008.

Ibn al-Nadim. *The Fihrist of al-Nadim*. Trad. e org. por Bayard Dodge. 2 vols., Nova York, Columbia University Press, 1970.

Ibn al-Qalanisi. *The Damascus Chronicle of the Crusades*. Trad. e org. por H.A.R. Gibb. Mineola, NY, Dover Publications, 2002.

Jayyusi, Salma Khadra (org.). *The Legacy of Muslim Spain*. Leiden, E.J. Brill, 1994.

Kennedy, Hugh. *When Baghdad Ruled the Muslim World: The Rise and Fall of Islam's Greatest Dynasty*. Nova York, Da Capo Press, 2004.

Khair, Tabish et alii (orgs.). *Other Routes: 1500 Years of African and Asian Travel Writing*. Bloomington, Indiana University Press, 2005.

Al-Khwarizmi. *The Algebra of Mohammad ben Musa*. Trad. e org. por Frederic Rosen. Hildesheim, George Olms Verlag, 1986.

Kieckhefer, Richard. *Magic in the Middle Ages*. Cambridge, Cambridge University Press, 1990.

Kimble, George H.T. *Geography in the Middle Ages*. Londres, Methuen and Co., 1938.

Kimerling, A. Jon. "Cartographic methods for determining the Qibla". *Journal of Geography* 101, 2002, p.20-6.

King, Charles. "Leonardo Fibonacci", in Frank J. Swetz (org.). *From Five Fingers to infinity: A Journey through the History of Mathematics*. Chicago, Open Court, 1994, p.252-4.

King, David A. *In Synchrony with the Heavens: Studies in Astronomical Timekeeping and Instrumentation in Medieval Islamic Civilization*. Leiden, E.J. Brill, 2004.

________. *Astronomy in the Service of Islam*. Brookfield, VT, Variorum, 1993.

King, David A. e Richard P. Lorch. "Qibla charts, Qibla maps, and related instruments", in J.B. Harley e David Woodward (orgs.). *The History of Cartography*, vol.2, livro I, *Cartography in the Traditional Islamic and South Asian Societies*. Chicago, University of Chicago Press, 1987.

Koestler, Arthur. *The Sleepwalkers: A History of Man's Changing Vision of the Universe*. Londres, Arkana, 1989. [Ed. bras.: *O homem e o universo: os sonâmbulos*, São Paulo, Ibrasa, 1989.]

Krey, August C. (org.). *The First Crusades: The Accounts of Eyewitnesses and Participants*. Princeton, NJ, Princeton University Press, 1921.

Kuhn, Thomas S. *The Copernican Revolution: Planetary Astronomy in the Development of Western Thought*. Cambridge, MA, Harvard University Press, 1957.

Leaman, Oliver. *Averroes and His Philosophy*. Oxford, Clarendon Press, 1988.

________. *A Brief Introduction to Islamic Philosophy*. Cambridge, Polity Press, 1999.

Le Goff, Jacques. *Intellectuals in the Middle Ages*. Trad. Teresa Lavender Fagan. Cambridge, MA, Blackwell, 1993. [Ed. bras.: *Os intelectuais na Idade Média*, Rio de Janeiro, José Olympio, 2003.]

________. *Time, Work, & Culture in the Middle Ages*. Trad. Arthur Goldhammer. Chicago, University of Chicago Press, 1980.

Leonardo de Pisa. *Fibonacci's Liber Abaci: A Translation into Modern English of Leonardo Pisano's Book of Calculation*. Trad. e org. por L.E. Sigler. Nova York, Springer, 2002.

Le Strange, Guy. *Baghdad During the Abbasid Caliphate*. Westport, CT, Greenwood Press, 1983.

Lindberg, David C. *The Beginnings of Western Science: The European Scientific Tradition in Philosophical, Religious, and Institutional Context, 660 B.C. to A.D. 1450*. Chicago, University of Chicago Press, 1992.

Lindberg. David C. (org.). *Science in The Middle Ages*. Chicago, University of Chicago Press, 1978.

Maalouf, Amin. *The Crusades Through Arab Eyes*. Trad. Jon Rothschild. Nova York, Schocken Books, 1984. [Ed. bras.: *As Cruzadas vistas pelos árabes*, São Paulo, Brasiliense, 1988.]

Mallette, Karla. *The Kingdom of Sicily, 1100-1250: A Literary History*. Filadélfia, University of Pennsylvania Press, 2005.

Marenbon, John. *Later Medieval Philosophy (1150-1350)*. Londres, Routledge and Kegan Paul, 1987.

Al-Masudi. *The Meadows of Gold*. Trad. e org. por Paul Lunde e Caroline Stone. Londres, Kegan Paul, 1989.

McClenan, R.B. "Leonardo of Pisa and His *Liber quadratorium*", in Frank J. Swetz (org.), *From Five Fingers to Infinity: A Journey Through the History of Mathematics*. Chicago, Open Court, 1994, p.255-60.

McCluskey, Stephen C. *Astronomies and Cultures in Early Medieval Europe*. Nova York, Cambridge University Press, 1998.

Menocal, María Rosa. *The Ornament of the World: How Muslims, Jews, and Christians Created a Culture of Tolerance in Medieval Spain*. Boston, Little, Brown, 2002. [Ed. bras.: *O ornamento do mundo: como muçulmanos, judeus e cristãos criaram uma cultura de tolerância na Espanha medieval*, Rio de Janeiro, Record, 2004.]

Moran, Bruce T. *Distilling Knowledge: Alchemy, Chemistry, and the Scientific Revolution*. Cambridge, MA, Harvard University Press, 2005.

Mumford, Lewis. *Technics and Civilization*. Nova York, Harcourt, Brace and World, 1963.

Al-Muqaddasi. *The Best Divisions for Knowledge of the Regions*. Trad. e org. por Basil Anthony Collins. Reading, Garnet Publishing, 1994.

Nadvi, Syed Sulaiman. *The Arab Navigation*. Trad. Syed Sabahuddin Abdu Rahman. Lahore, Sh. Muhammad Ashraf, 1966.

Al-Najdi, Ahmad bin Majid. *Arab Navigation in the Indian Ocean Before the Coming of the Portuguese*. Trad. e org. por G.G. Tibbetts. Londres, Royal Asiatic Society of Great Britain and Ireland, 1971.

Nasr, Seyyed Hossein. "Islamic alchemy and the birth of chemistry". *Journal for the History of Arabic Science* 3, n.1, 1979, p.40-5.

Nasr, Seyyed Hossein e Oliver Leaman (orgs.). *History of Islamic Philosophy*. Nova York, Routledge, 1996.

Newman, William R. e Anthony Grafton (orgs.). *Secrets of Nature: Astrology and Alchemy in Early Modern Europe*. Cambridge, MA, MIT Press, 2001.

Pedersen, Johannes. *The Arabic Book*. Trad. Geoffrey French. Princeton, NJ, Princeton University Press, 1984.

Peters, Francis E. *Aristotle and the Arabs*. Nova York, New York University Press, 1968.

Phillips, Jonathan. *Defenders of the Holy Land: Relations Between the Latin East and the West, 1119-1187*. Oxford, Clarendon Press, 1996.

Pickthall, Marmaduke. *The Meaning of the Glorious Koran: An Explanatory Translation*. Nova York, Alfred A. Knopf, 1909.

Pym, Anthony. *Negotiating the Frontier: Translators and Intercultures in Hispanic History*. Manchester, St. Jerome Publishing, 2000.

Rashed, Roshdi. *The Development of Arabic Mathematics: Between Arithmetic and Algebra*. Trad. A.F.W. Armstrong. Dordrecht, Kluwer Academic Publishers, 1994.

Riley-Smith, Jonathan. *The First Crusade and the Idea of Crusading*. Filadélfia, University of Pennsylvania Press, 1986.

Rodinson, Maxime. *Europe and the Mystique of Islam*. Trad. Roger Veinus. Seattle, University of Washington Press, 1987.

Rubenstein, Richard E. *Aristotle's Children: How Christians, Muslims and Jews Rediscovered Ancient Wisdom and Illuminated the Dark Ages*. Orlando, Harcourt, 2003.

Sabra, A.I. "The Andalusian Revolt against ptolemaic astronomy: Averroes and al-Bitruj", in Everett Mendelsohn (org.), *Transformation and Tradition in the Sciences*, Londres, Cambridge University Press, 1984.

________. "An Eleventh-Century refutation of Ptolemy's planetary theory", *Studia Copernicana* 16, 1978, p.117-31.

Saliba, George. *Islamic Science and the Making of the European Renaissance*. Cambridge, MA, MIT Press, 2007.

Savage-Smith, Emilie (org.). *Magic and Divination in Early Islam*. Burlington, Ashgate, 2004.

Sayili, Aydin. *The Observatory in Islam*. Ancara, Turk Tarih Kurumu Basimevi, 1960.

Sezgin, Fuat. *Mathematical Geography and Cartography in Islam and Their Continuation on the Occident*, vol.I. Frankfurt am Main, Institute for the History of Arabic-Islamic Science, 2005.

Shatzmiller, Maya (org.). *Crusaders and Muslims in Twelfth-Century Syria*. Leiden, E.J. Brill, 1993.

Silverstein, Theodore. "Daniel of Morley, english cosmologist and student of arabic science". *Mediaeval Studies* 10, 1948, p.179-96.

Southern, Richard W. *Medieval Humanism*. Nova York, Harper and Row, 1970.

Van Steenberghen, Femand. *Aristotle in the West: The Origins of Latin Aristotelianism*. Trad. Leonard Johnston. Lovaina, E. Nauwelaerts, 1955.

________. *Thomas Aquinas and Radical Aristotelianism*. Washington, DC, Catholic University of America Press, 1978.

Swetz, Frank J. *Capitalism and Arithmetic: The New Mathematics of the 15th Century*. La Salle, IL, Open Court, 1987.

Tester, S.J. *A History of Western Astrology*. Woodbridge, Boydell Press, 1987.

Thijssen, J.M.M.H. *Censure and Heresy at the University of Paris*. Filadélfia, University of Pennsylvania Press, 1998.

Thorndike, Lynn. *History of Magic and Experimental Science*, 8 vols. Nova York, Macmillan, 1923-58.

________. *Michael Scot*. Londres, Thomas Nelson and Sons, 1965.

________. *The Place of Magic in the Intellectual History of Europe*. Nova York, AMS Press, 1967.

Tyerman, Christopher. *God's War: A New History of the Crusades*. Cambridge, MA, Harvard University Press, 2006.

________. *The Invention of the Crusades*. Toronto, University of Toronto Press, 1998.

Van Cleve, Thomas Curtis. *The Emperor Frederick II of Hohenstaufen:* Immutator Mundi. Oxford, Clarendon Press, 1972.

Walzer, Richard. *Greek into Arabic: Essays on Islamic Philosophy*. Cambridge, MA, Harvard University Press, 1962.

Watson, Andrew M. *Agricultural Innovation in the Early Islamic World: The Diffusion of Crops and Farming Techniques, 700-1100*. Cambridge, Cambridge University Press, 1983.

Wiet, Gaston. *Baghdad: Metropolis of the Abbasid Caliphate*. Traduzido por Seymour Feiler. Norman, University of Oklahoma Press, 1971.

Agradecimentos

Tal como os intelectuais errantes cuja singular dedicação ajudou a trazer o saber árabe para o Ocidente, esta obra também teve um pouco de história peripatética. Na época, pouco me dei conta, mas muitas das ideias e pensamentos que viriam parar nestas páginas cristalizaram-se lentamente em meu espírito ao longo dos anos e durante minhas extensas viagens, principalmente as que realizei para o mundo muçulmano. Ao longo do caminho, muitas pessoas contribuíram para meu esforço de combinar elementos tão díspares numa narrativa abrangente e significativa – gente demais para que eu possa agradecer individualmente. Contudo, todos merecem minha mais sincera gratidão. Dignos de menção especial são Michelle Johnson, que leu cada palavra com cuidado, perspicácia e bom humor; o professor Paul Cobb, cuja disposição para compartilhar seus conhecimentos e conselhos foi valiosa; e Will Lyons, cujos apoio e entusiasmo jamais fraquejaram. Y.S. Chi deu ao projeto um impulso oportuno. Desnecessário dizer que as deficiências do texto final são de responsabilidade exclusiva do autor.

Gostaria de agradecer também aos funcionários da Biblioteca do Congresso, em particular aos da Main Reading Room, onde grande parte da pesquisa para este livro foi realizada no grande estilo do Velho Mundo. Embora a ampla coleção tenha sido, é claro, de imensa ajuda, também obtive considerável inspiração da representação da Compreensão Humana no grande domo acima de minha cabeça, no momento em que ela ergue o véu da ignorância e olha agradecida para cima, a partir da Realização Intelectual Finita. Entre as doze figuras ao seu redor que personificam essa realização está um árabe que representa o conhecimento da "física", ou seja, da filosofia natural. Ele se encontra, apropriadamente, ao lado da figura da Idade Média cristã.

Mais abaixo, nas paredes de mármore, encontra-se uma citação que adotei como epígrafe pessoal: "Saboreamos as especiarias da Arábia, mas nunca sentimos o sol escaldante que as produz." Pareceu-me um comentário útil sobre a obra em andamento. Infelizmente, nenhuma das dezesseis estátuas de bronze de pensadores famosos que se alinham na balaustrada das galerias superiores representa uma figura árabe ou muçulmana. Mas essa ausência também faz parte da história.

Nenhum agradecimento estaria completo sem mencionar Geneive Abdo, que primeiro me apresentou o mundo muçulmano, suas glórias e maravilhas, e me fez dar início a uma viagem ainda em curso.

Por fim, gostaria de agradecer ao meu agente, Will Lippincott, por reconhecer de uma longa distância o destino e a meus editores na Bloomsbury, Peter Ginna, em Nova York, e Michael Fishwick, em Londres, por terem me ajudado a chegar lá.

Índice remissivo